先秦儒家典籍《尚书》之传译研究

陈丹丹◎著

本书由以下基金资助：
国家社会科学基金项目【先秦典籍儒家意识形态话语体系建构及其域外传播研究】（20BYY078）

南京大学出版社

图书在版编目(CIP)数据

先秦儒家典籍《尚书》之传译研究 / 陈丹丹著. —南京：南京大学出版社，2022.4
ISBN 978-7-305-24762-0

Ⅰ. ①尚⋯　Ⅱ. ①陈⋯　Ⅲ. ①中国历史-商周时代②《尚书》-翻译-研究　Ⅳ. ①K221.04②H059

中国版本图书馆 CIP 数据核字(2021)第 143418 号

出版发行	南京大学出版社
社　　址	南京市汉口路 22 号　　邮　编 210093
出 版 人	金鑫荣
书　　名	**先秦儒家典籍《尚书》之传译研究**
著　　者	陈丹丹
责任编辑	张淑文
照　　排	南京紫藤制版印务中心
印　　刷	苏州市古得堡数码印刷有限公司
开　　本	718×960　1/16　印张 16　字数 246 千
版　　次	2022 年 4 月第 1 版　2022 年 4 月第 1 次印刷
ISBN	978-7-305-24762-0
定　　价	85.00 元
网　　址	http://www.njupco.com
官方微博	http://weibo.com/njupco
官方微信	njupress
销售热线	025-83594756

* 版权所有，侵权必究
* 凡购买南大版图书，如有印装质量问题，请与所购图书销售部门联系调换

前　言

　　《尚书》作为古代中国政书之祖,是历代思想史、经学史、文化史、训诂学史和语言学重点研究的对象。中国历代对《尚书》的语言研究以中国传统语言文字学(小学)为基础,主要研究文字、音韵及训诂三个方面。进入现代之后,随着西方语言学东渐,《尚书》的语言研究在结构主义影响下扩大了范围,涉及语法、修辞等多个领域。二十世纪下半叶的人文社科领域发生了语言学转向,在此过程中,系统功能语言学发挥了积极的作用。该理论将语言研究的视野从孤立的语言成分扩展至整个语篇,突出语言的交际性质和行事功能,强调语言符号间的互动,揭示语言系统与社会各符号系统间互生互摄的关系,可以进一步扩展《尚书》研究领域。而且,系统功能语言学的创始人韩礼德曾留学中国,对汉语有一定的了解,其开创的理论与汉语具有难得的相关性和契合性。因此,运用系统功能语言学的理论分析《尚书》的语言形式,从多个层次解读其蕴含的治政理念、文化元素和价值观念,可以准确、全面、深入地"回归原典"。

　　据此认识,本研究以系统功能语言学为理论基础,以《尚书》文本及其文化信息的理解、阐释和传译为研究对象,对现存《尚书》各译本在语言系统言内言外各层面上的翻译策略和手段及其得失进行考察,并对各译本的质量予以评价,在对比分析过程中找出不同译本的盲点和洞见,总结出高品质译文所应具备的条件和特征,并试图为《尚书》研究在现代语境下的语内阐释和跨文化语境下的语际传译找到较为可行的理论根据。系统功能语言学重视语言的语义系统,据此,本研究以概念意义、人际意义和语篇意义为分析的三个维度,在向上向下的层次中、在体现和被体现的关系中,解构原文语篇,探索译文语篇的重构。本书由绪论、结论和五章正文构成。

绪论对《尚书》在中国的研究现状及在跨文化语境下的传播翻译进行简要的文献综述，介绍本书所要涉及的研究范围、资料、译本及所征用的理论资源，构建本书的组织结构，简要陈述本书的内容和所要达到的目标。绪论指出，从语篇视角对《尚书》的阐释和翻译研究非常少见，因此，本研究的主要目的就是要从语篇角度系统分析《尚书》原文及其英译重构，将静态的古老文本诠释与动态的当代学术研究融合起来，提出《尚书》现代阐释和传译的可行新路径。

第一章综合阐述本研究的理论框架，即系统功能语言学及其与《尚书》研究的相关性。系统功能语言学是以韩礼德为代表的西方语言学家创立的语言学理论，具有普通语言学的特征，不仅适用于英语，也适用于汉语。韩礼德早年留学中国的经历使其理论与汉语研究有着高度的契合性。《尚书》虽为远古殷周之文，但记录的是鲜活的语言，具有人类语言的普遍特征。从系统功能语言学角度对其进行分析，不仅可为《尚书》研究增添阐释方法，更好地展示远古汉语的特征，而且可为《尚书》外译的语内翻译提供策略和方法，提高语际转换的准确度，有效地传译《尚书》这部经典所承载的上古信息。本章重点介绍系统功能语言学与《尚书》研究较为紧密的三个观念，即系统功能语言学的语境观、功能观和层次观。

第二章探讨《尚书》词汇的形式特点和文化内涵。本章首先聚焦一些轴心词，如"德"和"天"的理解与翻译。其次探讨普通词汇、书名和篇名在现代语境下的误读。进而研究传译词汇时应注意的问题。通过分析《尚书》中词汇的古今义转化和一词多义，说明加强中国传统"小学"的介入、重视历代注疏和语境分析，对准确翻译《尚书》具有举足轻重的意义。

第三章以小句为单位，分析《尚书》小句及物性的表征功能、小句间的逻辑意义及其翻译重现，通过分析《尚书》语言的表层形式与现代汉语的不同之处，探索语义间的深层联系对准确传译《尚书》小句概念意义的重要作用。根据系统功能语言学理论，合理分离出小句的"参与者""过程""环境"，正确分析小句间的逻辑意义，是准确的语内阐释和成功的语际传译的前提和保证。译者应根据解构原文的结果，在语码转换时正确选择译语语篇中小句的及物性过程及相应的参与者、环境成分，以达到语义功能等质效应，忠实地表达原文小句的概念意义。

第四章从语言的人际功能出发,分析《尚书》语言人际意义的识解和传译。本章根据系统功能语言学强调交际者根据不同的"人、时、事"等语境参数遣词造句以构建不同的人际意义的观念,对《尚书》"典、谟、训、诰、誓、命"六体进行深度分析。本章重点探讨"周诰殷盘"如何在不同交际语境下通过话语选择体现人际关系和社会结构,建立中国的宗法制度和伦理系统。在传译层面,本章通过一些翻译实例说明,在人际意义的实现方式上,汉语、英语具有类型学的一致性,只是表层的编码形式有所不同,在语码转换时,首先要"有意识"地辨识原文语言的人际功能,才能在译文中保留、构建人际意义。

第五章探析《尚书》语篇意义及在译文中的表达方式。本章通过分析《尚书》不同层面的语篇衔接、言外连贯、言内连贯及其在译文中的重现,得出一些可供将来翻译《尚书》借鉴的经验,如涉及语音层面的衔接与翻译,汉英差异大,翻译应多用补偿策略以形统神;涉及词汇层面的衔接与翻译,汉英形似度高,翻译过程中应准确取义使形神皆似;涉及语法层面的衔接与翻译,汉英共性多,翻译过程中应采用符合译语的句法使译文形似神合。此外,通过分析言内言外的连贯表现及其在现有译文中的表现,认识到组织译文语篇要使用与原文一致的及物过程、语气类型、组织结构和逻辑关系,表达相应的概念意义、人际意义、语篇意义,进而建构语场、语旨、语式等语域要素,与语篇生成的情景语境、文化语境相适应。

结论部分指出,《尚书》是中华"文本帝国"的第一块奠基石,历史的尘埃使得这块奠基石上的铭文扑朔迷离,语义含糊,译无定译,传统的小学和西方语言学相结合可以抹去这块奠基石上的粉尘,使其重新绽放耀眼的光芒。以中国传统小学为基础,融合西方语言学的理论而产生的现代诠释路径,可以突破传统研究范式,实现《尚书》研究的现代化转型,忠实传译中国上古社会的历史情境、精神风貌、思维特点和审美情趣。

目　录

前　言 ·· 1

绪　论 ·· 1

第一章　系统功能语言学与《尚书》研究 ································ 9
　第一节　系统功能语言学语境观与《尚书》研究 ··················· 10
　第二节　系统功能语言学功能观与《尚书》研究 ··················· 14
　第三节　系统功能语言学层次观与《尚书》研究 ··················· 17
　小结 ··· 23

第二章　《尚书》词汇经验意义的理解与传译 ··························· 25
　第一节　《尚书》中轴心词汇的理解与传译 ························ 27
　第二节　《尚书》中普通词汇的理解与传译 ························ 48
　第三节　《尚书》书名和篇名的理解与传译 ························ 63
　小结 ··· 69

第三章　《尚书》小句概念意义的理解与传译 ··························· 71
　第一节　《尚书》小句特殊句式结构的理解和传译 ················ 72
　第二节　《尚书》小句及物性过程的理解和传译 ··················· 88
　第三节　《尚书》小句复合体逻辑意义的识别和传译 ············· 96
　小结 ·· 102

第四章 《尚书》人际意义的理解与传译 …………………… 105
　第一节 《尚书》六体的发生语境和交际功能 …………………… 106
　第二节 《尚书》人际意义的实现形式和功能解读 ……………… 110
　第三节 《尚书》译本中人际意义的传译 ………………………… 143
　小结 …………………………………………………………………… 179

第五章 《尚书》语篇意义的理解与传译 …………………… 181
　第一节 《尚书》语篇衔接的理解及传译 ………………………… 181
　第二节 《尚书》语篇连贯的理解及传译 ………………………… 198
　小结 …………………………………………………………………… 210

结　论 ……………………………………………………………… 211

主要参考文献 ……………………………………………………… 215

附　录 ……………………………………………………………… 229

致　谢 ……………………………………………………………… 247

绪 论

中华文明是世界上最古老的文明之一,历经千年仍生生不息,成为中华民族的精神内核和文化基因。在中华民族的文化宝库中,《尚书》是可获得的最早的传世文献,被奉为"七经之冠冕","凡学者必精此书,次览群籍"。《尚书》作为中华思想体系的源头典籍,它所构建的民族话语体系和价值体系反映了中华民族的总体精神图景,是中华民族核心价值观的媒介和载体。

《尚书》丰富的思想观念具有普世价值,不止对中国,甚至对全世界都是一笔弥足珍贵的精神财富。《尚书》域外传播始于六朝,逐渐向东亚、东南亚乃至欧美辐射。十六世纪末至十九世纪,大批耶稣会士和新教传教士来华,中西文化发生了极具意义的历史碰撞。在"西学东渐"的同时,"东学西渐"也在悄然发生,其中最为重要的传播方式是汉籍西译。麦都思(Walter Henry Medhurst 1796—1857)、理雅各(James Legge 1815—1897)、高本汉(Bernhard Karlgren 1889—1978)等皆为《尚书》提供了较为经典的译介,构建了译语话语体系,将原文本中的中国传统思想、价值观念等意识形态层面的内容重现于译本之中,一定程度上对世界认识中国、理解中国起了积极的作用,成为中国文化域外传播的桥梁。

中国文化"走出去"话语建设的要求促进学者更多地关注自己的文化及其载体——文献典籍,它的反作用力使得古籍的研究进一步发展,研究范围、研究视角、研究方法不断得以更新、突破,跨学科的研究态势正在形成和发展,研究者不断探索新的诠释范式,寻求合理且有效的翻译方法和传播途径。因此,以西方语言学为路径切入《尚书》研究,从新的视角诠释《尚书》文本,并在此基础上考察《尚书》译文的翻译得失,总结高质量译文应具备的品质和特点,不仅具有重要的理论意义,而且具有实际的应用价值。

一、研究意义

第一，中国文化"走出去"是我国提升软实力的战略性举措。在西方话语体系占主导的时代，我们迫切需要让中国文化走出国门，提高中国文化在国际社会的认知度，增强中国文化的对外辐射力，使世界上其他国家的人们了解和熟悉中国文化。文化所体现的思想内容和价值观念往往符号化于语言文字之中，符号化于文本之中，因此，对于中国典籍的阐释和传译是中国文化传播的重要环节。《尚书》是中国经典文献，集中体现了中华文化的原始形态，是中国文化"走出去"的重要读本之一。中华文明曾经是世界上最强大的文明，自汉唐至明清，中华文化一直保持着强劲的输出态势，古代中华文化圈各个国家都保存了大量的《尚书》学文献。正是文本对文化价值体系的构建作用使他们的政统、道统、学统皆一脉相承于中国，以至于他们的"血统"中至今仍保留着中国文化的基因。可见，《尚书》文本的传译和传播曾经在刻画世界文化版图上起到过非常重要的作用。到了二十一世纪的今天，为了适应时代的需要，国家开展典籍外译工程、推出"汉英对照大中华文库"，显示着我国典籍英译工作已初见成效，但典籍外译工作任重而道远，应该为其提供多学科支撑，进一步促进中国文化的高品质传播。

第二，文本的异域传播离不开文本的语际翻译，文本的语际翻译离不开文本的语内阐释。《尚书》是政书之祖，史书之源，既具有中国上古时期丰富的语言资源，也包含诸多政治智慧和治政理念，为人类应对现代社会的种种精神危机提供思想资源。对它们的理解和阐发，离不开对文本的解读和阐释。这是文本传译的前提和基础，同时也促使我们回归经典，重新审视自己，到上古文本中寻找中国思想体系的原始密码，更清晰地认识中华民族的核心价值观和伟大的精神信念，重塑文化自信。这可以说是一举两得，一方面，加强自身的文化建设，促进传统文化的伟大复兴；另一方面，为典籍外译打下良好的基础，促进中华经典及文化的有效传播。

第三，在新的理论框架下诠释经典，能够拓宽研究路径，展现中国经典的永恒生命张力。经典存活于对其不断的诠释中。对《尚书》开展的语言学研究源远流长，语言学理论的突破为《尚书》研究提供了新思路、新路径,西方的语言学理论可以让《尚书》的现代诠释显现出巨大的张力,使这一绵延两千多年的古典学术焕发出全新的光彩。

二、研究现状

《尚书》亦称《书》,自汉至清备受尊崇,成为历代帝王及封建士大夫的必读书目,立为"官学","凡学者必精此书"。汉唐以来,上自庙堂,下至闾里,人莫不习。《书》之大经大史地位,莫可比肩。解之为史鉴,援之以赞治,释之为训诫,授之为教化,引之以立论,《尚书》对中华民族的政治、思想产生了巨大影响,它也是中国古代文化的一面多棱镜,折射着华夏文明丰富多彩的不同侧面。作为经典中的经典,《尚书》的当代价值正日益彰显。

历代治《书》者层出不穷,《书》学研究成果蔚为大观。中国古代的《书》学研究主要集中于义理阐释与溯源辨伪,研究文籍汗牛充栋、博大精深。随着经学时代的结束,《尚书》的研究范围日益扩大,主要有经学史学类(如陈梦家,1957;李民,1983;蒋善国,1988;刘起釪,1989,1997;顾颉刚、刘起釪,2005),训释注释类(如曾运乾,1964;屈万里,1969;王世舜,1981;周秉钧,1984;江灏、钱宗武,1990),语言研究类(如钱宗武,1996,2004;王大年,2015),思想研究类(如游唤民,2001;马士远,2005,2008;王灿,2011;傅永聚,2014),文学研究类(大多散见于文学类著作,如游国恩,1963;谭家健、郑君华,1987;陈柱,1996;褚斌杰、谭家健,1998)等。

随着传统文化的复兴,《尚书》研究热度不减且越来越受到重视。经电子数据库检索发现,与《尚书》有关的各期刊文章、博硕士论文不胜枚举,主要呈现以下特点:(1) 研究从微观走向宏观,关注《尚书》这部古老文献的文化价值和思想内涵(如曾宪年,2007;马士远,2008;王友富,2009;刘新生,2010;王灿,2011;傅永聚,2014;刘世明,2015)。(2) 研究方法从传统小学到与现代语言学理论相结合,尝试对古老文本进行现代诠释(如朱岩,2008a,2008b,2010)。(3) 研究视角日益丰富,出现研究领域的学科交叉,传统研究范式下的《尚书》文本,进入了现代语言学、翻译学、传播学的学术视野(如郑丽钦,2006;陆振慧,2008,2013;钱晶晶,2014;陈丹丹,2015)。(4) 研究目的与时代要求相结合。时代呼唤传统文化的复兴,呼吁中国文化"走出去",在这一时代背景下,海内外《尚书》学文献的集成和研究已经启动(钱宗武,2013,2016)。诸多学者的研究成果为《尚书》研究的进一步发展奠定了坚实的基础。

在前人研究的基础上,填补《尚书》研究的学术真空是学者的任务和使命,要将静态的古老文本诠释与动态的当代学术研究进行融合延伸,既保持历史所赋予的特定亲和力,又融合时代所赋予的鲜活生命力,将其纳入国家建设的宏大叙事,发挥中国古老智慧的社会功用。

众所周知,二十世纪下半叶的人文社科研究发生了语言学转向,索绪尔、韩礼德、福柯等人的语言学和话语理论都为《尚书》研究提供了崭新的独特视角。我们认为,利用西方语言学理论有助于更加清晰地了解《尚书》的语言特点和语篇质态,对于《尚书》的阐释、今译、外译等工作具有一定的指导意义。

语言学理论的每一次突破都促进了科学研究的发展。国内的语言学研究在很长一段时间里停留在小学(philology)阶段,更多关注文本的词汇、语法、语音和修辞等内部语言关系。与此类似,西方语言学在相当长的时间里以形式主义语言学为主体,它一般以句子为最大结构单位。二十世纪语言学的发展进程展现出从形式主义往功能主义发展的脉络,语言学研究突破句子界限,扩大至语篇。语篇语言学的研究范式在世界各国广泛展开。以波斯彼洛夫、布拉霍夫斯基、菲古罗夫斯基等语言学家为代表的俄罗斯语篇语言学,研究对象从"复杂句法整体"或"超句统一体",扩大为整个言语作品,被称为"大语篇",强调语篇"整体性"和"关联性"特征。欧洲话语语言学始于二十世纪六十年代的德国,其代表人物有德国语言学家哈特曼(Peter Hartmann)和荷兰语言学家范戴克(Teun A. van Dijk)。哈特曼认为音位、词素、句子这些语言单位只有组合成话语后才能用于交际,因此话语是基本的语言符号。哈里斯(Robert Harris)在乔姆斯基转换生成语法的影响下,开始研究"篇章生成语法",提出"宏观结构"概念,它能够体现语篇整体的底层语义,表达整个语篇的思想意义和连贯关系。美国的语篇分析关注语篇、意义研究。哈里斯认为语言首先是意义的载体,语篇分析是为研究意义服务的。汤普生(Sandra Thompson)率先提出具有语篇意义的"主题"概念。朗埃克(Robert Longacre)认为语言是语境中的语言,因此,语言学不能只研究孤立的句子,必须研究篇章,语篇在外在表层编码形式之下有深层的意念/语义结构,与范戴克的"宏观结构"相得益彰。

韩礼德的研究领域和理论建树众多,他始创的系统功能语言学理论以层次思想、功能思想、系统思想、语境思想为指导,以小句为根基,分别阐述小句、小句以下单位——词组和短语及其复合体,小句以上单位——小句复合体等,为语篇研究提供了系统方法论,对于语篇分析有很强的操作性,适用于英、汉语等各种语篇。

系统功能语言学在各个领域应用、拓展,对于翻译研究也有很大的启示。翻译,不是字对字、词对词、句对句的简单对译,而是一种语言语篇转换成另一种语言语篇,这是一种语言网络系统的转换,必须从语篇整体进行把握,并与原、译语的生成语境紧密联系。从近十几年来国外出版的关于语篇与翻译的论著(如 Hatim & Mason, 1990; Bell, 1991; Baker, 1992; Hatim & Mason, 1997; Munday, 2001)可以看出,广泛地被应用于翻译研究之中最为突出的理论就是来自韩礼德的系统功能语言学(Halliday, 1970; Halliday & Hasan, 1976)。国内在最近几年的学术刊物上有越来越多的论著从语篇分析的角度研究翻译问题。黄国文、张美芳、李运兴、王东风、萧立明、杨平等一批学者已将语篇翻译研究提升至一个新台阶。

对《尚书》译本的研究也已起步,如《与古典的邂逅:解读理雅各的〈尚书〉译本》(郑丽钦,2006)、《论理雅各〈尚书〉译本文学风格的再现》(陆振慧,2008)、《跨文化传播语境下的理雅各〈尚书〉译本研究》(陆振慧,2013)等。

此外,也有学者开始关注古代文献语篇研究,如朱岩《上古语篇衔接机制的分析策略》(2008a),《从〈尚书〉〈论语〉看上古语篇对应性衔接机制的发展》(2010)。

系统功能语言学运用到翻译理论与实践中的研究宏富,但较少涉及上古文献的翻译研究。《尚书》译本研究多集中于理雅各版译文研究,且基本是从认知、文化角度进行翻译分析,对《尚书》语篇研究只是停留于衔接机制的单一层面,缺少纵深研究。从以上文献综述看出,从语篇角度对上古文献《尚书》的翻译研究微乎其微。

在前人研究的基础上,本研究试图将语言学的研究成果与中国上古文献《尚书》文本的解读和传译有效地结合起来,以系统功能语言学为框架分析《尚书》原文及传译,以期加快典籍外译的研究步伐,助力中国文化"走出去"。

三、研究目的

本研究以系统功能语言学为理论基础,以《尚书》文本及其文化信息的理解、阐释和传译为研究对象,旨在运用系统功能语言学理论分析研究《尚书》的语言形式,从多个层次解读其蕴含的治政理念、文化元素和价值观念,进而准确、全面、深入地"回归原典",有效指导《尚书》文本域外传播。具体以两点来说明:

(一)为汉籍外译提供理论参考,促进中国文化对外传播。典籍外译是中国文化域外传播的重要渠道,要求译介不仅进行文字转换,而且要关注思想文化的重构和传播。语言文化思想从一个认知域到另一个认知域的映射,要求译文译其"意",显其"形",传其"境"。系统功能语言学指导下的翻译注重言内言外各层面上的翻译策略和手段,在转换语码概念意义的同时,传译其人际意义和语篇意义,最大限度地还原中国上古社会的历史情境、精神图景、思维特点和审美指向。在系统功能语言学翻译研究的框架下,本研究在各层面上对各译本的翻译策略和手段及其得失进行考察并予以评价,在对比分析过程中总结出高质量译文所应具备的条件和特征,力求为《尚书》研究在现代语境下的阐释和传译找到较为可行的理论根据。

(二)为《尚书》语言研究提供新视角,丰富其研究体系。语内阐释是语际翻译的基础,对于上古文献尤为如此。系统功能语言学对《尚书》文本的意义阐发挥了积极的作用。该理论将语言研究的视野从孤立的语言成分扩展至整个语篇,突出语言的交际性质和行事功能,强调语言符号间的互动以及语言系统与社会各符号系统间互生互摄的关系。系统功能语言学的意义阐释框架不仅可以为《尚书》研究增添阐释方法,更好地展示远古汉语的特征,而且可以为《尚书》外译的语内翻译提供策略和方法,提高语际转换和译文重构的准确度,有效地传译《尚书》这部经典所承载的上古信息。典籍外译过程中的《尚书》文本解读加深了原语者对自己原典文化的认识,开辟了对其语言研究的新思路,也希望可以进一步拓展《尚书》研究领域。

四、理论基础

语言研究的分析路径一般有两个流派：一种是以转换生成语法为代表的形式主义语言学，它以抽象的、剥离语境和语用的语言为研究对象，只考察孤立的句子，不考虑语言的使用情境；另一种是韩礼德等创建的系统功能语言学，它继承了普罗塔哥拉和柏拉图等以人类学为本的语言学传统，关注语言在社会交往中所起的作用、实现的功能和完成的任务。这种语言研究将语言视为一种社会人所从事的社会交际行为，是整个社会符号系统中的一个子系统，因此关注言语交际行为所涉及的语言形式、功能和语境以及三个系统之间的联系。之所以选择系统功能语言学为本研究的理论框架，主要出于以下的考虑：

韩礼德在创建系统功能语言学时加入了对汉语语言的考量，这与他早年的求学经历有关。韩礼德早年留学中国，师从北京大学的罗常培先生和岭南大学的王力先生，学习历史语言学和汉藏语言。1955年他以论文《〈元朝秘史〉汉译本的语言》获得博士学位。韩礼德的留学经历以及对汉语的专门研究使得他的理论与汉语研究有着高度的契合性。

系统功能语言学指导《尚书》研究不仅可行而且有效。首先，系统功能语言学以"语篇"为研究单位，而不是孤立的字、词、句；以功能概念为框架，而不是以形式为框架，将语言置于更大的语境下考察其意义的表达。对于《尚书》文本阐释而言，系统功能语言学框架能够指导我们将《尚书》文本放置于文本生成的原始语境(包括当时的情景语境和文化语境)中，不仅可以识解语篇内部语言符号之间的关系，而且能够揭示语篇整体与外部社会文化等其他符号系统间的关系，深化对原文本的意义阐发。对于《尚书》翻译而言，系统功能语言学突破了孤立的字词，让我们意识到翻译不再是字字对译，而应该是在更宏观层面上的原语"语篇"到译语"语篇"的转换，这其中包含有言内言外各层面的运作，使译文更准确、合理和连贯。再者，系统功能语言学关注的是"语义"，这也是文本阐释和翻译的核心问题。系统功能语言学将对"意义"的探索从静态转向动态，从脱离语境的词语和句子转向依赖语境的语篇、话语，强调语言在实际交流中的功能。《尚书》是政书之祖，它在中国历史上曾经有过巨大的社会功用和文化意义，它们都编码于文本中等待发掘。系统功能语言学视语言为"一套意义潜势"的系统，是可供人们选择的资源，人们根据语境选择语言,做了什么样的选择就表达了什么样的意义——"选择即意义"。《尚书》的"典、谟、训、诰、誓、命"六体,因其发生的不同语境和人物关系呈现语言表层的系统特征。周公作诰时,针对不同的事件,面对不同的对象,在语言的人称、语气等系统中做出不同的选择,实现其诰语的交际目的和功能。可见,系统功能语言学能够帮助我们解读传统语言学不能阐发的意义,在很大程度上拓宽《尚书》文本意义的阐释空间,使我们进一步了解其文本质态,也为《尚书》文本的对外传译提供坚实的基础。

因此,根据系统功能语言学与《尚书》研究的契合度和相关性,本研究选用系统功能语言学为理论基础,以其三大元功能(概念功能/意义、人际功能/意义、语篇功能/意义)理论为基本落脚点,展开对《尚书》文本的阐释和翻译研究。

五、研究语料

本研究的语料选择涉及三个方面:

其一,《尚书》文本的选择。本书主要选择今文《尚书》28篇作为研究对象。

其二,《尚书》今译主要参照周秉钧(1984),钱宗武、杜纯梓(2005)和江灏、钱宗武(2009)。

其三,《尚书》英译本的译者,分别是英国传教士、英译《尚书》第一人麦都思(Medhurst, 1846),英国传教士、汉学家理雅各(Legge, 2011),瑞典汉学家高本汉(Karlgren, 1950),以及中国的罗志野(1997)、杜瑞清(1993),他们有着地域国别和所处时代上的差异。

第一章 系统功能语言学与《尚书》研究

韩礼德等创建的系统功能语言学继承了普罗塔哥拉和柏拉图等的学术传统,认为语言学是人类学的一部分,语言是一种活动方式,是选择系统,将语言研究与人类学、社会学相结合,从而开辟了语言学流派的一大阵营——功能主义,改变了形式主义语言学长期以来占据的主导地位,影响巨大,应用广泛。

索绪尔的语言符号观是现代语言学理论的基础,对语言本质的探讨以此为基点沿不同的方向和道路发展,大体可分为两大流派。一种观点着眼于生物体内部,关注声响印象在听话者脑中产生的心理活动,认为语言是一种抽象的、同质的、不依赖于人的意志而存在的、集体的和永恒的社会心理现象,潜存于某一社团的全体成员中,以"知识"的形式存在,内化为"语言能力"(Saussure,1966)。因此,在这样语言观指导下的语言研究只关注抽象的、剥离语境和语用的,高度理想化、形式化的"语言",而非"言语",不去考虑语言在实际中的运用及实现的功能和意义。另一种观点则着眼于生物体之间,关注声响印象在个体之间所起的交流功能,借助人类学和社会学观点来观察语言。社会,作为文化体现,是一个符号系统和意义系统,而语言是其中的一种符号,语言的意义产生于与社会文化中其他符号的互动。韩礼德视语言为一种社会交际行为,是行为潜势,是"能够做的事情","能够做的事情"通过语言表现为"能够表达的意义",那么,行为潜势在语言上的实现就是"意义潜势",这是语言作为系统的内部底层关系(刘润清,2011)。因此,系统功能语法认为语言是有规律的资源,而非规则,描写语言的是系统,而非结构,语言就是一套"意义潜势"。当说话人想表达语义时,要在语言系统中根据所要实现的功能进行选择,这种选择则取决于使用语言时语境的方方面面,存

在于语言的不同层次。(胡壮麟等,2012)

越来越多的学者在系统功能语言学的理论框架下进行语篇分析实践和翻译研究。对于语篇分析,系统功能语言学从更宏观的视角识解意义,使语义阐释充分准确;对于翻译研究,系统功能语言学的核心观点与翻译实质和目的相契合,即以整个语篇为着眼点,运用语言进行交际,在其所处的社会文化语境下实现语言的功能。系统功能语言学博大精深,下面对其核心观点及其与本研究的相关性进行阐述。

第一节 系统功能语言学语境观与《尚书》研究

系统功能语言学以社会符号学为研究的理论视角,关注语言的社会性和符号性。一切意义的表达都在一定的情境中进行。韩礼德在斯多葛学派和索绪尔符号观的基础上,指出符号学应该是对相互关联的符号系统而不是只对孤立的符号的研究。社会是一个文化系统,也是一个符号系统和意义系统。语言是其中的一种符号,是意义系统中的一部分,语言解读离不开社会文化。语言的社会性决定了其面貌与演变,反过来,利用语言进行的各种社会活动和人际交流又影响着社会文化的建构和发展。可见,各符号系统互为源流,形成一个有机生态体。

语篇是语言的存在形式,是一个意义单位或功能单位,即能在语境中表达意义、完成任务、实现功能的语言。因此我们把在一定语境中起了一定作用的鲜活的语言称为语篇。这种使用中的语言是系统功能语言学的研究对象,它与其生成的语境有密切的关系,因此,语境观是系统功能语言学的核心概念。

系统功能语言学的语境观是在马林诺夫斯基和弗斯的语境理论的基础上发展而来的。

马林诺夫斯基于1923年应邀为奥格登和瑞恰慈的《意义的意义》写了一个题为"原始语言的意义问题"的附录,在文中他提出了情景语境概念——与语言活动直接相关的具体环境,他指出"意义不是存在于声音里的;它存在于声音跟语境的联系中",认为语言脱离了语言活动的具体环境就变得不可理解(转引自 Langendoen,1968)。后来,他发现情景语境还不足以解释语言活动的全部内容,又于1935年在《珊瑚园及其魔力》一书中进一步阐释了情景语境,提出文化语境的概念指的是语言活动的整个文化背景(Malinowski,1935)。

伦敦学派开创者弗斯强调语义、语境和篇章研究的重要性,这是他与同时代其他语言学家的最大区别。弗斯主张"意义研究是人类学术活动的永恒关注",语义学应该独立出来,"也就是说,话语、习惯用语的语境化要跟技术性的形式化的语法区分开来。"(Firth,1959)维特根斯坦这样界定"意义":"一个词的意义就是它在语言中的用法。"(Wittgenstein,1953)弗斯同意此观点,把意义看成情景语境中的情景关系,"一个词的完整意义总是包括语境的。离开完整语境,就不可能有严肃的意义研究"(Firth,1959)。弗斯在马林诺夫斯基关于情景语境具体描述的基础上,创建了情景语境的描述框架——一个能够植入普通语言学理论的概念化的语境,一个更抽象的概念。

韩礼德在马林诺夫斯基和弗斯的基础上,进一步发展了语境理论。他认为,语境指的是从上下文延伸到语篇并使其得以展开的其他非语言的外部环境。语篇是一定语境下言语行为的具体体现形式,它的意义表达和措辞方式必然受制于语境,反过来,理解语篇也必须联系语境,才能正确解读其遣词造句的目的和意义。汉语属于高语境语码,语篇的形成和理解与语境有着密切的联系。《尚书》成书于上古,言约义丰,很多语义处于隐性状态,语境概念对于《尚书》文本解读十分重要。系统功能语言学指出,语义是语言和语言之外的某种东西的交叉。这"语言之外的东西"就是与意义建构相关的情景语境或社会语境,分别用"语域"和"语类"描述和概括。

语域,是一种意义构型,与情景构型相适应。语域的三个要素:语场、语旨、语式,是系统功能语言学从所有具体情景中抽象、提取、概括出的与语言使用密切相关的情景语境组成成分。简言之,语场即"发生了什么事"(what is happening),语旨即"谁参与了交际"(who is taking part in),语式指"语言在言语交际过程中的作用"(what part the language is playing)。这种语言行为发生的即时语境在《尚书》各篇中都有非常明显的体现。从《尚书》所录内容的性质来看,这部古老的经典记录的是君王言行,在当时都是鲜活的言语,几乎每篇都有清晰的情景构型。例如,《周书·康诰》记录周公告诫康叔治理卫国的诰词,作诰者(周公)与听诰者(康叔)是同朝为官的同姓兄弟,关系亲密,社会权势距离小,全篇是独白式口语。再如,《周书·多方》记录周公代表成王向不服从周朝统治的各国君臣发布诰令,诰谕双方为统治者和被统治者的关系,关系疏离,社会权势距离大,属独白式口语语篇。不同的情景构型符号化,形成语篇的意义构型,决定语篇意义及其表达形式。语域能够标识、制约语言形式,又通过语言形式表达、实现,因此,不同语域产生语言变体,不同语言变体在意义模式、表达形式等方面呈现不同的特点。《尚书》各篇的情景语境、整体意义和表达形式之间存在着系统联系。以上文提到的《周书·康诰》《周书·多方》为例,两篇都是周公诰词,但面对不同的对象、针对不同的事情,发诰者周公选择的语言表达形式也有所区别。前篇周公告诫康叔治理卫国的法则,对于尚德慎罚、敬天爱民的道理以及施用刑罚的准则、刑律条目等皆条分缕析、娓娓道来,即使对康叔提出要求,语气也相对委婉。篇中周公对其弟康叔的称呼用直呼其名、号的方式,如"孟侯、封、小子封",兄长对少弟的殷殷切切和语重心长溢于言表。对称康叔均选用对称代词"汝",以表达亲热和尊重,符合语境和人物关系。后篇的发诰对象与发诰者的地位悬殊,周公的语言出现了不同的选择。周公告诫各国君臣天命不可违,劝诫他们听从天命,服从周朝统治。诰语中往往只是生硬地传达信息、言明赏罚。对称皆用"尔",拉开彼此距离,突出发诰方至高无上的地位,增强训诫语气,对受诰方产生威慑作用,整篇诰语极显霸气。可见,从情景语境出发的系统功能语言学"语域"概念能够拓宽解读视角,提升文本阐发空间。

　　语域的外层——语类则是有关文化语境的概念。如韩礼德所说,情景语境仅仅是言语行为发生的即时语境,而语篇的解读还要依赖一个更广阔的背景——文化语境。任何语篇产生的情景语境——语场、语旨、语式所组成的情景构型,并非一些纷杂特征的随意式捆绑,而是隶属于某一种特定文化的事物的系统式集合。因此,人们说话做事不仅受制于当时的情景语境,更有来自整个文化语境的影响。《尚书》各篇因其各自的语域特点及由此形成的语言变体之间的系统关系,渐渐地形成了一些集合,《尚书》的六种体式"典、谟、训、诰、誓、命",就是对各语境下言语行为符号化、文本化的结果。各体都实施各自的行事功能,处理不同的人物关系,体现不同的话语特点,它们表现和规定了表达的纲要式结构,并辐射向后世建构和影响文本生成的文化语境。

　　语言、语域、语类之间的关系仍然体现了语言与语境之间的符号流动,不论情景语境还是文化语境都对语篇的形成产生了重要的影响。语篇在这样的互动关系中既是过程又是结果。这点使我们对文本解读和翻译的性质有了进一步的认识。"当我们接触语篇时,可以把它看作是一个过程,分析讲话者做出了哪些选择,放弃了哪些可能性,为什么做这样的选择;也可以把它看作是一个结果,分析语篇内各个部分具有何种功能,不同组成部分之间有哪些意义上的联系,通篇在修辞上有哪些特点等。"(朱永生、严世清,2001:10)因此,在《尚书》文本解读的过程中,应将其放在整个符号系统中,考察言语者在一定语境中为了表达意义所做的语言选择,这样能够使文本意义阐发得更加充分深入,为《尚书》文本翻译打下基础。

语言资源在不同社会团体中的分布是不均匀的,不同阶级、种族、性别、年龄的人群拥有不同的语言权力。那么,就宏观语境而言,在情景语境、文化语境背后,在语域、语类之上,应该再设立一个符号系统——意识形态。它是一只看不见的手,时刻影响话语和语篇的发生及传译。各符号系统间的关系是动态的,是一个相互依赖相互作用的生态体,即:

社会文化环境(意识形态)⇌体裁⇌语域⇌语篇意义⇌语言词汇语法资源

可以看出,意识形态对语言有影响作用,同时语言对意识形态也有反作用。翻译是一个特殊的语言产品,翻译最主要的社会功能之一就是引进他者或差异:既有语言的差异,也有意识形态的差异。而这意识形态的差异正是通过语言形成可读的语篇,通过语言的人际功能实现主体间的沟通,最后再通过概念功能把意识形态输送到意识形态的推进过程。(汤富华,2008:122)从中,我们看到语言形成的动力来源,也认识到语言的巨大塑造力。

语境对于翻译研究有重要意义,对于《尚书》翻译也是如此。翻译过程所涉的语境比较复杂,每一语篇都有其生成的历史语境:当时的情景、社会文化背景以及社会成员的整体意识形态。《尚书》成书远古,跨越了辽阔的时空来到译者面前,对它解读和传译一定要参考其历史文化语境,否则就会犯错误,如将"其惟王勿以小民淫用非彝,亦敢殄戮用乂民,若有功"译为：

> Let the young king not indulge himself and violate the laws as the common people. And let the young king have the courage to manage the common people by means of punishments and death sentence. Only then will he become a successful ruler.(杜瑞清,1993:229)

其中有句译文将原文理解为"要敢于甚至要鼓励统治者用殄戮治理人民"，完全违反了当时"德政"的理念，如果译者认真考虑当时的社会历史文化，就不会有意义识解错误，就不会看不出语言形式中的承上省略结构："亦敢殄戮用乂民"应为"亦（勿）敢殄戮用乂民"。再如，对于《周书·酒诰》的篇名翻译，如果了解当时"酒"是祭祀时的必要用品，就会明白这里所戒的"酒"的内涵，实际上是聚众酗酒、宴饮无度，而不是绝对禁酒，那么也就不会出现"The Announcement of Banning Wine"(罗志野, 1997:157)这样的译名了。现代语言学的语境概念要求在文本传译过程中，译者，作为源语语篇的读者，要走进原文作者的历史时空，与原文作者的视域充分融合，才能正确理解、欣赏原文的整体意义，才能识别那些遣词造句的实际语用目的，这是传译工作的基础。当然，在解读原文过程中不可避免地会带入译者自己的知识结构、文化背景，人们常说一百个人眼中有一百个哈姆雷特，就是这个道理。这也是伽达默尔诠释学的"视域融合"理论，可以说这是文本在传译过程中的第一次"视域融合"。接下来，译者，作为译语语篇作者，在其所处的社会历史环境中创作译语语篇，译语语篇生成于此语境，必受其影响，可以说，这是文本传译中的第二次"视域融合"。上述内容可以解释和研究翻译中的很多问题。

第二节 系统功能语言学功能观与《尚书》研究

系统功能语言学认为语言学是社会学的一个分支。语言的社会性源于语言使用者——人的社会属性。社会中的人，离不开人与人之间的交往，没有交往就没有社会。语言在这样的社会需求下应运而生，成为人们交往的工具,构建人类的社会行为、社会生活,维系社会关系和社会结构。哲学上称"语言是我们存在的家园",意义就在于此。

人们利用语言"做事",通过听、说、读、写达到各种各样的目的,这是人们对语言的要求,也是语言所必须完成的功能。就语言的功能而言,众多学者提出自己的见解,对韩礼德影响较大的是:马林诺夫斯基从人类学角度提出的语言的实用功能、巫术功能、寒暄功能三大功能,布拉格学派布勒从心理学意义阐发的表达功能、表情功能、意欲功能、所指功能四大功能。在此基础上,韩礼德将千变万化、具有无限可能性的语言功能进行高度的抽象和概括,归纳为三大元功能:概念功能、人际功能和语篇功能。所有文化都会在语言中反映出这种更为普遍的功能。

语言的三个元功能属于语义系统的概念,是构成语义层的三大部分。人们利用语言完成的功能就是人们通过语言表达的意义,因此,三个元功能也可表述为概念意义、人际意义、语篇意义。语言,要实现交际功能,必须同时包含上述的三种意义:

一、利用语言进行交际,首先涉及交流的"内容",即语言概念功能中的"经验"功能部分,是对存在于主客观世界的过程和事物的反映。概念功能还包括语言的"逻辑"功能,以表现为并列关系和从属关系的线性循环结构形式出现。

二、语言交际是社会中人的有意义的活动,必然反映人与人之间的关系和交际者对于所谈论内容的态度。系统功能语言学将这种反映交际者之间角色关系和对所谈命题价值判断的内容归纳为人际意义。

三、语言的实际存在形式是语篇。语言要完成交际功能,除了要具备概念意义和人际意义外,还必须拥有把体现人际意义和概念意义的内容有机组织起来的语篇功能,对内容的组织、配置就是语篇意义。语篇功能使语言与语境发生联系,使说话人只能生成与情景相一致的语篇。

系统功能语言学认为语言是在语言系统必须行使的具体功能的压力之下演变而来的系统,语言的社会交际功能在语言的结构及其话语的各个层面都留下了痕迹。由于这几个功能是同时产生的,因此语言必定会将三种意义同时体现出来,无论其涉及语法、语义或语境。语言的这种"元功能"在《尚书》的诞生和篇章结构方面有着十分明晰的体现。宋代的张表臣(转引自吴讷,1962)在《珊瑚钩诗话》中就触及了这个问题:

> 道其常而作彝宪者谓之"典";陈其谋而成嘉猷者谓之"谟";顺其理而迪之者谓之"训";属其人而告之者谓之"诰";即师众而申之者谓之"誓";因官使而命之者谓之"命"。

《尚书》是中国古代儒家重要典籍之一,凝聚了上古的政治智慧,构建起强大的意识形态系统。《尚书》记录君王言行,大部分为君王文诰和君臣对话。《尚书》中丰富的治政理念、文化元素、价值观念都是通过"话语"构建,这就是语言完成的功能。解《书》为史鉴,援《书》以赞治,释《书》为训诫,授《书》为教化,引《书》以立论,凡此种种正说明了《尚书》的语言系统在中华民族思想文化和社会政治结构的建设方面所发挥的作用。根据系统功能语言学,《尚书》的社会功能通过语言实现,也就是说,《尚书》文本表达的"概念意义""人际意义"和"语篇意义",以词汇语法形式编织于语言之中,并作用于整个符号体系。

在概念意义层面,《尚书》中提出的一些重要概念成为中华文化的关键词,如"和、谐、中、德、仁"等,是中华文化生长之根。这些核心概念以词汇形式植入文本语言,命名了"存在",成为哲学观念,流传于人们的意识中,形成了人们意识形态中的关键生长因子。进而我们可以了解:《禹贡》如何构建天下九州"大一统"的政治观;《洪范》如何以"皇极"为中心,以五行、五事、八政、五纪、三德、稽疑、庶征、五福、六极为内容阐释天人关系,建构民族的宇宙观和人生观;周朝"天命论"如何建立新的意识形态,为王朝统治的合理性、权威性辩护。在人际意义层面,交际者根据不同的"人、时、事"等语境参数遣词造句以构建不同的人际意义,达到交际目的。《尚书》所涉无非是君、臣、民之间的关系,人际关系的行为准则等涉及政治统治和道德教化的方方面面。由此,我们可以了解"周诰殷盘"在不同交际语境下是如何通过话语选择体现人际关系和社会结构、明确宗族等级之序,并在此基础上建立中国宗法制度和伦理系统。在语篇意义层面,话语的形式表层不仅反映文化中的审美情趣、思维模式和哲学观,还影响着接受者的接受状态和效果。如《尧典》中语言典雅、精炼、严谨、工整,使接受过程更加"严肃""恭敬",让接受者奉《尧典》为圭臬;《洪范》中"以数为纪"的表达方法将信息密集而有序地表达出来,便于晓谕、传诵。三种意义体现在语言资源上的不同选择形成语言变体,将其类别化后就成为不同的文体,如,伪孔安国《尚书序》中提及的《尚书》六体——典、谟、训、诰、誓、命，不仅能看出语言的"元功能"在生成《尚书》六种体式时的构建作用，而且能看出《尚书》"以言成事"的话语构建功能：有治国安邦之事，则有道常法之"典"；有垂询国策之事，则有陈嘉谋之"谟"；有敷政谕众之事，则有属其人之"诰"；有君政懈怠之事，则有迪其君之"训"；有讨桀伐纣之事，则有号师旅之"誓"；有论功行赏之事，则有行策封之"命"。谟、诰、训、誓、命，皆与"言"有关，这些言语行为各有其发生的语境和交际意图，反映较为固定的言者关系："谟"为君臣谋言，"训"是臣谏君言，"命、诰、誓"皆君令臣言。在一定的语境中针对不同的人物关系，实现不同的交际目的和社会功能，需要通过语言变体建构不同的人际意义。《尚书》的这一特点集中反映了系统功能语言学中人际功能的相关理论观点，通过不同的文体形式承载不同政治意识形态内容，并通过语言变体，即对词汇语法资源的不同选择，根据语境遣词造句以建构不同的人际意义。这六体通过不同的话语构型将语言形式规范化，使统治阶级的思想、意识、意志、道德、信念、价值以及范导君臣关系的行为准则成为阿尔都塞所言的"意识形态国家机器"的一部分。

　　文以载道，道以文显。关注语言功能，将语言系统置于整个符号系统中考察其意义的产生能够帮助我们突破文本的诠释空间。对原文本的阐释结果必定为语际传译带来洞见，不停留在单纯的字面意思的解译，而是关注语言文字在构建社会文化体系方面的功能和作用，并将其体现于译文中，这样能够更有效地在译文中再现中华民族的社会历史文化，让中华文化"走出去"，这是典籍外译的目的，也是译文所要完成的功能。因此，我们认为，将系统功能语言学理论与《尚书》研究相结合，可以更加清晰地了解《尚书》语言特点、语篇质态、内容与形式的关系，这对于《尚书》的充分理解、诠释、今译、外译等工作具有一定的指导意义。

第三节　系统功能语言学层次观与《尚书》研究

　　语言符号的层次性是现代语言学的核心理论之一，研究者就此概念的主要分歧在于：语言是单层次系统还是多层次系统？
　　语言的多层次系统，是系统功能语言学研究的起点。它缘起于索绪尔有关能指、所指的语言符号学思想，在叶尔姆斯列夫（Taverniers，

2011：1100－1126)、兰姆(Lamb, 1966：121)语言层次观的影响下，发展成语言是相互间存在互动关系的多个层次的复杂符号系统的观点。

系统功能语言学从语言在外部世界中的作用出发，以话语功能/意义为导向来构建语法体系，因此，它将语言置于社会符号学框架中，在符号系统的各层次互动中研究语言现象。语言表征世界经验、参与社会交流，在措辞(词汇语法)层和语境层之间，有一个界面——语义层，向上与社会文化情境相接，在外部世界中完成意义交流，达到交际目的；向下与词汇语法相接，将意义体现于措辞中。语义层由三种语言元功能，即概念功能、人际功能和语篇功能表达。词汇语法层是语言符号系统的核心层，同时包括词汇和语法，它们不是两个层次，而是一个连续体的两极——相反视角下的同一现象。词汇语法层由三个子系统——及物性系统，语气系统和主位、信息系统表达，及物性系统体现语言的概念功能，语气系统体现人际功能，主位、信息系统体现语篇功能。

除"内容"外，在"表达"部分，在最下层，表达实体——语音实体与个体生物资源相接，将语言形式体现于声音(文字)。声音(文字)由音位学(文字学)组织成正式的结构和系统，逐步构建上级层次。

各层次之间的关系是体现关系。对"意义"的选择(语义层)体现于对"形式"(词汇语法层)的选择，对"形式"的选择又体现于对"实体"(音系)层的选择。语义层向外扩展到语言外部，是语言系统对语境层，即行为层或社会符号层的体现，说明了语言形式结构与社会情境的关系，进一步揭示了语言作为符号的本质。根据研究需要，本研究只聚焦于语境层、语义层、词汇语法层。

语义层是整个语言系统中的一个界面，其向上体现更高层次的社会符号系统，向下由词汇语法系统体现，而词汇语法系统又由音系系统体现。正如贝尔所言："一种语言的语法就是一套选择系统，人们利用这一系统来表述意义。"(Bell, 1991：120)"语义层"的三种意义，即概念意义、人际意义、语篇意义由"词汇语法层"的及物性系统、语气系统(包括情态、评价系统)和主位系统等表达或体现。

一、语言的概念意义由语言的及物性系统体现

语言的概念意义由经验意义和逻辑意义组成。韩礼德指出，语言能使人类建构关于现实世界的心理图景，并理解周围环境和内心世界所发

生的一切。语言(以语篇为代表)能使我们的经验模式化:以切分的方式将现实世界体现为一个接一个模式的"过程",并在这一过程中通过复现率极高的各种逻辑语义关系,即复句内部的各种逻辑语义关系,将这些模块化了的经验切分体连缀成有机的整体,从而形成"作为成品的语篇"的经验结构体。(彭宣维,2011:225)

语篇的基本切分体这一层次(以小句为代表),为人类主客观世界里的不断变化和事件流动赋予了秩序,使人类的经验模式化,实现这一目标的语法系统就是小句的及物性系统(transitivity)。及物性系统把经验世界识解为一组可以操作的过程类别(process types),按照过程的不同特征细分为三个大类和三个小类。三个主要过程为:物质过程(material process)、心理过程(mental process)和关系过程(relational process);三个次要过程是:行为过程(behavioral process)、言语过程(verbal process)和存在过程(existential process)。及物性系统反映人类对世界的经验,它包括三个表示特征作用的功能成分:过程(process)、参与者(participant)和环境(circumstance),这三个成分形成一个语义配置,为我们提供识解经验的图式。语篇由上述过程在各种逻辑语义关系的基础上组织而来。语言中的词汇语法资源能够表达及物性系统中过程、参与者、环境等功能范畴,使概念意义的交流成为可能。

人们对世界的所见、所闻、所感可以通过语言及物性表达,反过来,我们也可以通过及物性考察说话者对于世界的理解和表达意图,这一点是由语言各层次间的相互作用决定的。系统功能语言学的观点对《尚书》小句的分析具有可操作性,并为其提供新的分析框架,得到新的见解。《尚书》语言虽古,却仍具有语言的普遍性质。如《虞夏书·甘誓》中启讨伐有扈氏誓师时说:"予誓告汝。"句中"誓告"是言语过程,说话者选用这样的及物性过程满足誓师时的表达需要,表现出战前的强硬和恢宏气度。比较译文:

  I have a solemn announcement to make to you.(Legge,2011:153)

  I solemnly declare and tell you.(Karlgren,1950:18)

两句译文虽然都将原句的字面意思翻译出来,但是前句用了关系过程,与原文不一致,因此没能将原文原有的语言功能表现出来,造成语义亏损,而后句选用了与原文一致的言语过程,表达斩钉截铁、语气强烈,与原文功能相当。可见,系统功能语言学指导《尚书》文本翻译不仅可行而且有效。

二、语言的人际意义由语言的语气系统体现

言语交际是人际互动事件,必涉及人与人之间的角色关系,对于事物的描述等也必带进说话者的主观色彩,这些意义的表达由语言的人际功能承担,即语言的人际意义。

系统功能语言学将交际中的两个言语角色(给予、索取)和两个交换物(信息、物品/服务)相互交叉对应得出了四个基本的言语功能:提供、命令、陈述和提问。这四个言语功能的表达由词汇语法资源中的语气系统来担纲。此外,语言交往中都涉及"归一度"(polarity)问题,即在肯定与否定或者是与不是之间做出选择,但交际过程中绝非泾渭分明的肯定与否定,除了 yes 或 no 外,还有其他选择的可能性,位于肯定和否定之间的过渡等级统称为情态。

英语主要通过语气、情态系统体现人际意义,在这一点上汉语与英语有类型学上的一致性,《尚书》中也有着丰富的人际意义表达资源:人称系统(称呼语、人称代词),语气/情态系统(语气助词、副词、叹词、疑问代词)等,发诰者、训诫者、作誓者、下命者在各资源系统中进行选择,实现自己希望表达的人际意义,完成交际目的。翻译时,应该关注语境,通过表层语言形式探求话语发生时背后深层的人际动因,才能更准确地传译原文意义。例如,《虞夏书·皋陶谟》中臣禹与帝舜讨论对待三苗的态度时说道:"苗顽弗即工,帝其念哉!"语气副词"其"和语气助词"哉"表达了具有一定情态意义的祈使语气。比较译文:

> May the emperor ponder it! (Karlgren,1950:12)
> You, the emperor, should consider such thing.(罗志野,1997:39)
> Think of this, O emperor.(Legge,2011:86)
> Bear in mind the rebelliousness of the Miao tribes, your majesty.(杜瑞清,1993:71)

几种译文字面意义皆与原文相近,但是鉴于话语者与听话者是臣下与君上的关系,表达祈使语气时应该留下一定的商度空间,才能维系合理的社会关系,实现表达意图,因此,将"其"识解为具有商度意义的"恐怕"要比将其解读为表命令意义的"要、应该"更为合理,译文"May the emperor ponder it"选择情态值较低的情态动词may能更准确地描述出说话人说话时的姿态、情感。

三、语言的语篇意义由语言的主位、信息、衔接系统体现

实际的语言应用是以话语(discourse)或语篇/文本(text)的形式表现的,语言要成功完成交际任务,还需要将概念意义、人际意义组织、配置成"成品语篇"的语篇功能。体现这一功能的词汇语法资源在小句的层面就是主位系统,在小句之间就是各种衔接关系。

通过对主位系统里主位和述位的选择与操纵就可以对句中信息的不同部分予以突出或强调。不同主位结构的句子的基本意义(概念意义和人际意义)保持不变,但对信息强调的部分不同,话题的落点相异,这反映出言者对交际对象的知识、兴趣及交际目的和效果等情景因素的通盘考虑。只有在考虑这些因素基础上对小句的信息进行组织才能使联句成篇的语篇具有连贯性,使语言所要表达的概念意义和人际意义有效地传递出去,实现交际目的。所以,对语言小句主位系统的娴熟操纵既是辅助实现语言的人际功能和概念功能的重要手段,也是保证言者生成与情境相一致的语篇、实现语篇连贯性的不二法门。(司显柱,2007:6)鉴于此,埃金斯指出:主位系统是应交际目的和内容,为提高交际效果而在小句层面组织信息的系统。诸如主位等语篇组织方式的选择,虽然不会在概念或人际意义的维度上给语篇添加什么新内容,但对语篇的连贯却至关重要,正是在语篇的建构过程中通过对主位娴熟使用才使得语篇"有机连接、具有意义"。(Eggins,1994:273)例如,《虞夏书·皋陶谟》中禹描述丹朱"惟漫游是好,傲虐是作",其中"漫游""傲虐"分别是"好""作"的宾语,但在句中前置成为句子的主位,这种语言的组织配置方式有说话者的语用目的:主位结构突显丹朱的不良品质,平行句式衔接信息、加强语气。比较译文:

Do not be arrogant like Chu of Tan; negligence and pleasures, only those he loved, arrogance and oppression, those he (made=) practised. (Karlgren, 1950: 11)

One never like Danzhu (the son of Yao) who was too haughty, he was so lazy, fond of pleasure, and joky. (罗志野, 1997: 39)

前句译文保持了原文的主位结构和平行衔接结构,将原文的概念意义和人际意义进行合理配置,表达了与原文一致的语篇意义。

可见,通过对主位系统和衔接关系的选择和使用,语言的语篇功能帮助我们有效组织、配置语篇的概念意义、人际意义,形成一个具有连贯性的整体语篇——实际的、具有交际价值的语言使用单位,完成语言交际。翻译时,应该识别原文的语言资源配置形式,努力使译文保持原文的表达形式,使其形意皆备、形似神合。

系统功能语言学的层次观,即语言、语境和意义/功能三者间的关系,可参考埃金斯(Eggins,1994:79)的图示,见图1-1:

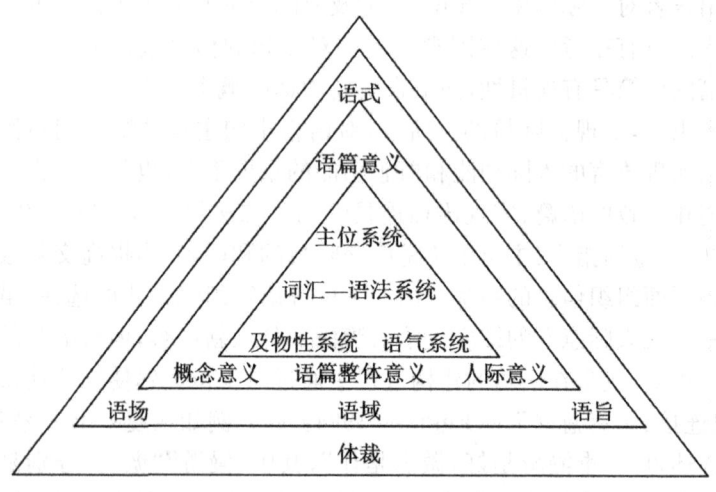

图1-1 系统功能语言学层次观三者关系

韩礼德认为语言的这三种意义/功能的语义系统向上/外与语境系统连接,向下/内和语言的词汇语法表达系统关联。也就是说,语篇的语场与概念意义直接相关,而概念意义由语法系统里的及物性组块体现;

语篇的语式与语篇意义直接关联,该意义由语法系统里的主位组块体现;语篇的语旨与人际意义直接相关,它由语法系统里的语气组块体现。也就是说,语境制约语篇,将要表达的意义和为实现这一意义而采取的词汇、语法、语音等形式特征相联系。

翻译时,我们必须认识到语言内部外部各符号系统间的互生互摄,从社会文化环境到词汇语法的双向级转移(rank shifting)过程中理解语言的生成和功能。译者,作为读者,首先必须对源语语篇的语场、语旨、语式及其在语言层面上的体现特征有全面的认识,才能全面把握语篇的整体意义。在此基础上,必须对译语语篇的相应特征,尤其是不同于原文语篇之处有清楚的了解,才能准确传译原文意义,这是译者进行有效语际转换的基础。

小　　结

社会是一个复杂的多层次多结构的符号互动系统。语言是其中之一,它不会孤立存在,而是生成并作用于整个符号系统之中。语言也不仅仅是固定的形式结构的规定法则,而是一套行为、意义潜势,选择什么样的语言表层形式,就表达了什么样的意义,实施了什么样的功能,实现了什么样的行为目的和意图。这决定了语言的多层次性,意识形态和社会文化大语境形成、影响各种语类,语类集合中根据情景(即时语境)的不同区分为语域子集,每一语篇在文化情景语境要求下形成一个基本的语义构型,它由三种意义——概念意义、人际意义、语篇意义体现,这些意义外化于表达,由语言的词汇语法表征,形成话语和文本。

话语和文本一旦形成,便沿其生成的相反路径作用于读者,从表层形式到意义识解,再到上一层——文化和意识形态塑造,这一过程反映语言和社会各符号系统的相生相摄,是语言对人类精神文明的建设作用。

译者有两重身份,第一是读者,第二是作者。翻译不是简单的字字对换,译者在对原文解构和对译文建构的过程中完成了两次视域融合。原文、译文文本在语境、意义、表层形式的相互作用中解构和建构,综合考虑符号系统间的关系,才能准确解读原文,合理传译,充分保留原文意义,发挥重现经典的作用,让各种精神文明在现代世界百花齐放,熠熠生辉。

《尚书》中的上古汉语具有一切语言所具有的本质特征,运用系统功能语言学对其进行文本诠释和翻译研究,不仅可行而且有效,这给我们带来诸多有益的启示。《尚书》这一中华典籍在不断阐释中绽放巨大的生命张力,在外译中逐步走向世界,成为中国乃至世界的精神瑰宝。

第二章 《尚书》词汇经验意义的理解与传译[①]

《史通》云："夫《尚书》者，七经之冠冕，百氏之襟袖，凡学者必先精此书，次览群籍。"（刘知几，1985：99）汉唐以来，上自庙堂，下至闾里，人莫不习。《书》之大经大史地位，莫可比肩。时代发展到二十一世纪，虽然《尚书》作为官方政治运作和知识分子精神生活的重要环节已经消亡，但是作为中华思想体系的源头，它构建的话语体系是中国古人对当时世界的经验总结，反映了中华民族的总体精神图景，形成中华文明的精神内核和文化基因，植根于整个民族的整体发展进程之中，并逐渐彰显其现代价值。

《尚书》为政书之祖，读《书》可以破解历代政治领袖们的"治政秘要"。陈澧（2012：84）在《东塾读书记》中说："六经中道政事者，莫过于《尚书》。"《尚书》语篇凝结了上古坟典的政治智慧，用圣君贤相的嘉谟善政确立了"先王政治"，建立了传统中国较为系统的国家治理模式，进而在后世形成绵延不绝的"政统秩序"；用以德范位的道德诉求直接规约君王的思想言行和士民的家国情怀，塑造民族的精神世界，进而形成历久弥新的"道统观点"。《尚书》引出千年的"王道"和"霸道"历史哲学之争，成为历代士人应对现实政治的价值规范。《尚书》中的圣贤形象成为民族的"人格理想"，确立了民族的价值标准。《尚书》这一切具有鲜明民族特色的从政、理政和治政的理念、策略和方法，是最适应中国文化特点、

[①] 概念意义部分分为两章，对词汇和小句的概念意义做了区别，原因有二：其一，词汇和小句都有表达世界经验的功能，但属于不同层级的语言单位；其二，根据系统功能语言学，概念意义包含经验意义和逻辑意义，而小句间的逻辑意义是词汇所不具备的。因此，本书在章目标题上做了不同表述以示区别。

区域特征以及民众心理的共同基因,具有最强大的凝聚力和执行力。(钱宗武,2016)

《尚书》为源头典籍,读《书》可以了解中国典型的文化元素。《尚书》反映的是雅斯贝尔斯所谓"轴心时代"以前的原始文化形态,因此可以说是中国乃至世界最早的经典。《尚书》于传统文化诸元素之始创性论述最为广泛丰富,是中华文明一些重要思想、理论、概念、观点的渊薮。《书》中的文化元素是中国文化的根源,《书》是中国文化的基石。

《尚书》为五经之首,读《书》可以汲取道德哲学和伦理价值等文化营养。经学经典集中反映了中国传统的价值观念,一直是政治、社会、人生教育的基本教材,传承顺天爱人之理,承担道德教化的功能。《礼记·经解》曰:"疏通知远,《书》教也。"(孔颖达,2000:1597)可见,《书》教疏通知远,重视德教。朱熹说:"唐虞三代事,浩大阔远,何处测度?不若求圣人之心。如尧,则考其所以治民;舜,则考其所以事君。"(钱宗武,2016)经之为经的意义即在于教人立身行事,是传统中国个体修身的蓝本。《尚书》中的"民本"思想、"修身"思想、"德治"思想、"和谐"思想,都包含着丰富而深刻的内容,体现并建立了中华民族价值体系。这些来自远古的智慧都能够转化为现代的价值理念,成为社会主义核心价值体系的重要内容。习近平同志说:"中华文明绵延数千年,有其独特的价值体系。中华优秀传统文化已经成为中华民族的基因,植根在中国人内心,潜移默化影响着中国人的思想方式和行为方式,今天,我们提倡和弘扬社会主义核心价值观,必须从中汲取丰富营养,否则就不会有生命力和影响力。"道德文化层面的《尚书》学研究和教育可以为匡正人心、凝聚正能量提供强有力的思想保障。

我们认为,中国古代对世界经验的认识、理解进而形成的概念、观点、思想不仅对于建设中国现代社会的精神文明有着重大作用,而且对于解决当今世界全人类社会所面临的共同问题也有着非凡的意义。传播《尚书》等中国经典是思想的传播,其载体——文字词汇的经验意义的传递是非常重要的一环,既要做到准确还要注意可接受性,这样才能做好典籍传播工作,让世界理解尊重中国及中国文化,让其作为世界文明版图上重要的一部分发挥其应有的作用,让全世界在东方古老的智慧中寻找人类存在与发展的答案。

第二章 《尚书》词汇经验意义的理解与传译

第一节 《尚书》中轴心词汇的理解与传译

对于《尚书》中的词汇经验意义的理解和传译，我们首先选取具有鲜明文化特征的一些关键词为代表。《尚书》提出的"德、天、和、谐、中、仁"等重要概念已经成为中华文化的关键词，命名了"存在"，是中华民族个性和人格精神的生长基因。

一、轴心词"德"的理解和传译

"法安天下，德润人心。"现代社会强调坚持依法治国和以德治国相结合，使法治和德治在国家治理中相互补充、相互促进、相得益彰，推进国家治理体系和治理能力现代化。可见，"德"是中华民族思想政治体系中的一个核心话语，它诞生于中国远古，经过千年的发展传承，成为中华政治活动中垂范的指针和取之不尽的精神源泉，在各个历史阶段都发挥了思想价值和实践功用。

"德"字在《尚书》文本中出现频率很高，在今文《尚书》28篇中出现116次，分布于《虞夏书》《商书》《周书》的24篇中。可见，"德"很早就存在于人们的思想观念之中，其内涵在各个年代里不断丰富发展，其词义的演变反映着人们对主客观世界的认识及整个思想体系的建立发展。《尚书》乃政书之始，有着丰富的思想和治政理念，"德""德治"是其中的轴心话语。

汉字是表意体系的文字，其字形往往与表达的意义相关联。孟华（1999：147）对此有一段精当的描述：汉字的表意性质使它作为一套独立的意义符号系统而存在，它凌驾于各方言之上，成为至高无上的文化统一力量。以费诺罗萨和庞德为代表的一派将汉字视为反映自然的一幅幅简约的"思维图形"，把汉字的视觉性夸大成"图像本质说"。（Fenollosa, 1968：199-201）一位曾到过北京的法国传教士西卜特神甫（Father Cibot）在《中国回忆录》的第一卷中发表了一篇颇受争议的文章，他在文中主张汉字具有表意性和象形性："汉字由符号和图像组成，与声音无关，这样说其他语言的人也能够读懂。这些汉字形成一幅智性的、代数性的、形而上学的，或概念性的图画，用类比、关联和惯例来表达思想。"

(Du Ponceau，1838：8)上述观点从16世纪发展至今，形成了一种独特的观点：与其他文字不同，汉字类似数学符号，直接表达思想，少数情况下模拟发音。

正是因为汉字是含有象形文字特征的表意文字，其字式形态往往与表达的意义相关联，海内外学者阐释"德"字都离不开对其字形含义的考量，在传播翻译时也尽量反映这种考量的结果。"德"字在唐虞、三代之文中已经出现，在历史长河中其字形发生了历时演变，不同的字形也表现了人类认识理解主客观世界的进程。

"德"最初出现在甲骨文中，并呈现多种写法，在《金文诂林》《金文编》中也有较高的出现率和丰富的形态表现。可见，"德"在殷商及周人的社会生活中有重要的地位。

甲骨文中的"德"字写为"徝""徝"或者"㣃"，各种字形皆保留部件"直"，可见甲骨文中"德"的初义主要是由"直"决定的。《说文·乚部》解释说："直，正见也。从乚，从十，从目。"(许慎，1963：82)甲骨文中的"德"字从"一目"，只是到了金文中"德"才逐渐演变为"十目"。"直"的字形是"目"上一竖("｜")，"｜"指示目视的方向，如一目凝视上方，由此取义，会意为"正见"也。(孙熙国、肖雁，2012：62)张日升认为："直字象目前有物象，目注视物象，则目与物象成一直线，故得直义。物象以一竖表之，处目之上作直者，非谓物象在目上，乃谓在目之正前也。《说文》训直为正见，即此之谓也。"(周法高，1974：989)"直"可释为"目视于前"，"前/正前"是"目视"的方向。

"德"字的另一个组成部分是"彳"或"亍"或"行"，可见，德的原初含义与行、行为有关。(陈来，1996：291)晁福林(2005：193)称："甲骨文'德'写作从行从横目之形，其所表示的意思是张望路途，人们看清了路而有所得。"从字形看，甲骨文中的"德"字取象于"目视于途"，可以理解为"择路而行"，并且昭示出"视""行"的方向指针，告诉人们应该"如何视""如何行"，"视""行"要"向上""向前"。

"德"字初文为其意义进一步抽象、发展提供了物质基础。"德"之初义为"目视于途""择路而行，得正视（见）乃从而行之"，这种向前、向上的行为方向性引申出"升也，登也"的含义，《说文·彳部》"德，升也"。段玉裁(1981：316)注释说："升当作登。《辵部》曰：'迁，登也。'此当同之。"

"升"和"登",都是表示前行或上行的行为动词。"德",从行从直,其最初之义是"直行、上升",逐渐有了"直道而行"之义,进而衍生出行为做法,甚至是积极向上的正确的行为规范之义。

"德"字发展到金文时添加了"心"底。这样的形态变化表征的是人类对"德"经验意义的拓展和升华。正如陈梦家所说:"古文字形符偏旁的改变,往往表示字义或概念的部分的改变。"(周法高,1974:988)"心"字底的出现是"德"的伦理内涵不断强化和提升的结果。金文"德"的写法尽管有 35 种之多,但从总体上看都是由三部分构成,即行、直、心。心旁的出现,使得"德"的伦理内涵不断加强。陈来(1996:291)进一步指出:"德"字"从心以后,则多与个人的意识、动机、心意有关","从西周到春秋的用法来看,德的基本含有二,一是指一般意义上的行为、心意,二是指具有道德意义的行为、心意。由此衍生出的德行、德性则分别指道德行为和道德品格"。

现在"德"字字形已基本定型,由代表眼睛的"目"、表示方向性的"十"、表示行走和行为的"彳"和表示内心的"心"四部分组合而成,表示人们用眼睛观察、监督着自己和他人的行为、心灵,进行治理。《贾子·道术》:"施行得理谓之德。"《周礼·师氏》马(融)注、郑(玄)注:"在心为德,施之为行。"不断演变中,"德"字意义多向度发展,从一般的行为到积极的行为和选择,再到获得社会普遍认可赞同的标准行为规范,力求人心之真善美,人之身之心皆化于天地间,"德"的伦理、哲学意蕴确立。"德"作为一种"知识"系统化于人们的意识形态中以指导人们的社会实践,在这一过程中,进一步体现其哲学特征。

如前所述,"德"本来就是向前向上的行为和心意,并有一只眼睛始终监管着。那么,什么才是积极向上,它的标准似乎在每个社团中都已经约定俗成,人尽皆知,如知识一样进入了集体无意识。我们认为,与知识密不可分的是"权力",在那只带有已知"德"范标准的眼睛背后其实还有一只看不见的眼睛,生产知识,进而规范指导人的实践,并由此观照行为及内心,这就是那只统治阶级的"权力的眼睛"。"德",为"施行统治的心术",或表现为统治的方法。(顾颉刚、刘起釪,2005:1173)至此,我们发现"德"的意义和功能完成并体现了其形而上和形而下的过程,"道""器"合一,将个体的伦理道德、身心修养、行为模式与国家治理结合在一起,以思想的统一巩固政治的统一,从而达到"垂拱而天下治"。而何谓

"德",这个概念是由统治集团以知识的形式让人民熟知的,而知识、理性带来的不但是人类的进步,更是一种统治人的力量,一种社会力量对人的控制。所以,实际上,"德"观念的产生和发展始终与政治、权力密不可分,对"德"经验意义的识解及其意义流变的追踪,不仅能够让我们准确理解字义,更能发掘中国"德治"思想的发展路径。

"德"是中国哲学的一个重要范畴。《尚书》语篇记录了"德"字意义发展的历程,《虞夏书》很可能是后人追记,但从《尚书》整体来看,基本勾勒出"德"字的演变脉络。《虞夏书》"德"字出现的意义为:升、登(1见);行为(1见);德行、美德(6见);有德的人(4见);德教(2见)。《商书》篇目和文字体量虽远低于《周书》,但"德"字兼职多,其意义相对于其他两部分更加多样丰富:行为、德行(2见);好处(1见);赏赐(2见);升(1见);恩惠(1见);品德(2见);美德(3见)。"德"字前常常有修饰成分,如"夏德、实德、积德、非德、爽德、高祖之德"等,含义非常具体,而且大部分"德"带有积极的如"优、上、直、好"的意蕴,符合"德"字初文意义的指向,并逐步抽象化、形上化。《周书》部分"德"字大量出现,可见"德"在周人政治社会生活中占据相当高的地位,其意义分布有显著的特点,90%以上"德"字是"德行、德政、美德"的意思,抽象化程度明显提高:行为(2见);升(3见);心意(1见);德行(17见);美德(25见);德政(19见);德性(2见);德教(5见);品德(4见);功德(2见)。还有一个非常有趣的现象,今文《尚书》中"德"字可表示"德者",即"有德的人",语例有8,但是到《周书》中出现了"暴德之人""逸德之人""成德之彦""九德之行"等表达,进一步将"德"从具体的"人"或"行为"中剥离出来,意义功能趋于单一、普通,用一种广泛接受和认同的"知识"的形式固化于人们的意识形态之中,进入无意识状态。从《尚书》中"德"字意义发展看,它呈现线性的多向度的发展模态,在虞夏商周数千年的历史长河中孕育生长,已经基本完成由外及内再向上的过程。

中华经典的传译,语内翻译阶段非常重要,对文本概念意义进行解读是关键的一步,字词所传达的不仅仅是孤立的字面意思,而且是人们对周围世界认识和经验的表达,从中了解中国古代认识世界的思维范式,能够从根源上了解中国文化,认其源才能识其流。尤其是中华经典中的文化负载词,它们是中华文明的生长因子,是中华文化之纲,纲举目张,由点及面再到体,认识它们就是认识中国文化乃至庞大的意识形态的原型。

由于"德"字出现频率较高,语例较多,翻译实例只能选择性列举。译本来自不同时代不同地域:麦都思(Medhurst,1846)、理雅各(Legge,2011)、高本汉(Karlgren,1950)、杜瑞清(1993)、罗志野(1997),以下分别简称麦译、理译、高译、杜译、罗译。

祖考来格,虞宾在位,群后德让。(《虞夏书·皋陶谟》)
麦译:And the host of nobles virtuously yielded.
理译:And all the nobles show their virtue in giving place to one another.
高译:All the princes (virtuously yield＝) are virtuously modest.
杜译:Following the music there arrived the spirits of the former kings, the distinguished guests and kings and princes.
罗译:Leaders of each state had arrived at the hall of temple, where they gave their places to one another.

用降我凶,德嘉绩于朕邦。《商书·盘庚下》
麦译:Where he subdued our inconveniences (arising from frequent inundations) and displayed his splendid merits in our state.
理译:Thereby he removed our evils, and accomplished admirable good for our country.
高译:Therefore, when (Heaven) sent down to us (sc. our people) evil dispositions (i. e. recalcitrant minds, not wanting to move), they (yet) had fine achievements in our state.
杜译:...Free of flood and brought about prosperity to the empire.
罗译:...Where there the disasters caused by flood were removed or on the decrease, and their accomplishment was admirably successful in our country.

桀德，惟乃弗作往任，是惟暴德，罔后。(《周书·立政》)

麦译：Këĕ's propensity was not to engage those who had been formerly employed, while he appointed only oppressive magistrates; (thus he died) without posterity.

理译：The way of Këĕ, *however*, was not to observe this precedent. Those whom he employed were cruel man;—and he had no successors.

高译：Kie's (virtue＝) character was (such) that he did not make the appointments of bygone times; (that was＝) he had a violent character, and he had no (afterwards＝) future (sc. for his house).

杜译：Upon inheriting the throne ... but employed men who were ruthless and tyrannical, thus bringing about his downfall.

罗译：But after the accession of Jie of Xia...so that those officers he employed were brutal and cruel, he had no successor.

其在受德，暋惟羞刑暴德之人，同于厥邦。(《周书·立政》)

麦译：With regard to the tyrant Shów, his conduct was violent, only those who being advanced to office were murderers and oppressors of virtues, these were his allies.

理译：When the throne of T'ang came to Shów, his character was all violence. He preferred men of severity, princes of States who deemed cruelty a virtue, to share with him in the government of the empire.

高译：When the turn came to Shou, his character was impetuous; disgraced criminals and men of a violent character were his associates in his state.

杜译：King Zhou of Shang, who succeeded Chengtang, was a tyrannical and brutal man. He employed the cruel, not the virtuous, and his practice was followed throughout the

Kingdom.

罗译：After King Zhou of Shang rose to the throne...he forced to assemble the criminals and the brutals in his country.

王义嗣,德答拜。(《周书·顾命》)

麦译：The king also, who justly inherited the virtues (of his ancestors) made obeisance in return.

理译：The king, righteously continuing the virtue *of his predecessors*, returned their obeisance.

高译：The king, as the rightful heir, returned the salute to them one by one.

杜译：The king ascended the steps and returned the obeisance.

罗译：The king returned the obeisance in accord with etiquette.

"德"字的初始义"升、登"在《尚书》中用例不多,但在《虞夏书》《商书》《周书》中皆有出现。"德"义虽不断发展,但并未废止初义不用,只是如同由根部衍生枝芽,在初义基础上引发数义。译者不能只停留在自己的历史视域,而应回到原文存在的历史时空,了解那时人们的认知思维概念,参照各家注释,做好语内阐释,才能跨语翻译。从以上译例看出,除了杜氏、罗氏,没有译者将"德"解读为"升、登"义,可见,各位译家在语内理解上还是有区别的,甚至断句都不一致。实际上,对"德"的理解在很大程度上影响了断句的选择,如"用降我凶,德嘉绩于朕邦",麦氏、理氏、高氏皆将"凶""德"连文,理解为"凶德",即以"凶"为修饰成分的名词短语。再如"王义嗣,德答拜",麦氏、理氏将"嗣""德"理解为"嗣德",以"嗣"为动词、"德"为宾语的动宾短语。麦、理、高三位译家对原文中无标志的"德"皆理解为具有抽象意义的"美德",根据上下文译为 virtue、virtuously,而有标志之"德",即有修饰成分的"德"字短语则理解为较为具体的意义："做法、性格、性情"等,译为 conduct、character、propensity、way (of doing)、dispositions,甚至直接转换为其具体所指：inconveniences、evils。

33

我们认为,译者们生活的年代与《尚书》成书时代相距甚远,对"德"字的理解首先是在当时的历史视域下"德"字的意义,显然,十九世纪"德"字已经褪去初义,作为"美德""品德"之义早已形成,因此,中国古籍的翻译工作是艰巨的,尤其对于一些文化关键词,必须厘清其源流,并参照各家注疏,才能正确地识解字义。然而事实上,对于文字的理解,中国的注疏家有时也莫衷一是,不能达成共识,更何况翻译成英语。因此,我们认为,对于中国经典,在基本识别词汇字面意义的基础上,合理有效地将中华优秀文明传播出去就行。所谓"译无定译",原文、译者视域融合的过程中一定会有消解和建构,这就是翻译的历史性。我们翻译古籍的目的就是传播中国文化,文化概念诉诸文字,是语言文字的基本功能,通过合理的诠释,将大中华的思想观念表达出来,便实现了翻译的功能,也达到了翻译的目的。如"祖考来格,虞宾在位,群后德让"和"王义嗣,德答拜"分别译为:

And the host of nobles virtuously yielded.

And all the nobles show their virtue in giving place to one another.

All the princes (virtuously yield=) are virtuously modest.

The king also, who justly inherited the virtues (of his ancestors) made obeisance in return.

The king, righteously continuing the virtue *of his predecessors*, returned their obeisance.

尽管没有将"升、登"表达出来,但是我们认为,译文还是表现了中国古人谦让的德行,是可以接受的。

如上文所说,"德"字前有时会加一个修饰成分,如"爽德、暴德、比德",此时"德"字含义比较具体,"并不表示'有道德',只表示一般的可以从道德上进行评价的行为状态或意识状态,从而这种状态可以是好的,也可以是不好的。这种意义上的德只标示在价值上无规定的意识——行为状态"。(陈来,1996:292)翻译中,各位译者的理解是基本正确的,用能够表示"爽德、暴德、比德"实际意识和行为状态的词汇表达,如:disobedience、offend、ruthless and tyrannical、brutal and cruel、forming factions、conspiratory actions、selfish combinations，虽没有词汇与"德"直接对应，但是仍然将"德"字在那个时代的意义解译了出来。

《周书》中出现的"德"字大部分表示"美德、德政"，译文中基本都以virtue传译。实际上，内化于心的品德和外化于表的德行、德政是紧密联系的，有德的明君贤王才可能将仁德施之于行，形成德政。《周书》有篇《洪范》，"洪范"，就是大法。相传大禹治洪水时，上帝叫神龟背负一部大法，在洛水上把它赐给了禹，因此叫《洛书》。到了殷商，传给了箕子，周灭殷后，箕子依据《洛书》向周武王详细阐述了治国治政的九种大法，即为《洪范》。该篇中提出了"三德"概念，这一概念有一定的总结概括性质，作为一种总体的规范出现。文中"三德"有纲有目，第一次是以九畴之"纲"的面目出现：

> 初一曰五行，次二曰敬用五事，次三曰农用八政，次四曰协用五纪，次五曰建用皇极，次六曰乂用三德，次七曰明用稽疑，次八曰念用庶征，次九曰向用五福，威用六极。

所谓"九畴"，就是"九类"的意思。《汉志》曰：禹治洪水，锡《洛书》，法而陈之，《洪范》是也。《史记》：武王克殷，访问箕子以天道，箕子以《洪范》陈之。孔（安国）氏曰：天与禹，"神龟负文而出，列于背，有数至于九。禹遂因而第之，以成九类"。《易》言："河出图，洛出书，圣人则之。"蔡沈信此，曰："盖治水功成，洛龟呈瑞，如《箫韶》奏而凤仪，《春秋》作而麟至，亦其理也。世传戴九履一，左三右七，二四为肩，六八为足，即《洛书》之数也。"（蔡沈，2010：141—142）古人刻意神化这篇"大法"，事实上，这篇"大法"不过是我国古代奴隶主政权总结出来的治政经验，但此篇的文献地位和价值也是值得肯定的。因其内容分为九个部分，所以又称为"洪范九畴"。汉代时又有"大法九章""大法九等""大法九类"等几种称法，其中以"大法九章"最为通用。"乂用三德"正是这"大法九章"之第六章，其"纲"就是"三德"（陆振慧，2016：72），所以"三德"的纲领性质非常明显。

第二次是以"九畴之目"的面目出现，是"九畴"中的"第六畴"：

六、三德：一曰正直，二曰刚克，三曰柔克。平康正直。强弗友刚克，燮友柔克。沈潜刚克，高明柔克。(《周书·洪范》)

麦译：In the sixth place, there are the three virtues, the first of which is called evenhanded justice, the second is denominated strict rule, and the third is termed a mild course of government. In peaceful and tranquil times, be strictly just. When the people are obstinate and unyielding, rule them by severity; when they are harmonious and compliant, govern them with mildness; when they are deeply sunk in barbarity, rule them with rigour; and when they are elevated in the scale of civilization, let your administration be lenient.

理译：Sixth of three virtues—the first is called correctness and straightforwardness; the second, strong government; and the third, mild government. In peace and tranquility, correctness and straightforwardness *must* sway; in violence and disorder, strong government *must* sway; in harmony and order, mild government *must* sway. For the reserved and retiring there is the strong rule; for the lofty and intelligent there is the mild rule.

高译：Sixth: the three virtues (modes of action). The first is called straightness (the strict mean); the second is called hardness predominating; the third is called softness predominating. For (treating) the peaceful ones, there is the straightness (the strict mean); for (treating) the violent and offensive ones, there is the hardness predominating; for (treating) the concordant ones, there is the softness predominating. For (treating) those who are plunged and soaked (sc. in wine and pleasures) there is the hardness predominating, for (treating) those who are high-standing and (bright=) enlightened there is the softness predominating.

杜译：Sixth, the three virtues which embrace integrity, tenacity and flexibility. Integrity is essential to peace and happiness, tenacity to violence, and flexibility to compliance. Discourage tenacity, but promote flexibility.

罗译：The using of men with three kinds of virtues, the three kinds of virtues are as following: The first is straightforwardness, the second is excessive firmness, and the third is excessive mildness. Correctness and peace show straightforwardness; excessive firmness means those who are strong but difficult to be on intimate terms with; and excessive mildness means those who are gentle and agreeable but not strong and firm. It should restrain those who are strong but difficult to be on intimate terms with, and praise highly those who are gentle and agreeable and easy to be intimate terms with.

从译文可以看出，对于原文的解读不只是孤立地解释某个字、词，而是在一个语篇环境中联系语境上下文系统地进行解读，单个的字词与其语境的意义互生互摄。以上五段译文皆用 virtue 对译"德"，其一，英文中除了 virtue 一词，似乎没有其他更好地表达"德"义的词；其二，《洪范》所述皆大法，只用 virtue 一词概括更能表现其纲领性文件的性质；其三，内化于心才能施之于行，行为的臧否是德行、品德的外在表征，善行、善政、德政用 virtue 来译，未尝不可，若能加上注解说明，诠释思路就更加清晰，避免误解。

virtue 译出"三德"之纲，各位译家译文相当，后面"一曰正直，二曰刚克，三曰柔克"是对"三德"内容的交代，换言之，"三德"即指"正直、刚克、柔克"三项内容。"刚"指刚强、强硬，"柔"指柔和，"克"是胜的意思。各家译文表明他们对"三德"之目的阐释不尽相同，可见各位译者对"德"的内涵理解还是有所差别。麦、理、高三位西方译者将"德"视为对待不同的人或形势的行为方式，可以说是一种统治手段。麦氏、理氏、高氏分别将其译为：

evenhanded justice, denominated strict rule, a mild course of government;

correctness and straightforwardness, strong government, mild government;

straightness (the strict mean), hardness predominating, softness predominating

rule、government、mean、predominating 等词都说明三位译者将此处的"德"理解为治理原则、统治方式，可以看出西方的三位译者借鉴、传承的脉络。理氏在其译文中增加了注释：

The three virtues are characteristics of the imperial rule; they are not the personal attributes of the sovereign…

注释强调此处"德"的治政性质。联系前面的"纲""乂"为治理，"乂用三德"即"用三种统治方式进行治理"。这种理解说得通，并在一些典籍文献中得到了佐证。《贾子·道术》："施行得理谓之德。"《周礼·师氏》马（融）注、郑（玄）注："在心为德，施之为行。""三德"，即为"三种施行统治的心术"，或表现为三种统治的方法。（顾颉刚、刘起釪，2005：1173）接下去的几句，基本都在进一步阐释有哪些不同的局势，以及对待不同局势需要采用的不同手段，如理氏的翻译：

In peace and tranquility, correctness and straightforwardness *must* sway; in violence and disorder, strong government *must* sway; in harmony and order, mild government *must* sway.

意思合理，逻辑准确，形式工整，这和译者"注全力于十三经，贯串考覈，讨流溯源"，"不主一家，不专一说，博采旁涉，务极其通"的努力是分不开的。

中国的两位译者更倾向于将此处的"德"解读为一种品质、品性。"正直、刚克、柔克"，言三德的细目，言人臣有此三类；"平康正直，强弗友刚克，燮友柔克"此言三德之性行；"沈潜刚克；高明柔克"此言人君对待之法（周秉钧，2010）。周秉钧先生对"德"阐释合理、层次清晰，可以说为其提供了经典今译范文。罗氏、杜氏虽都将"德"理解为一种品质，但对其实质内容的阐释还是存在差距，语际翻译的质量也相去甚远。其中，罗氏译文开头"The using of men with three kinds of virtues"就指明

了第六畴"三德"的实质,即分别表现三种德行的臣子以及对待他们的方法;接下去细述"三德"的内容:

> The three kinds of virtues are as following: The first is straightforwardness, the second is excessive firmness, and the third is excessive mildness.

接着进一步解释"正直""刚克""柔克"所代表的性行特点:

> Correctness and peace show straightforwardness; excessive firmness means those who are strong but difficult to be on intimate terms with; and excessive mildness means those who are gentle and agreeable but not strong and firm.

但在译文中将 excessive firmness 和 excessive mildness 这些表品质的抽象词汇直接等同于一类人,中间似乎缺少了过渡和说明。最后阐明对待不同德行的人的不同的原则方法:

> It should restrain those who are strong but difficult to be on intimate terms with, and praise highly those who are gentle and agreeable and easy to be intimate terms with.

杜氏认为该处的"德"包含三种品质,其中,"刚"表示"坚韧/顽强"(tenacity),"柔"表示"灵活"(flexibility),不同的品质对待不同的情况、形势有着重要的意义,不同的品质外化于行会出现不同的做事风格,其实还是暗含着对特定情势的处置方式——Integrity is essential to peace and happiness, tenacity to violence, and flexibility to compliance。这样的理解和翻译勉强是可以接受的。接下来的"沈潜刚克;高明柔克"一句中将"沈潜""高明"解为动词,这是合理的,可是整句译为"Discourage tenacity, but promote flexibility."实为望文生义,没有联系上下文仔细考虑,上文刚刚论述 tenacity 对 violence、flexibility 对 compliance 是必不可少的,现在却说要"抑制"(discourage)刚,"推崇"(promote)柔,很明显,前后不一致,逻辑不清。

各位译者对"三德"的传译体现了阐释的开放性。各位译者在不同的历史时期与来自远古的文本相遇,在对文本的阐释过程中,他们与文本的历史视域逐渐融合,消解和建构是这一过程的必然结果。几位译者对"三德"的理解有所不同,但只要阐释合理,并将中华文化概念表达出来,传播出去,就达到了典籍翻译的目的。

以上有关轴心词"德"的译例告诉我们,仅仅是词对词的翻译往往会出现偏误,我们需要多管齐下。首先,厘清字词源流,从根本上掌握该字词的意义演变;酌取古今学者校勘成果,参阅历代学者注疏,贯串考覈,讨流溯源,"不主一家,不专一说,博采旁涉,务极其通";了解上下文对特定字词意义的互生互摄,在动态语境中对话语做出正确阐释;"从宏观视角出发,把原文本放在社会历史的大框架下作通体观照"(刘宓庆,1999:132—133),在原文本原生的沃土中寻求意义的发生;考虑译本生成的历史视阈,明确翻译目的和译本功能,在其指导下生成高效高质的译文。

二、轴心词"天"的理解和传译

"天"是中国传统文化的关键词之一,是诸多文化思想的生长因子。"天"的观念是我国上古时代宗教崇拜的核心,对于"天"的认识,中国远古时期就已经出现,随着时间的推移逐渐形成了一些文化概念,如天人关系、天命观念、天道观念等,更进一步上升为哲学命题,铸造出中国人的思维模式,指导中华民族千百年来的社会实践。

今文《尚书》乃虞夏商周之文,其中的大量"天"字记录了远古中国人对"天"的理解、诠释及其发展脉络,是非常宝贵的资料。"天"字在今文《尚书》中共出现184次,《虞夏书》《商书》《周书》中皆有出现,有的是以单独语素出现,有的是与其他语素组合成词,如"天下、天功、天工、天时、天胤、天子、天之命、天命、天明、天之罚、天性、天显、皇天、天邑商、天威、天休、天德、天牧"。可见,"天"是上古人们社会生活中的普遍概念,其意义可以大体分为四个层次:第一,自然之天,乃指自然之运行,如"乃命羲和,钦若昊天,历象日月星辰,敬授人时"(《虞夏书·尧典》),"王出郊,天乃雨,反风,禾则尽起"(《周书·金滕》);第二,物质之天,即与地相对之天,如"汤汤洪水方割,荡荡怀山襄陵,浩浩滔天"(《虞夏书·尧典》)、"四罪而天下咸服"(《虞夏书·尧典》);第三,处所之天,即先王、先民等居住的地方,如"兹殷多先哲王在天。越厥后王后民,兹服厥"(《周书·召诰》)、"若尔三王,是有丕子之责于天,以旦代某之身"(《周书·金縢》);第四,主宰之天,即所谓皇天上帝,有人格的天、帝,如"公称丕显德,以予小子扬文武烈,奉答天命,和恒四方民,居师"(《周书·洛诰》)、"弗吊旻天,大降丧于殷,我有周佑命,将天明威,致王罚,敕殷命终于帝"(《周书·多士》)。这些意义的出现频率并不均匀,前三种加起来凡22例,仅占12%,而第四种表示"主宰之天"的例子达到162个,占88%,且基本出现在《周书》部分,可见在周代人们对天的认识有了质的飞跃。"天命"一词在《虞夏书》中1见,在《商书》中1见,在《周书》中21见,且不能排除前两部分的篇章有后人的窜伪,因此,宗教天命观在周代正式形成,"天命观"是关"天"的概念的重要组成部分。

《尚书》中与"天"意义几乎旗鼓相当的另一个词是"帝",其出现形式有"帝、皇帝、上帝、上帝命、帝之命",词频为92,其中有55例表示王朝的君王,只有37例与"天"一样表示具有部分人格的一种神秘力量。"帝"与"天"在概念上有着一定的联系。有研究表明,甲骨卜辞"天"与"帝"融而为一,殷人表达"天"的意义并不是以"天"字来表示而是以"帝"来表示的。殷人把"帝"作为"天"的代称,这应当是与"帝"的造字本义有关。"帝"的造字本义原有多种说法,有研究者认为"帝"原为花蒂形,但考其形体却不大像。在卜辞中,"帝"字之形体比较复杂,以"禾""禾""禾"等形居多,所以研究者多以为它与紫祭(亦即燎祭)有关。《尔雅·释天》谓"祭天曰燔柴"。"帝"作为燔柴祭天的方式,原是沟通人与天的津梁。天无影像可以摹写,于是便用这种沟通天地的方式来代表"天"。分析殷墟卜辞的相关记载,常玉芝(2010:26)认为"殷人把天神称作'上帝'或'帝',而绝不称作'天',卜辞中的'天'字都不是神称"是合理的。在这里可以进而补充说明的是,卜辞中的"天"字皆为"大"字异体,无论是作为处所的"天",抑或是作为天神的"天",在甲骨卜辞中迄今都尚未发现。关于"天""帝"的关系,清儒孔广森(1988:771)曾言及周代的概念:"举其虚空之体则曰天,指其生成之神则曰帝。"这是一个可以认可的说法。但此概念在商代尚不明确,商代尚没有虚空的"天"之观念,这一观念的一部分只是隐藏于"帝"的背后。(晁福林,2016:134)

考察"帝"字在今文《尚书》中的意义分布,我们发现,表示王朝君主意义的"帝",本该是个后起的概念,却大量出现在《虞夏书》部分,达到50例,而在《商书》和《周书》分别出现0例和5例;表示"主宰之帝"概念的"帝"大量出现在《周书》中,三部分的语例分别为2、2、33。可见,今文《尚书》成书于周,周人在对《尚书》各篇编写的过程中将当时的概念反摄到夏商两代,并在语词上有所体现。

今文《尚书》中同时出现"天"和"帝",其意义有所交集,即它们都有一种主宰力量的含义。因此,在这里,我们将两者都纳入语际转换的考察范围。下面,我们将五位译家的翻译以表格形式列出,方便对照查阅,见表2-1至表2-5。

表2-1 麦都思对"天""帝"的传译

麦都思	
天	Heaven
	celestial/heavenly
	Providence
天命	Heaven's decree/the decrees of Heaven
	the will of Heaven
	the celestial decree
	the celestial commands
帝	the emperor
	your majesty
帝/上帝	the Supreme Ruler
	the Supreme
上帝命/帝之命	the decree of the Supreme Ruler/the decree of the Supreme

表2-1的麦氏译文中,"天"与"帝"截然分开,分别有相对固定的词与之对应。可见,在麦氏看来,"天""帝"是两个不同的概念。"天"在英文中有直接的对应词Heaven,有意识的"天"除了用Heaven外,还会用command、decree、will等外显出"天"的命令、意志等义,当"天"作为修饰或限定作用的语素时,偶尔会用celestial、heavenly等形容词承担修饰限

定功能;"帝"如果表示人间的帝王,基本用英语直接对应词 emperor,如果表示"天帝""上帝",基本用 the Supreme Ruler/ the Supreme,却无一例用 God。应该说,在麦都思看来,中国上古典籍中的"帝"与西方基督教中的人格神"上帝"是有着根本区别的,宗教色彩比较淡。比较表 2-2 理雅各的"天""帝"译文。

表 2-2 理雅各对"天""帝"的传译

理雅各	
天	Heaven/heaven
	the majesty of Heaven
天命	the favouring appointment of Heaven
	the command of Heaven
	the intelligence of Heaven
	the decree/favouring decree/long-abiding decree of Heaven
	the appointment of Heaven
	the ordinance of Heaven
	the mind of Heaven
	Heaven's favouring decree
帝	emperor
帝/上帝	the God/ the High God
上帝命/帝之命	the favour/ the decree of God

理雅各对"天"的传译和麦都思的基本一致,对于有意识的"天",如"天命"等概念,所用的词汇较麦氏丰富,有 appointment、decree、command、mind、ordinance 等,其中 appointment 出现频率最高,decree 次之。在理氏看来,"指派/任命""颁布法令/裁决"是"天"的主要功能和职责。对于"帝"的翻译用词与"天"没有混为一谈,而且界限分明,"帝"在译文中大多用 God,这一点与麦都思的用词截然不同,理雅各将中国的"上帝"完全等同于西方的"上帝",将中国经典的一些理念拉入西方的思维体系中。

表2-3 高本汉对"天""帝"的传译

高本汉	
天	Heaven/ Great Heaven/ heavens
天命	the mandate of Heaven
	the command of Heaven
	Heaven's mandate/ command
	Heaven's charge
	the Heaven's bright (will)
帝	the emperor
帝/上帝	God/ God on High
	the Sovereign
上帝命/帝之命	the command/ mandate of God on High
	God's command

高本汉的译文与理雅各有不少相似之处,"天"基本用Heaven,"帝"多数用God,但是对于"帝/上帝"的翻译,出现God on High、the Sovereign,这些词语的运用在一定程度上淡化了西方宗教色彩。

表2-4 罗志野对"天""帝"的传译

罗志野	
天	heaven
	the will of heaven
	the god/emperor of heaven
	the god above
天命	the favour of Heaven
	the great task given by Heaven
	the will of Heaven
	the will of god
	the decree of heaven

续 表

罗志野	
帝	the emperor
	my sovereign
帝/上帝	God
	the heaven above
	the god of heaven
	the emperor of heaven
上帝命/帝之命	the will of god
	the great task given him by the god of heaven

罗志野的译文中,"天"的对译词有 the god/emperor of heaven、heaven、the god above,"帝"的对译词有 God、the heaven above、the god of heaven、the emperor of heaven。这些翻译用词呈现规律性,即某种表达集中用于一个篇章中,可以推断这本译著有可能是由多人合译,各人负责不同的篇章,这样做虽无可厚非,而且可能形成翻译的合力,但是从翻译结果看似乎并非如此,各篇负责人很可能是各自为政。

表 2-5 杜瑞清对"天""帝"的传译

杜瑞清	
天	Heaven
	the decree from Heaven
	the mandate of/ from Heaven
	Heaven's mandate
	the mandate granted by Heaven
	the will of Heaven/ the Heaven's will
	the counsel of Heaven
帝	the emperor
	Your majesty

续　表

杜瑞清	
帝/上帝/ 天命/ 上帝命/帝之命	Heaven
^	the heavenly ruler
^	Heavenly mandate
^	the will of Heaven
帝/上帝/ 天命/ 上帝命/帝之命	the command of Heaven
^	the decree of Heaven
^	the ordinance of Heaven
^	the counsel of Heaven
^	Heaven's will/ mandate

从杜译可以看出，这里的"天"就是"帝"，"天命"也等同于"帝命"，译文对于"天""帝"也基本都用 Heaven 一词，一致性程度很高，而且没有将"帝/上帝"译为 God，说明在杜氏看来，中国上古文明中的"帝/上帝"与西方宗教中的"上帝"概念是有根本不同的。我们认为，这种理解是合理的。

对于"天"和"帝"的译法主要存在着 Heaven 和 God 的区别，我们要重点考察一下，"天"或"帝"能否译为 God。

God 是西方基督教中的至上神，与中国的"帝"还是有根本区别的。西方的"上帝"是"创世神"和"完全的人格神"，这种特征是中国的"上帝"不具备的。

首先，《尚书》中的"天"或"帝"并非西方基督教中的至上神。西方基督教认为，世界和人皆由神创，这个神就是"上帝"。而《尚书》将世界万物看成是客观存在，它不仅有规律可循，而且还能够由人掌握并为人服务。比如，《虞夏书·尧典》叙写尧命令羲仲、和仲、羲叔、和叔从东西南北不同的方位观察鸟星、火星、虚星、昴星出现在天空中正南方的天象，确定春分、夏至、秋分、冬至，记载不同季节鸟兽"孳尾""希革""毛毨""氄毛"等特征以及"厥民析""厥民因""厥民夷""厥民隩"等人民生活状况，采用闰月的方法决定四季和一年，用天象物候规定百官职能，从事各项工作。这是人类"观象时代"观象记时的最早记录。可见，远古中国人在认识世界的初始阶段就有着浓重的理性色彩,并且意识到"人"在认识世界、改造世界中的积极作用。再如,《虞夏书·禹贡》记录了禹带领人们以智慧、勇气和辛劳制服了猛兽般的洪水,用高山大川等天然地界实体为界限,较为客观合理地对全国进行了自然区划。这些都表现了人在社会历史进程中的伟大力量。当然,由于当时科学和社会发展的局限,"天"/"帝"代表着一股巨大且神秘的力量,在人们心中占据至高地位。历史的发展有时被认为是由"天命"决定,以至于商纣王感慨"我生不有命在天?"对所授的"天命"执迷不悟。然而,随着历史的发展,人们认识到历史并非产生于"天命",而是可以通过人们自身的行为对之产生影响,只有"敬德保民",才能获得"天之断命"。从周初诸诰中我们可以看到,周公等贤哲所一再申明的道理就是"天命"决定于"人"自身"敬德保民",而不是"上帝"的恩赐或心血来潮(王灿,2009:33),甚至做出"天不可信"的论断,主张事在人为。因此,《尚书》认为世界和历史并非"神创",而是有人参与的客观存在。有研究者曾经比较《尚书》与西方文化经典著作《圣经》所代表的基督教文化,精辟地指出了中国和西方在文明产生过程中的不同之处,即西方将文明的产生推源至"神",而中国则是归根到"人"。中国文明的这一取向,从《尚书》中可见一斑。

其次,《尚书》中的"天"虽然常常表现其"意志性",但并非完全意义上的"人格神"。《尚书》中的"天"经常具有"意志"表现,比如,《虞夏书·皋陶谟》有言:"天聪明,自我民聪明。天明畏,自我民明畏。""天"能够"听取意见""观察问题",还能够"表彰好人""惩治坏人",明显具有"意志性"。但是,其意志却不能明确表达,"天"从来不会直接"说",人也无法直接"听",因此,"天意"往往要通过人去考求,如《周书·召诰》中周公勉成王"面稽天若"(努力考求天意)。而西方的上帝则不同,他能够明确地"说"出自己的意见和指示,人也可以直接领受上帝的命令。《尚书》没有"天"或"帝"直接发号施令、施行奖惩的语例。"天意"的稽考、传达、实施往往需要人通过卜筮等手段去判断、去揣摩、去思考。《尚书》不少篇目中都出现以占卜窥测天意的例子,如"我其为王穆卜""乃卜三龟,一习吉"(《周书·金縢》),"我有大事,休?朕卜并吉""宁王惟卜,用克绥受兹命"(《周书·大诰》)。《周书·洪范》甚至将"卜筮稽疑"作为第七条大法固定在治国方略中。有学者论述说:"殷人的卜问方式:首先由贞问者向上帝做祷告,然后用火烧烤龟甲骨或猪牛等的肩胛骨,再由巫师通过辨认骨面的裂纹判认上帝的意旨。这里领受上帝意旨的途径是占卜者的'观'与'看',而不是'听'。"(冯达文、郭齐勇,2004:15)这种"观"与"看"的"领受上帝意旨的途径",同样是《尚书》所描述的人们接受"天意"的方式。

《尚书》中的"天"和"帝"与西方的"上帝"有着本质区别,作为中国主要文化源头的先秦时期的观念走向与西方和印度传统不同,它有着浓重的"人间性",赋予"人"更多的自主权和理性思考空间。综上所述,《尚书》中的至上神不是"创世"之神,也不是完全意义上的人格神,这本身就表现出,在中国文化的原典时代,中国的"人"比西方的"人"具有更多的自主权和理性思考的空间。中国上古文明中的"天""帝"与西方的"上帝"有根本的区别。

第二节 《尚书》中普通词汇的理解与传译

刘宓庆(1999a:341)曾言:"概念是逻辑思维的起点,如果概念不正确,要想翻译得正确是不可能的。"语内阐释是翻译工作的重要环节,对原文内容概念的理解是翻译成功的基础和关键。中国经典的传译涉及古代汉语,使得翻译工作更加复杂艰难,《尚书》的传译尤其如此。"佶屈聱牙"已经成为《尚书》的标签,将之译为现代汉语就已不易,更何况转换为英语。各位译家在《尚书》翻译中不乏精彩的译例,但是,出于各种原因,对于这部远古作品中的一些概念理解有时也存在偏差,误译在所难免。现列举数例如下(下画线为笔者所加,下同):

黎民于变时雍。(《虞夏书·尧典》)
　　麦译:And the black-haired people, oh! How were they reformed by this cordial agreement.
　　理译:The black-haired people were transformed.

"黎"一词多义,既指一种黄中带黑的颜色,又可解为"众、众多"。《尧典》里"黎民于变时雍"中的"黎",麦氏、理氏将其理解为颜色词。"黎民于变时雍"的上句是"克明俊德,以亲九族。九族既睦,平章百姓。百姓昭明,协和万邦"。从这一段出现的"九族、百姓、万邦、黎民"等概念,结合历史和上下文分析可知,尧是部落联盟的最高首领,九族是他所在的氏族(父系大家族)的成员;百姓是各氏族部落联盟公共权力机关的公职人员,一般由各氏族部落首领组成,称为百官;万邦是指部落联盟内各氏族部落;黎民则泛指氏族部落的成员。(李民、王健,2016:3)该段特殊的主位推进模式获得了很好的语义效果,描写了帝尧紧锣密鼓、行事干练地开展治政工作,逐渐达到"修身、齐家、治国、平天下"的治国理想,"九族、百姓、万邦、黎民"正展示了治理范围的不断扩大,从家、国到天下万民,所以,此处"黎"应释为"众",即指所有的氏族成员。麦氏、理氏将"黎民"译为 the black-haired people,不把"黎"解为"众",而释为"黑",且将"黑"限定于头发而不是身体其他部位的颜色。理雅各极具特点的厚式翻译对译文中的词句详加注释,该句中"黎"也有注解:"黎='black,' i.e. black haired. Some simply exp. it by 众,'all'"(Legge,2011:17)。可见,"黎"之"众"义在理氏的考察范围内,但没有被其采用。这一点体现了译者在阐释过程中的视域融合。首先,理氏在翻译时参考了大量《尚书》注疏,其中《蔡沈·书集传》释:"黎,黑也,民首皆黑,故曰黎民。"其次,理雅各是外邦人,《尚书》中提到的人或事对他来说是"他者",自己不在其中,"黎民"是不同于金发碧眼的西方人种的东方人类,"黑发黄肤"是中国人的标签,译者以"他者"的视角进入阐释,读到"黎民"时的第一反应就是有别于自身的黑发东方人。因此,理氏接受了蔡传的说法,将"黎民"译为 the black-haired people,认为不是特指黑头发的人,而是泛指所有生活在中华大地上的人。仔细分析后,我们发觉这样的理解和翻译有一定道理,但是,从读者接受方面看,效果不理想。译者和文本在视域融合过程中意义的建构和消解,也是一个非常有意义的研究课题。

二十有八载,帝乃殂落,百姓如丧<u>考妣</u>,三载……(《虞夏书·尧典》)

杜译:Twenty-eight years after Yushun's regency, Emperor Yao passed away. The people throughout the country were as griefstricken as if <u>their own parents</u> had died.

"考妣",据《尔雅·释亲》:"父为考,母为妣。"《礼记·曲礼》:"生曰父、曰母,死曰考、曰妣。"但这里的"考妣"实为"考或妣"。尧禅位于舜二十八年后逝世,天下百姓悲痛无比,就像失去亲生父亲或母亲一样。杜本将"考妣"译为 parents 就变成了"父亲和母亲"了。难道非要父母双亡,人们才悲痛吗?这是不合情理的。如果仔细察看语境,准确判断出"考妣"实为"考或妣",应该以单数来译,如 a father or mother(麦译)、a dead father or mother(高译)、a parent(理译),那么就理解正确,表达准确。

五事:一曰<u>貌</u>,二曰言,三曰亲,四曰听,五曰思。(《周书·洪范》)

理译:The practice of five businesses are as follows: The first is demeanour; the second is speech; the third is observation; the fourth is hearing; and the fifth is thinking.

杜译:Second, the five conducts, which include demeanour, speech, seeing, hearing and thinking.

该句描述的是《洪范》"九畴"中第二畴"五事",其中"貌"应指"容仪",而不仅仅是"容貌";后者是与生俱来的,前者却可以通过后天修炼而获得。高氏、罗氏将这里的"貌"译作 appearance,为望文生义,属于"浅层翻译",风格上与原文亦有差距,因而也不合"体"。麦氏将其译为 shape("外体形状、身材"),与原义也相去甚远,不妥。理氏、杜氏译"貌"作 demeanour("举止态度、风范、风度、气度"),理解准确,表达传神,非常合"体"。

惟四月,哉生魄,王<u>不怿</u>。(《周书·顾命》)

麦译:In the fourth month, as the moon began to wane, the king <u>felt indisposed</u>.

理译:In the fourth month, when the moon began to wane, the king <u>was indisposed</u>.

高译:In the 4th month, on the 2nd(or: 3rd day), the king <u>was not happy (i.e. ill)</u>.

罗译:In the fourth month, when the moon was on the wane, King Cheng <u>was taken ill</u>.

杜译:The King fell very ill early in the fourth month.

"不怿",不悦也。(周秉钧,2010:212)这里婉指"成王病了",而且几乎已经病入膏肓。只是,史官大臣不忍直说罢了。人有感情,词有色彩,同样的意思,用于不同场合或不同对象身上,可以用不同的表达式,这本是语言的"共有"现象。但把君王病重说成"不怿",或许是中国文化之特色。"不怿"婉指"生病",各位译家心知肚明,可是语际转换方法却不一样。罗氏、杜氏简单地译作 was taken ill / fell very ill,传达不出原文意蕴。高氏将其原义和委婉义全部译出:was not happy (i.e. ill)。麦氏、理氏以委婉语 indisposed(不适、欠佳)来处理,尽管与"不怿"不是完全对等,却有效传达了史官大臣"不忍直说"的情感。再比如:

二十有八载,帝乃殂落,百姓如丧考妣。(《虞夏书·尧典》)

麦译:After twenty and eight years, the Emperor Yaou departed this life, when the people felt as if they had lost a father or mother.

理译:After twenty-eight years the emperor demised, when the people mourned for him as for a parent for three years.

高译:In the 28th year, Fang-hün died, the people were as if mourning for a dead father or mother.

罗译:Shun had assisted the emperor Yao for twenty-eight years, the the emperor Yao died.

杜译:Twenty-eight years after Yushun's regency, Emperor Yao passed away. The people throughout the country were as griefstricken as their own parents.

"帝乃殂落"句,高氏、罗氏分别译作"Fang-hün died""the emperor Yao died",麦氏译作"the Emperor Yaou departed this life",杜氏译作"Emperor Yao passed away",理氏译作"the emperor demised"。虽然 died、departed、passed away 和 demised 都表示"死""离世",但三个"死"

的语体和情感色彩各不相同。说某人 died,说者一般不带感情,说某人 passed away 或者 departed,则说者怀着崇敬与不舍,不直接说出"死",属于委婉用法,三种表达均可用于普通人。demise 则不同,它可专指帝王的死亡,语气正式。"殂落"是汉语书面语词,表示"死亡",可用于普通人,亦可用于君王。汉语中表示"死亡"的词还有很多,但它们的使用有的却有严格的限制,比如君主时代称帝王死,要用"崩",称诸侯或大官死,则要用"薨"。"殂落"用 demise 来译,语义、语体风格的传译都达到最佳,也体现汉语的特点。

既月乃日,觐四岳群牧,班瑞于群后。(《虞夏书·尧典》)
麦译:And at the expiration of the first month he gave daily audience to the four eminent chiefs and the host of governors.
理译:And when the month was over, he gave daily audience to the chief of the four Mountains and all the Pastors,
罗译:On an auspicious day in an auspicious month he selected he gave audience to the leaders of princes and dukes from every place.

罗译是合理准确的。《尚书》中的语篇发生于中国远古时代,上古汉语语言系统处于发展初期,距今已有千年历史,期间词汇语法系统不断发展丰富,一些词语的语义和功能发生了变化。我们在翻译时,不能想当然,一定要结合多家注疏,仔细揣摩语境,才能明确字词在原文中的含义。"既月乃日"中的"月""日"与近现代人们所熟知理解的意义不一样。在这个句子里,"月""日"不是计时单位,也不表示月亮、太阳,而是作为动词,表示"选择吉月,选择吉日"。麦氏、理氏的理解在这一点上都出现了失误,没有意识到词语意义的历时变化,将"月""日"解读为计时单位,导致对"既""乃"意义的判断失误,乃至将整个句子点断为"既月,乃日觐四岳群牧,班瑞于群后",翻译也出现了错误。实际上,"既月乃日"应该理解为"不但选择吉月,而且还选择吉日"。上古汉语语言系统处于发展初期,词汇语法系统还不发达,词语兼职多,同一词语承担着多种意义和功能。随着语言系统的发展,语言资源不断丰富,语义和功能可以由其他更多的语言成分来表达、实现,一些词语的意义才变得单一起来。《尚书》中一词多义的现象非常普遍。今译、英译时尤其需要关注上下文语境。语义生成于语境,语境是识解语义的解码器。以"时"字为例,《尚书》中"时"字意义主要有三大类:第一,表示时间及与时间有关的概念;第二,实施指代作用,做指示代词或指示形容词,通"是";第三,其他意义。前两类使用频率高,且与"时"之今义有相通之处,识解其义难度不大,今译和英译时意义传达准确率比较高。除此之外,在一些语句中,"时"表达的意义与其常见义相去甚远,但频率很低,我们将其归于第三类,如"播时百谷"中"时"通"莳","时予"中"时"通"恃","惟时亮天功"中"时"为"善"义,"惟时叙"中作"承,继承"解,"乃汝尽逊曰时叙"中作"承,顺承"解。在各篇各句中"时"究竟取用何义,需要结合上下文和古汉语文字知识仔细推敲。

下例中的"时"均为时间概念,虽然不等同于现代汉语中"时"的概念,但在认知过程中仍存在相通之处,识解的难度不大。

乃命羲和,钦若昊天,历象日月星辰,敬授人时。(《虞夏书·尧典》)

句中的"时"指时间,但不是广义的时间概念,而是"天时节令""季"之义,词义明显缩小。几家译文皆将其译为 seasons,是合理的。羲和,羲氏、和氏,相传都是重黎的后代,世掌天地四时之官。原文接下去讲述羲仲、羲叔、和仲、和叔分别在东、南、西、北四方确定了春分、夏至、秋分、冬至的日期,并用加闰月的办法确定四季的阶段,合成一周年。

分命羲仲,宅嵎夷,曰旸谷。寅宾出日,平秩东作。日中,星鸟,以殷仲春。厥民析,鸟兽孳尾。申命羲叔,宅南交,曰明都。平秩南讹,敬致。日永,星火,以正仲夏。厥民因,鸟兽希革。分命和仲,宅西,曰昧谷。寅饯纳日,平秩西成。宵中,星虚,以殷仲秋。厥民夷,鸟兽毛毨。申命和叔,宅朔方,曰幽都。平在朔易。日短,星昴,以正仲冬。厥民隩,鸟兽氄毛。帝曰:"咨!汝羲暨和。期三百有六旬有六日,以闰月定四时,成岁。"(《虞夏书·尧典》)

仲春、仲夏、仲秋、仲冬，明确表达了分明的四季时节，并描述在不同时节人类鸟兽的生活特点。因此，此处"时"译为 seasons 比 time 合适，各位译家在上下文语境中准确找到了"时"的语义指向。

曰休征：曰肃，<u>时</u>雨若；曰乂，<u>时</u>旸若；曰哲，<u>时</u>燠若；曰谋，<u>时</u>寒若；曰圣，时风若。（《周书·洪范》）

麦译：There are the favourable verifications: for instance, respect is followed by <u>seasonable</u> showers; good government, by <u>opportune</u> fair weather; intelligence, by a <u>due</u> degree of heat; counsel, by a <u>proper</u> modicum of cold; and perfection, by <u>periodical</u> winds.

理译：There are the favourable verifications:—namely, of gravity, which is emblemed by <u>seasonable</u> rain; of orderliness, emblemed by <u>seasonable</u> sunshine; of wisdom, emblemed by <u>seasonable</u> heat; of deliberation, emblemed by <u>seasonable</u> cold; and of sageness, emblemed by <u>seasonable</u> wind.

高译：(Some) are called lucky verifications. Gravity—<u>seasonable</u> rain responds to it; orderliness— <u>seasonable</u> sunshine responds to it; wisdom— <u>seasonable</u> heat responds to it; deliberation—<u>seasonable</u> cold responds to it; sageness—<u>seasonable</u> wind responds to it.

罗译：From the sovereign's behavior, the fine signs are as follows: one is called gravity, like the <u>seasonable</u> rain that makes the people pleasant; one is called orderliness, like the <u>seasonable</u> sunshine which makes the people pleasant; the other is intelligence, like <u>seasonable</u> warmth to make the people pleasant; another is careful consideration, like the <u>seasonable</u> cold to make the people pleasant; another is sageness like the <u>seasonable</u> wind to make the people pleasant.

杜译：About favourable phenomena. With the sovereign's diligence, there is <u>timely</u> rain; with the sovereign's integrity, there is sufficient sunshine; with the sovereign's discrimination, there is moderate heat; with the sovereign's discrimination, there is moderate heat; with the sovereign's far-sightedness, there is seasonal cold; and with the sovereign's wisdom, there is welcome wind.

该句讲述的是"洪范九畴"之第八畴,将君王政治与自然气候变化联系起来,雨、旸、燠、寒、风五种气象特征成为政治清明或昏暗的征兆,好的征兆是:及时降雨、及时晴朗、及时温暖、及时寒冷、及时刮风,对应着君王的"肃、乂、哲、谋、圣",这里的"时"是与时间有关的概念"及时、适时"。

上述译文中"时"大多翻译为 seasonable(应时的、合时的、适合于季节的),完全能传达出原文的意思。麦氏和杜氏选用不同的词汇对译"时":opportune、due、proper、periodical、timely、sufficient、moderate、welcome,看似用词富于变化,但是破坏了原文的形式美和节奏感。

今<u>时</u>既坠厥命。(《周书·召诰》)

上句中的"时"也是时间概念,"今时"即"现在",译者们基本都将其译为 now,杜氏却未将其译出。

总而言之,当"时"表达时间概念时,由于与其今义接近,传译基本没有问题。

<u>时</u>日曷丧?予及汝皆亡!(《商书·汤誓》)
相<u>时</u>憸民。(《商书·盘庚上》)
惟<u>时</u>怙冒,闻于上帝,帝休,天乃大命文王。(《周书·康诰》)

以上三句中的"时"皆通"是",为指示形容词,与"日、憸民、怙冒"组成名词词组,意为"这个太阳""这些小民""这样大量的努力"。翻译时,译者用 this、these、the 对译或者将其所指代的事物译出[①],前种译法不论

[①] 如理雅各、罗志野、杜瑞清分别将"惟时怙冒"中的"时"译为 of him、King Wen's、your father's。

形式和意义上都做到对等,后种译法虽然也传达了原文的意思,但形式结构上对原文做了调整,翻译效果打了折扣。此外,有些译家出现误译。"时日曷丧"高氏译为"That one (sc. Kie) daily injures and destroys",原因是对上下文其他语言成分的理解错误:将"日"当成做状语的副词(daily),将"曷丧"理解为动词做并列谓语"害丧"(injures and destroys),连句子的语气也由疑问句错解为陈述句,这些词语的误解导致对"时"的识解错误。"惟时怙冒"中的"时",麦氏理解为"时常",译成 constantly,高氏理解为"恃,依仗,依靠",译成 relied on。语内翻译时要结合上下文,参考多家注疏才能准确识义。

  女于时,观厥刑于二女。(《虞夏书·尧典》)
  既道极厥辜,时乃不可杀。(《周书·康诰》)
  其作大邑,其自时配皇天。(《周书·召诰》)
  有叙时,乃大明服,惟民其勑懋和。(《周书·康诰》)
  亦惟纯佑秉德,迪知天威,乃惟时昭文王迪见冒,闻于上帝,惟时受有殷命哉!(《周书·君奭》)
  天惟时求民主,乃大降显休命于成汤,刑殄有夏。《周书·多方》
  我惟时其教告之,我惟时其战要囚之,至于再,至于三。(《周书·多方》)

  上述例中的"时"均为指示代词,照应文内提及的某人、事、物,通"是"。"时""是"同音,远古信息主要是口耳相传,使用同音异体字表达同一意义,是中国古书常见的用字特点,"时"通"是"做指示代词的用法,中西方译者皆有较好的认识。

  "女于时,观厥刑于二女"一句中,"时"通"是",代词,指舜。尧帝将自己的两个女儿"娥皇""女英"嫁给"虞舜"("女于时"),从女儿那里观察舜的德行。译者用 him、this man、Yushun 翻译"时",表达出其所指,但是 Yushun 改变了"时"的词性,不仅没有译出"时"的本义,而且其作为指示代词的衔接功能也未得发挥。

  "既道极厥辜,时乃不可杀"中"时"指代"这种人"(指由于过失犯下大罪并真心悔改的人),几家译文中皆用 him 表达"时"的指称意义。

"其作大邑,其自时配皇天":要营建洛邑,要从这里以后禋配享皇天。"时"为"此","自时"即"从此、从此处"。麦氏将"自时"译为 from hence,理氏译为 from henceforth,高氏译为 from there,杜氏译为 from here,而罗氏却没有译出。前四位虽然传达了原文语言的意义,但是麦、理两位用 hence 和 henceforth 这样的英语古语更贴近原文风格特点。

《周书·康诰》篇是周公代王告诫康叔封如何治理卫国的诰词,其中周公阐述了刑法准则及刑律条目,指出"有叙时,乃大明服"("能够按照/顺从这种法则去做,就大明上意,心悦诚服")。"时"指代"这种方法/法则"。各位译者译文如下:

麦译:Let there be regularity (in your inflictions,) and thus you will greatly enlighten (your administration) and subdue (the people)...

理译:There must be the right regulation in this matter. When you show a great discrimination, subduing man's hearts, the people will admonish one another, and strive to be obedient.

高译:If you have order in that, you will make greatly illustrious your management.

罗译:If you know how to follow this way, you may understand its importance with a heartfelt admiration...

杜译:When the law is thus enforced, there will be submission...

"时"作为指示代词,在英文中基本都能找到对等词,并不难译,麦氏、理氏出现的误译源于对原文的误读,两位译家将该句读为"有叙,时乃大明服",因此,将"时"译为副词 thus、连词 when 就不足为奇了。其余三位译家正确句读原文,因此翻译也准确合理。

最后两句中的"时"皆为"此"义,与"惟"连用表示"因此、于是",thus/on this account/so that/ so/on account of/for all this 是各位译家的翻译用词,但是由于受"时"高频时间概念运用的影响以及对"惟时"意义的理解偏差,出现了一两例误译,译为 then、simply。

总而言之,担任指示功能的"时",英汉语词汇对应程度高,关键在于语内翻译,语内翻译的关键在于详参各类注疏和译注,并结合上下文语境做出正确选择。只要原文解读正确,就可能生成较为理想的译文,如果能再现原作的语体风格、形式结构、行文节奏,那就能成为翻译典范了。

乃汝尽逊曰时叙。(《周书·康诰》)
殪戎殷,诞受厥命越厥邦厥民,惟时叙。(《周书·康诰》)
弃,黎民阻,汝后稷,播时百谷。(《虞夏书·尧典》)
汝二十有二人,钦哉！惟时亮天功。(《虞夏书·尧典》)
又曰时予,乃或言尔攸居。(《周书·多士》)

以上五个句例中"时"各具不同的意义,似乎偏离了"时"的常规轨道,拐到偏僻的小径,需要根据周围路况才能摸清它的方向。

第一、第二句中"时"与"叙"组合在一起,词形相同,意义相异。周公代成王告诫康叔治理卫国要依法,不能以自己的意志为导向,否则政事不济:"汝陈时臬事罚。蔽殷彝,用其义刑义杀,勿用以次汝封。乃汝尽逊曰时叙,惟曰未有逊事。"即"你宣布这些法律进行刑法。判断案件,要依据殷人的常法,采用合理的刑杀条律,不要顺从你的心意。假如全顺从你的意志断案就叫承顺,应当说没有办好那件事"。因此,真正的万事顺遂是遵顺常法而非盲从"汝封"之心意,这是至今仍可适用的治世之理,也有几分哲学道理。其中,"时叙",王引之(1985:45)《经义述闻》:"时叙,犹承叙也,承叙者,承顺也。"对于"乃汝尽逊曰时叙,惟曰未有逊事",几家译文偏误较多:

麦译:… Do you strictly adhere to uprightness. Should any say, It is already arranged; do you reply, It does not yet accord with the propriety of things.

理译:Then shall you be entirely accordant with right, and may say, "These are properly ordered;" yet you must say at the same time, "perhaps they are not yet entirely accordant with right."

高译:Then you will be entirely compliant, saying: "It is in order"; yet saying (sc. modestly): "There has not yet been (a sufficient) compliance."

罗译:If that it decides a case entirely according to your inclination is called a smooth thing, there is no such smooth thing in this world.

杜译:Exercise utmost caution and say that by doing this, you are carrying out the injunction of heaven. Let me again emphasize that you must not trifle with anything.

大多译家受困于"时"的常规意义,将此处之"时"理解为指示代词"是"——"这""这样做",而"时"字的意义定位在整个语义生态系统中对上下文其他语言成分的理解产生影响,导致译家们对整句的句读和解读出现偏差。

麦氏、理氏、高氏译文对原文的理解比较一致,翻译的相似度较高。他们将原文断句为:乃汝尽逊。曰,时叙;惟曰,未有逊事。将"曰"理解为"(某某人)说/答",如麦氏译文中"曰"译为具有不同动作发出者的一说 say 一答 reply)。"乃汝尽逊"是周公肯定康叔:你能按照正确的原则行事;"曰,时叙""说,这就秩序井然、事事顺遂","时"译为 it、these;"惟曰,未有逊事",前面刚刚描述了一派积极的政治图景,为什么突然出现"未有逊事",前后逻辑不通。为厘清前后文逻辑脉络,几位译家可能将其解读为一种谦虚、鞭策的言辞——永不满足于现状,要表达这层意思,需要增译,结果极可能偏离原文,而且译文中阐释的这种逻辑意义需要读者仔细推敲才能理解,否则仍然觉得译文前后逻辑混乱。杜氏的翻译加入太多译者的想象臆断,偏离了原文。

语言是一个生态系统,语言成分的意义相互依存,相互影响。以上几位译家在语内阐释阶段,对"时"解读的不到位影响了其他语言成分的理解,或者是对上下文的误读影响了对"时"的理解,导致没有能够达到语内翻译的最佳点,语际翻译不理想在所难免。

下例中后"时叙"也表示承顺。

慎徽五典,五典克从。纳于百揆,百揆时叙。宾于四门,四

门穆穆。纳于大麓,烈风雷雨弗迷。(《虞夏书·尧典》)

该句描述尧帝在决定选舜"陟帝位"前对舜的一系列考察工作,结果是,不论指派给舜什么工作,他都能出色完成:让舜慎重地完善父义、母慈、兄友、弟恭、子孝五种美德,人们都能顺从五种美德而不乱伦;让舜总理一切事务,各种事务都处理得井井有条;接着又让舜在明堂四门迎接四方来朝的宾客,四方来朝的宾客都肃然起敬;又让舜担任守护山林的官,即使在暴风暴雨的恶劣天气他也不迷误。句中"时"完全没有时间概念,义为"承,顺",与"叙"形成同义复指。王引之(1985:45)《经义述闻》:"时叙,犹承叙也。承叙者,承顺也。"麦都思、理雅各将上句分别译为:

麦译:He was charged with the various calculations, and the various calculations <u>were seasonably arranged</u>...

理译:Being appointed to be General Regulator, the affairs of each department were arranged <u>in their proper seasons</u>.

可见,两位译家仍然没有跳出"时"字常规含义,将其误理解为时间概念。

殪戎殷,诞受厥命越厥邦厥民,惟<u>时叙</u>,乃寡兄勖。(《周书·康诰》)

此句中也有"时叙",但意思与前两例却不同。此句是说:灭亡大国殷,接受上帝的大命和殷国殷民,继承文王的基业,是你的长兄武王所致。时:承。叙:基业。据《尔雅·释诂》:"叙,绪也。"

麦译:To make war on and destroy the Yin dynasty, fully conferring on him the decree(to assume the supreme authority;) when the states and people became <u>duly arranged</u>.

理译:To exterminate the great dynasty of Yin, and receive its great appointment, so that the various States belonging to it and their peoples were brought to <u>an orderly condition</u>.

高译：To kill the great Yin and grandly receive its mandate; its states and people became <u>orderly</u>.

罗译：To destroy Yin, the large country, and to <u>receive the great appointment of heaven and people of Yin</u>.

杜译：To conquer the state of Yin and, with Heaven's mandate, to bring under his control the state of Yin and its people. Our elder brother, King Wu, <u>inherited the throne</u> and carried on the glory with great distinction.

三位西方译者和两位中国译者对该句的理解完全不同。麦、理、高皆将其句读为"殪戎殷，诞受厥命，越厥邦厥民惟时叙"，"乃寡兄勖"则并为下句。正如上文所说，语言是一个生态系统，各语言成分相互影响相互制约，对整个上下文理解的偏误导致"时"字误解。

黎民阻，汝后稷，播<u>时</u>百谷。(《虞夏书·尧典》)

句中"时"通"蒔"，义为耕种。"时"的这种意义用法出现频率很低，西方的几位译家仍将其视为时间概念或指示意义。

麦译：The black people are afflicted with hunger; do you Prince Tseïh sow <u>in their seasons</u> the various kinds of grain.

理译：The black-haired people are *still* suffering the distress of hunger. It is yours, O prince, the minister of Agriculture, to sow *for them* <u>these</u> various kinds of grain.

高译：The multitudinous people will presently starve, you shall be Ruler of the Millet, sow <u>those</u> hundred cereals.

罗译：The people are suffering the distress of hunger, you, as the minister of Agriculture, go to teach them how to <u>sow</u> every kind of grain.

杜译：Our people are suffering from lack of food. Take

61

charge of agriculture and teach farmers to grow crops.

汝二十有二人，钦哉！惟时亮天功。(《虞夏书·尧典》)

尧禅位于舜，舜任命官员担任各项职务，并对其传达要求："你们二十二人，要谨慎啊！""时"作"善"，义为"好好地"。"惟时亮天功"，即"要好好领导天下大事啊！"

麦译：Be respectful, and complying with the proper seasons, illumine the celestial undertaking.
理译：Be reverent, and so shall you aid me in performing the service of Heaven.
高译：Be respectful, now you shall assist me in the works (assigned by) Heaven.
罗译：You should be cautious! You all should lead the great undertakings under heaven in a good way.
杜译：Apply yourselves and always bear in mind that you are assisting Heaven in his management of the people.

上述几位译家对"时"的理解可谓见仁见智，大多是将其识解为时间概念。

又曰时予，乃或言尔攸居。(《周书·多士》)

该句选自《周书·多士》。"多士"，就是众士，指殷商的旧臣。西周君臣需要征服殷人，才能巩固政权，于是周公代替成王向他们发布诰令，说："顺从我，顺从我！才能谈到你们的长久安居。"殷商旧人要想安居乐业，必须服从周朝君王的统治。句中"时"是"承，顺从"之义。几位西方译者倾向于将"时"理解为时间和指示概念。

麦译：And said again, "This is about the amount of what I have to say regarding your residence."

理译:And again he says,'Whatsoever I have spoken, is all on account of my anxiety about your residence here.'(We cannot take 时 as meaning 'now;' it must be＝是,and would hardly commence a sentence.)

高译:Again he has said: now I have,(perchance ＝) I hope,(told ＝) explained where you are to dwell.

罗译:"You should obey me! You should obey me! Then can I consider your residence here peacefully and permanently."

杜译:The duke of Zhou concluded by repeating,"Obey me," and by saying,"I advise you to settle happily in your new residence."

第三节 《尚书》书名和篇名的理解与传译

轴心词汇的理解和翻译固然很重要,《尚书》书名和其中各篇篇名的翻译也不可忽视。书籍和文章的名称标题往往是其内容的提炼总结,体现文章的中心和精髓,看到标题便可推知大体内容和思想。《尚书》书名的意义历有争议,各篇篇名也颇具特点,或为人名(如《盘庚》《微子》《君奭》),或为事件(如《高宗肜日》《西伯戡黎》),或标明文体(如《尧典》《皋陶谟》《汤誓》《大诰》《文侯之命》)。《尚书》的篇名尽管并不全是文章内容的概括,但也有意义联系。题目使文章中的人物、事件,甚至是话语构型都能得以体现,在读者的阅读过程中有着重要的作用,因此对于文题的翻译同样来不得半点马虎。

《尚书》又称《书》《书经》。"尚"和"上"在古代是同义通用字,"尚"即"上"。对于"尚书"的含义,说法大致有三种:一种认为"尚"是上古的意思,表示远古以前的书;第二种认为《尚书》就是人们所尊崇、崇尚的书;第三种认为"上",代表"君上",即古代帝王、君王。(李民、王健,2016:5—6)三种说法都有其合理之处,这给语际翻译带来了困扰。各位译家对《尚书》书名的翻译见表 2-6:

表2-6 五位译者的《尚书》书名翻译

麦都思	The Shoo King, or Historical Classic, being the Most Authentic Record of the Annals of the Chinese Empire
理雅各	The Shoo King, or The Book of Historical Documents
高本汉	The Book of Documents
罗志野	Book of History
杜瑞清	The Book of History

各位译家在摸索中不断进行着翻译尝试,其共同点在于都没有对"尚书"二字进行硬译,没有对"尚"字本身做出翻译阐释,而是采取意译的方法对整本书的内容性质进行概括归纳,这种做法是可取的。麦氏所译既有音译 The Shoo King, 也有意译 Historical Classic, being the Most Authentic Record of the Annals of the Chinese Empire(《历史经典——中华帝国之最正宗编年史》)。作为英译《尚书》第一人,麦都思对书名的翻译做了非常有益的尝试,给后人的翻译带来了启示,但是这一译名没有得以沿用,因为《尚书》并不只是一部中华帝国的编年史,它是政史资料汇编,所录事件年代跨度大,约有1700年,但记载很不连续,其间有很多跨度较大的断层,不是具有纪年性质的史书。理雅各在《中国经典》第一卷和第三卷中采用了不同的《尚书》译名:"The Book of History"(《历史之书》)/"Shoo King, or The Book of Historical Documents"(《书经:历史档案之书》)。第一种是意译,第二种由两部分构成:前为音译,后为意译。后者仍然只是表达其"历史、档案"的性质,与麦氏译名没有本质上的区别。高本汉译本和国内两个译本皆成书于二十世纪,比理译本晚出多年,用"The Book of Document"(《档案之书》)或"Book of History"/"The Book of History"(《历史之书》)来处理书名,与理氏的译文相似,没有任何突破。到目前为止,《尚书》所有译名只突出了《尚书》的历史性,而忽视了它的政治性。《尚书》记录上古帝王言行,涵盖丰富的德政、刑法、民本等治政思想,是中国乃至世界上最早的"政史之典",被誉为"政书之祖,史书之源",为历代帝王提供理政指南。因此,我们认为可以将书名译为"Shoo King, The Book of Political and Historical Documents",或者"Shoo King, The Book of Emperors"。

如前所述,《尚书》各篇篇名与其内容有一定的意义联系,能够反映篇章的人物、事件以及话语构型,而且篇名有提炼性质,对于读者对文章内容的预测也起到较大的作用,篇名的翻译直接影响到《尚书》译本的质量。纵观各位译家的译文,麦都思篇名翻译虽偶有不确之处,但总体来说可圈可点,为后人的翻译奠定了良好的基础。理雅各不仅是《尚书》的翻译者,更是《尚书》的研究者,他详参各种注疏,形成自己的学术观点,他在翻译过程中所表现的治学精神是值得学习的。高本汉的篇名翻译与他人都不一样,全部使用音译,这样做虽然与汉语形式对应,但始终离义太远,会给西方读者带来理解上的困扰。罗志野和杜瑞清是国内的两位译者,且比麦氏、理氏晚出一个多世纪,但篇名的翻译却不太理想。下面以理雅各译文为参照,通过举例来比较分析其他译文在经验意义传递上的表现。

《皋陶谟》
理译:The Counsels of Kaou-yaou
罗译:The Schemes of Gaoyao

史载当时帝舜临朝,禹、伯夷、皋陶相语帝前,皋陶述其谋,作此篇,记录的是皋陶与禹讨论如何实行德政治国的问题。"谟",《尔雅·释诂》:"谋也。"《说文》:"议谋也。"

counsel 有"商讨、议谋"之意,《朗文当代高级英语辞典》(*Longman Dictionary of Contemporary English*)(Mayor,2009)中 counsel 有个义项为 advice,而 take counsel together 意为"to ask each other's advice and opinions on a matter of importance"。《英汉大词典》(陆谷孙,2007)对 counsel 的相关释义是"忠告,劝告,通过协商/讨论得出的意见"。因此 counsel 用来译"谟"很合适。而 scheme 有"诡计,阴谋"之意,《朗文当代高级英语辞典》对 scheme 的释义为:a clever dishonest plan,可见 scheme 用在明君贤臣身上,并不妥当。

《禹贡》
理译:The Tribute of Yu
罗译:Contribution of Yu
杜译:The Contributions of Yu

"贡",《广雅·释诂》:"税也。"《广雅·释言》:"献也",即向朝廷进献方物。孔颖达说:"贡者,从下献上之称。谓以所出之谷,市其土地所生异物,献其所有,谓之厥贡。"

tribute 意为"进献,进贡",《朗文当代高级英语辞典》中的相关释义为:payment made by one ruler, government, or country to another as the price of peace, protection, etc.,而 contribution 意为:"捐献,贡献",与"进献,进贡"无涉。

《汤誓》
理译:The Speech of T'ang
麦译:The Oath of Tang
罗译:The pledge of Tang

《书序》云:"伊尹相汤伐桀,升自陑,遂与桀战于鸣条之野,作《汤誓》。"《汤誓》就是汤灭夏时的战争动员令、誓师辞。"誓"是《尚书》中一个重要的体式,虽然一般将其释为"君王诸侯征伐交战前夕率队誓师之词",但纵观《尚书》诸"誓",无一不是君王/诸侯的独家演讲,《甘誓》《牧誓》《泰誓》《费誓》《秦誓》如此,《汤誓》亦是如此。用 speech 体现文章的演讲性质,是十分恰当的。oath 表示"誓言"(a formal and very serious promise)或"诅咒/咒骂"(an offensive word or phrase that express anger, surprise, shock etc,)之义,不符合这里"誓"的经验意义。pledge 意为"集体宣誓",《朗文当代高级英语辞典》释为:make a solemn promise or agreement;《英汉大词典》(陆谷孙,2007)释为:"(政府和政党领袖的)诺言,保证,誓言,誓约",也与"誓"的实际意义不符。

《高宗肜日》
理译:The Day of the Supplementary Sacrifice of Kaou-Tsung
麦译:The Daily Sacrifice of Kaou-Tsung
罗译:On the Day to Offer Sacrifice to Gaozhong

肜祭是商代的重要祭祀。肜日,即肜祭之日,表示祭祀后的第二天再举行祭祀。《尔雅·释天》:"绎,又祭也。周曰绎,商曰肜,夏曰复。"麦都斯译文中的 daily 与原文意思不符,罗本未译"又祭"之意。

《酒诰》
理译:The Announcement About Drunkenness
麦译:The Announcement Regarding Wine
罗译:The Announcement of Banning Wine
杜译:The Announcement against Drinking

《史记·卫康叔世家》:"周公旦惧康叔齿少……告以纣所以亡者,以淫于酒。酒之失,妇人是用,故纣之乱自此始。……故谓之《酒诰》以命之。"《酒诰》是周公命令康叔在卫国宣布戒酒的诰词。理雅各准确识解了所戒的"酒"的内涵,要戒的实际上是聚众酗酒、宴饮无度、纵酒取乐之类,而不是绝对禁酒,因为酒在祭祀时是必须要用的,"祀兹酒"就是"祭祀时可以饮酒"的意思,因此,禁止一切饮酒活动的 Banning Wine、against Drinking 是不合理的。此外,麦氏、罗氏选择 wine 一词,也不合适,因为 wine 是指葡萄酒、果酒类,中国上古时代酿酒主要用谷物经蒸煮、发酵、过滤而成,理氏未纠缠"酒"类,只强调"禁醉",其实揭示了酒的内涵。

《无逸》
理译:Against Luxurious Ease
罗译:No Ease
杜译:Seeking No Ease and Comfort

"无",通"毋",不要。《无逸》,亦作《毋逸》《无佚》。《史记·鲁周公世家》:"周公归,恐成王壮,治有所淫佚……作《毋逸》。"《无逸》是周公告诫成王不可逸乐的诰辞。表面看,几个译文似乎意思都说得通,仔细推敲后发现理氏对文题的理解更为深入准确。理氏译文中多了 luxurious 一词,强调要受话人"不得过分贪图安逸或淫于享乐"。周公作诰,目的是告诫成王不可逸乐、淫佚。此"淫佚"当然非 Luxurious Ease 莫属。而罗氏的 No Ease 是要受话人"不许或严禁安逸自在",杜氏的 Seeking No

Ease and Comfort 表示不但不能追求一丁点的安逸,就连生活的舒适也绝对禁止,几乎不近人情。

  《多方》
  理译:Numerous Regions
  罗译:An Announcement for Many Countries

  《书序》:"成王归自奄,在宗周,诰庶邦,作《多方》。""方",就是国。"多方",就是众国。但是,这个"国"并非国家,而是诸侯方国。当时土地连同该地的人民分别被授予王族、功臣和贵族,让他们建立自己的领地,服从王室,按期纳贡,随同作战,拱卫王室。因此,此处的"国"是在分封制下最高统治者对其封地的称呼,是中央集权统治下的一个行政区域,而不是独立于中央政权外的国家。理氏将篇名译为 Numerous Regions 符合当时"方/国"的实际概念,且与前篇 The Numerous Officers(《多士》)对应,形式上也属恰当。罗氏则将"方"译为 Countries,望文生义是显而易见的,且前篇《多士》译为"The Numerous Old Officers",与这里的"An Announcement for Many Countries"形式上并不对称。

  《顾命》
  麦译:The Retrospective Decree
  理译:The Testamentary Charge

  《史记·周本纪》曰:"成王将崩,惧太子钊之不任,乃命召公、毕公率诸侯以相太子而立之。成王既崩,二公率诸侯,以太子钊见于先王庙,申告以文王、武王之所以王业之不易,务在节俭,毋多欲,以笃信临之,作《顾命》。"《书序》云:"成王将崩,命召公、毕公率诸侯相康王,作《顾命》。"可见,《顾命》是成王弥留之际将太子托付给大臣时说的话,可以看作临终遗言。理氏译文中的 testamentary 义为"遗嘱的",charge 有"责任、照顾、命令"等义,完全符合题意。麦氏用 retrospective 并不确切,retrospective 义为"回顾的,追忆的"(concerned with or thinking about the past),原文没有回忆往事的意思,而且 decree 更侧重于"行政命令"或是"法院的判决",翻译属于望文生义。

从以上篇名的翻译情况来看,理雅各的译文总体而言是比较理想的。理氏对翻译要求几近"苛刻",认真研读《尚书》及相关研究,对《尚书》书名的翻译曾一度推翻自己之前的译文,希望呈现给世人接近完美的译名(陆振慧,2005:47)。

小 结

远古社会中国人民在社会实践中形成的经验、概念通过语言表征,由文字形成文本,固定下来并不断流传,影响了中华民族识解世界的经验模式,建立了源远流长的中华文明。《尚书》中有大量文化核心词,是人们对世界经验的凝练,成为中华文明的源点。这些核心词汇成为中国文化的轴心话语是根据独特的语言机制和发展规律逐步演变而成的。核心词汇的形成过程也是一个阐释过程,在阐释过程中,注疏不仅丰富了核心词汇的含义,而且使轴心话语得以定型。标题是语篇内容的概括,得当的标题能够帮助读者正确快速地了解全文大意。由于上古时期语言特点和文本口耳相传的传播方式,《尚书》中词汇的意义转化、一词多义、功能兼职等现象非常普遍,译者在翻译的过程中往往很难把握,语内阐释,即将古代汉语翻译为现代汉语,是成功翻译的基础和重要环节。大量语例分析显示,语内阐释的关键之处有三:一、把握上下文语境;二、具备扎实的古汉语语言文字知识;三、详参各类注疏、译注。

第三章 《尚书》小句概念意义的理解与传译

概念功能是人们用语言来表征主客观世界的方式。人们对世界形成的经验、概念、认识、理解，除了用词汇表达外，在语言表层形式中还有一个非常重要的表征方式——小句。概念意义在小句层面由经验意义和逻辑意义组成。小句是任何语言中基本的、有意义的信息结构单位。韩礼德的语言理论研究以小句为根基，分别阐述小句，小句以下单位——词组和短语及其复合体，小句以上单位——小句复合体等。小句具有过程、参与者和环境三大成分，其中过程主要动词是小句意义和功能的核心，是及物性系统的主要落点。及物性系统是一个非常重要的语言资源系统，及物性的作用是把人们对现实世界和内心世界的经验用若干过程表达出来，并指明过程所涉及的参与者和环境成分。小句与小句间由逻辑关系连接成复合体，表达的是小句的逻辑意义。

在实际翻译中，以韩礼德的层次思想、功能思想、系统思想、语境思想为指导，以小句为基准，具有种种优势：其一，它以过程为核心，考察与过程相关的参与者以及过程在何种言语环境下进行，以达到语义功能等效；其二，它使译者很自然地分析小句的言语语境和小句成分的相互关系，更好地理解原文；其三，它有助于理解小句与小句(小句复合体)的逻辑依赖关系和逻辑语义关系；其四，它充分体现了语言运用的选择关系；其五，它为实际翻译奠定了具体的参数，而不像传统句子翻译那样笼统。(李发根，2004:27)

系统功能语言学具有普通语言学性质，适用于所有语言，包括古代汉语。古汉语也具有世界上一切语言所有的本质和功能——通过语法词汇资源表征世界，因而韩礼德的语言相关理论可以成为《尚书》文本翻译研究的方法论。《尚书》是中国源头典籍，记录的是中国上古时期的言语,其语言表层形式与现代汉语有很大的不同,对《尚书》小句的一些特殊句式结构的分析和小句表层结构的解构,是理解小句及物性的前提,是传译《尚书》小句经验意义的基础。因此,下面从《尚书》小句特殊句式结构切入,分析其及物性过程和小句复合体间的逻辑意义。

第一节 《尚书》小句特殊句式结构的理解和传译

今文《尚书》多为可信的商周古文,与商周金文、甲骨文是共时语料,比较系统地多侧面反映了商周语言风貌。《尚书》记录上古语言,乃汉语之源,流传时代久远,语言古奥艰深,句读舛误,佶屈聱牙,展现了汉语的原始风貌。《尚书》之所以古奥难懂,与其特殊的句法形态结构有关,与今迥异的特殊词序、特殊句式增加了现代读者的阅读障碍,更是外译工作的难点。我们将《尚书》中句法形态的系统特征及翻译列举于下,以期为上古汉语的传译提供帮助。

一、宾语前置句式结构

汉语语法表层的最大特点是注重语序,语序表达短语或小句各个层次的意义。刘勰《文心雕龙·章句》曰:"设情有宅,置言有位。"(周振甫,2013:201)语序反映了一定的逻辑事理和语言习惯。与现代汉语宾语后置的形式不同,今文《尚书》中有大量的宾语前置句,具有比较特殊的动宾关系和介宾关系,它们既由原始汉语表达习惯的强制性约定俗成,也出于追求表达效果的语用目的。我们认为,古代汉语宾语前置有其语法规定性,语码转换时,用符合语法的英语表层结构重现即可,可是要做到英语的"合法性",首先必须识别出原文的表层结构,而这正是难点所在。《尚书》文本宾语前置的形式众多,其分类和各类语例见表3-1:

表3-1 《尚书》宾语前置句式分类及语例

疑问句的宾语前置
帝,予何言?予思日孜孜。(《虞夏书·皋陶谟》)
今尔何监?非时伯夷播刑之迪?(《周书·吕刑》)

续　表

否定句的宾语前置
至于小大,无时或怨。(《周书·无逸》)
小子同未在位,诞无我责收,罔勖不及。(《周书·君奭》)
故一人有事于四方,若卜筮罔不是孚。(《周书·君奭》)
古我前后,罔不惟民之承保。(《商书·盘庚中》)
尔时罔敢易法。(《周书·大诰》)
彝汝乃是不蘉,乃时惟不永哉！(《周书·洛诰》)
叙述句的宾语前置
牝鸡无晨；牝鸡之晨,惟家之索。(《周书·牧誓》)
万民惟正之供。(《周书·无逸》)
惟漫游是好,傲虐是作。(《虞夏书·皋陶谟》)
王其德之用,祈天永命。(《周书·召诰》)
介宾结构中的宾语前置
其惟王勿以小民淫用非彝,亦敢殄戮用乂民,若有功。(《周书·召诰》)

1. 疑问句的宾语前置

今文《尚书》疑问句的宾语前置凡 7 见,皆为疑问代词"何"做宾语时前置,"何"可能是最早的前置疑问代词宾语。马建忠(1983:71)称:"其不先者仅矣。此不易之例也。"可见在一定时期内疑问代词宾语前置这种表层形式是定式。《尚书》以降先秦典籍前置的疑问代词宾语越来越多,如"何、曷、安、焉、恶、胡、奚、谁、畴、害"等,用例普遍,具有一定的语法规定性。随着时间的推移,汉代学者的注疏文字中出现了疑问代词宾语前置变后置的现象,说明这种形式在汉代口语中已经开始变化,却在书面语中延续了很长时间。正因为语言形式运用广泛,持续时间长,所以《尚书》今译者和英译者对其识别度较高。"予何言？"基本译为"What can I say?""今尔何监？"译文所用的小句结构也基本一致,皆用以 what/whom 疑问词引导的疑问句,如"Whom ought you now to survey as your model?"(Legge, 2011:598)"What should you scrutinize (sc. for information)?"(Karlgren, 1950:76)"What model will you emulate?"

（杜瑞清,1993:327）

2. 否定句的宾语前置

否定句中的宾语前置,起源较早,甲骨文中就已经出现,在今文《尚书》中有进一步发展。马建忠(1983:158)指出:"有弗辞而代字止词不先置,与无弗辞而先置,仅见也。"可见,先秦时期,否定句宾语前置现象比较普遍。到了汉代,否定句中"仅见"的代词宾语后置逐渐占据优势。魏晋南北朝以后,否定句的代词宾语后置几于定型。(钱宗武,2004:428)

至于小大,无时或怨。《周书·无逸》

麦译:So that whether from small or great at no time was there a single murmur.

罗译:No people or officer murmured against him.

高译:It reached to small and great. There were none who peradventure bore resentment against him.

杜译:Naturally, he won wide, whole-hearted support from across the Kingdom.

《白话尚书》:"时,此人,指高宗。或,有。无时或怨,无有怨之。"(曾运乾,1964:181)"时"为代词,做"怨"的宾语,置于动词谓语之前。麦译对"时"的误解导致对整句结构和意义的阐释错误。罗译和高译既体现了原文的双重否定,又保留了"时"作为宾语成分的形式结构,比较成功地传达了原文意义。而杜译虽然基本传译了原文的文字意义,但它完全的意译方法很大程度上改变了原文形式,造成了一定的语义亏损。

古我前后,罔不惟民之承保。《商书·盘庚》

麦译:Formerly my predecessors invariably attended to the people's interests with respectful care.

理译:Of old time my royal predecessors cherished every one and above every thing a respectful care of the people.

杜译:The former kings all dedicated themselves to the well-being of the people.

"罔不惟民之承保"为双重否定句,句法形式为"罔+不+惟+名词宾语+之+动词谓语"。名词宾语"民"为"承保"的宾语。麦氏、理氏两位译家皆以"承"断句,即"古我前后,罔不惟民之承"。三位译者都将此处的"之"误解为偏正型名词短语的结构标志。

小子同未在位,诞无我责收,罔勖不及。《周书·君奭》

罗译:I am ignorant of knowledge, but I am on the higher position; if you do not supervise me, and correct my faults...

"诞",语气助词,无义。"收",通"纠",纠正。《尚书易解》:"收,当读为纠,《周礼》'大司马以纠邦国'郑注:纠,正也。""我"是"责""收"的宾语,置于并列谓语之前。罗译中 supervise me、correct my faults 译出了"责我收(纠)我"的意义,且形式对等。

故一人有事于四方,若卜筮罔不是孚。《周书·君奭》

麦译:And when he, the one man had any particular business, (such as the undertaking of a war, or the calling of a council), throughout all quarters to which he was directed by divination and prognostics, they invariably gave him their confidence.

理译:So that whatever affairs he, the one man, had in hand, throughout the four quarters of the empire, an entire sincerity was conceded to them as to the indications of the tortoise or the milfoil.

高译:Therefore, when the One Man had (sacrificial) performances in the four quarters, and when he took tortoise and milfoil oracles, there were none who did not have confidence in him.

罗译:The sovereign's administrations of the whole empire, as the indications of tortoise and the milfoil, were welcomed and trusted on by the people.

杜译:It followed that the whole nation would respond to

the orders of their sovereigns as readily and faithfully as it did to divination.

"若卜筮罔不是孚"为双重否定句,句法形式为"罔＋不＋代词宾语＋动词谓语"。《书集传》:"如龟之卜,如蓍之筮,天下无不敬信之也。"《尚书易解》:"若卜筮罔不是孚,言信之若卜筮也。"(周秉钧,1984:246)指示代词"是"为"孚"的宾语。几位译家对该句的表层结构做了调整,但基本保持了"是"作为宾语的成分功能。

对以上四句的翻译,几位译家主要有以下几种情况:没有识别出宾语前置结构,进而没有看出动宾句式,导致译文有误;语内翻译正确,识解了原文的动宾关系,译文基本表达了原文语义,但选用的译文表层结构不尽相同,有的仍将原文中前置的宾语在译文中以宾语形式出现,有的根据上下文略微调整了句型结构,有的改变原文的过程类型模式完全意译。

特殊的宾语前置

"汝乃是不蘉,乃时惟不永哉!""尔时罔敢易法。"这两句不同于先秦两汉文献中宾语前置的常见句式,呈现出"主语＋代词宾语＋否定词＋动词谓语"的表层语法形态。

汝乃是不蘉,乃时惟不永哉!

麦译:For should you neglect to exert yourself in this, your rule will not be perpetual.

理译:If you do not bestir yourself in these things, you will not be of long continuance.

高译:If you do not exert yourself in this, then you shall not continue for long.

罗译:If you neglect these principles and do not do these things, your good administration will not be spread.

杜译:If you do not make efforts in managing the people, you will not be able to sustain peace and prosperity of the empire.

《白话尚书》对上句的解释为:您假如不努力办这些事。(周秉钧,1990:165)"是"为前置宾语,置于否定词"不"的前面。

> 尔时罔敢易法。
> 麦译:At that time you did not dare to contravene the royal orders.
> 理译:At that time none of you presumed to change the *royal* appointments.
> 高译:Do not dare now to change what has been determined.
> 罗译:Which you may not think little of.
> 杜译:Do not disregard Heaven's will.

周秉钧(2010:155)对上句解释道:"时,是也。代词。易法,即易废,金文'废'多作'法',二字古通用。易废,又作'废易',《荀子·正论》:'国虽不安,不至于废易遂亡。'是也。易废者,怠弃之意。尔时罔敢易法,尔罔敢怠弃时也,否定句代词宾语前置,故知此为正解。"此句今译为"你们不能轻视这些事"。

从以上两个译例看出,译者对《尚书》中特殊的宾语前置结构有足够的认识,如"汝乃是不蘉",几家译文皆体现了"不蘉于是"的结构形态。但有时译者对古今词义辨别有误,导致错误理解句型结构,这也是阐释的历史性。如"尔时罔敢易法",其中"时""法"的现代意义影响了译者对整个句子结构意义的判断,麦氏、理氏、高氏分别将"法"阐译为:the royal orders、the royal appointments 和 what has been determined,做"易"的宾语;将"时"分别解译为时间状语:at that time 和 now。

3. 叙述句宾语前置

叙述句宾语前置在先秦文献中的常见形态为"(惟)+名词宾语+之/是+动词谓语"。这种形态可能始见于《尚书》,流行于两周和春秋,在书面语言中一直延续到晚清的仿古作品,甚至有些表达法至今仍在使用,如"唯命是从、(唯)马首是瞻"。"是"作为宾语前置的结构助词,其识别度还是较高的。而"之"在近现代汉语中的典型功能是做偏正名词短语的结构助词,因此当其在宾语前置结构中时,译者的理解容易出现偏差。比如:"牝鸡无晨;牝鸡之晨,惟家之索。"曾运乾曰:"此语盖女系易为男系时之格言。""惟家之索"就是"惟索家",宾语前置。两个"之"皆助词,前者表语气,后者表结构。此句意思是:如果母鸡在早晨啼叫,这个人家就会倾家荡产。理氏译为:

> The hen does not announce the morning. The crowing of a hen in the morning *indicates* the subversion of the family.

理氏此处将"家之索"误解为偏正结构的名词短语。再如"万民惟正之供"中"惟正之供",麦氏误译为 only the regular dues。又如"王其德之用,祈天永命"中"德之用",高氏误译为 by the virtue's use。

> 无若丹朱傲,惟慢游是好,傲虐是作。
>
> 麦译:Do not be like Tan-choo, who was disrespectful, who only in leisurely sauntering about took delight, and in insulting and oppressing (the people) busied himself...
>
> 理译:Do not be like the haughty Choo of Tan, who found his pleasure only in indolence and dissipation, and pursued a proud oppression.
>
> 高译:Do not be arrogant like Chu of Tan; negligence and pleasures, only those he loved, arrogance and oppression, those he (made=) practised...
>
> 罗译:One never like Danzhu (the son of Yao) who was too haughty, he was so lazy, fond of pleasure, and joky...
>
> 杜译:Do not emulate Zhidan, who is given completely to dissipation, extravagance and corruption.

此句中,"是"为结构助词,帮助宾语前置。此句意思为:不要像丹朱那样傲慢,只喜欢懒惰贪玩,戏谑作乐。宾语前置中的"惟"是一个范围副词,"放在前置宾语前面,表示前置宾语的单一性、排他性"(董治国,1988:239),具有强烈的特指色彩,因此,这里宾语前置占据主位有一定的语用目的:突出强调丹朱的不良品质,平行句式加强语气。麦译、理译

第三章 《尚书》小句概念意义的理解与传译

和高译不仅准确传译了原文的字面意义,还保留了原文形式,做到形式对等的同时,表达了原文语用意图,实现了原文的语言功能。相比之下,罗氏、杜氏的译文逊色不少,只是笼统意译,宾语前置的语用意义和平行句式的紧凑结构所体现的美学情趣均欠佳。

4. 介宾结构中的宾语前置

介宾结构中非代词宾语的宾语前置并非仅见于《尚书》,先秦文献中几乎都有,有的甚至沿用至今,如"一以贯之、一言以蔽之"等皆是这种类型。"其惟王勿以小民淫用非彝,亦敢殄戮用乂民,若有功。"(《周书·召诰》)曾运乾(1964:198)指出,句中"殄戮用乂民"者,犹言用刑杀治民也,倒文。整句译文为:"愿王不要让老百姓肆行非法的事,也不要用杀戮来治理老百姓,才会有功德。"从几家译文看,麦氏将原文断句为:"其惟王,勿以小民淫用非彝,亦敢殄戮,用乂。民若,有功",没有识别出宾语前置;其余四位对"殄戮用"实为"用殄戮"的形态理解正确,分别译为"by the violent infliction of death""by exterminating capital punishments""use the way of slaughter"和"by means of punishments and death sentence"。理氏、高氏对整句理解虽然稍有偏颇,但译文整体逻辑合理,与《尚书》思想一致;罗氏译文最佳,无论结构还是意义都最接近原文:

> May our king not let the ordinary people do those things to violate the laws, and never use the way of slaughter to manage the people, in this way, our king may make great contributions to the country.

杜氏译文:

> Let the young king not indulge himself and violate the laws as the common people. And let the young king have the courage to manage the common people by means of punishments and death sentence. Only then will he become a successful ruler.

杜氏译文没有看出"敢"字前面的"勿"承上文"勿"而省略,翻成了

"要敢于甚至要鼓励统治者用殄戮治理人民",这与原文宗旨可谓是背道而驰,完全颠覆了《尚书》传播的"德治""德政"的精神和理念。

二、省略句式结构

省略是古代汉语和现代汉语中一种普遍的语言现象,其目的是使行文简洁明快,音节整齐和谐,篇章符合格律和字数的限制。古汉语中省略是常见的句法形态,就省略方式而言有承前省、蒙后省、对话省;就省略内容而言有主语省略、宾语省略、介词省略等。今文《尚书》主于记言,在最初阶段,口耳相传是主要的传播模式,因此,省略现象尤多,且情况繁杂。今文《尚书》的省略不仅方式特殊,内容多,成分复杂,还往往和特殊语序结合在一起,有常态,也有异态。因语例众多,不一一列举,只选录下表3-2:

表3-2 《尚书》省略结构

甲子,王乃洮颒水。相被冕服,凭玉几。《周书·顾命》
戊辰,王在新邑烝,祭岁。文王骍牛一,武王骍牛一。《周书·洛诰》
艰大,民不静,亦惟在王宫邦君室。越予小子考,翼不可征,王害不违卜?《周书·大诰》
惟圣罔念作狂,惟狂克念作圣。《周书·多方》
上下比罪。《周书·吕刑》

省略结构在语码转换时的操作相对简单,只要补充省略的部分、按译入语的"合法"形式翻译即可。关键在于,语内阐释时要能够准确地理解补充省略部分,而《尚书》原文省略的复杂性给阐释带来了难度。如果辨识失败,带来的传译错误有时是严重的,比如,上文提到的"其惟王勿以小民淫用非彝,亦敢殄戮用乂民,若有功"一句,杜氏阐译时未能识别出"敢"前承上文省略"勿"字,翻译成"要敢于用殄戮治理人民",消解了中国传统"以德治国"的优秀文明。因此,分析今文《尚书》的省略必须立足其整个语言系统和文化语境,以求科学准确地辨识省略,补出省略,正确理解文意。(钱宗武,2004:402)

从译文看,译者们对于省略结构的理解和识别大都还是得心应手的,翻译准确率较高。在解读过程中,词段的跳跃制造了语义空白,为读者的阐释留下空间,但是原文的内部和外部语境制约了阐释的开放性,因此,译文也有了优劣高下。

"甲子,王乃洮频水。相被冕服,凭玉几"中"凭玉几"的主语隔着"相被冕服",承上上句"王乃洮频水"的主语"王"而省略主语。这样的省略,识别容易,语码转换也不困难。"戊辰,王在新邑烝,祭岁。文王骍牛一,武王骍牛一"中,"骍牛一"前省略介词"以",郑玄注:"岁,成王元年正月朔日也。以朝享以后,用二特牛袷祭文王、武王于文王庙。"因此原句应理解为:"戊辰,王在新邑烝,祭岁。(祭)文王(以)骍牛一,(祭)武王(以)骍牛一。"译文显示,各位译家都理解正确,"一骍牛"是用来祭祀文、武王的祭品,其中以罗译为最佳:"With a red bull to offer to King Wen, and with another red bull to King Wu..."其意义和形式基本与原文对应。

"艰大,民不静,亦惟在王宫邦君室。越予小子考,翼不可征,王害不违卜?"此句是《大诰》中诸侯和王室反对周公东征去平定管、蔡和武庚叛乱时所讲的一段话。句中"亦惟在王宫邦君室"与上句"艰大,民不静"接不上,肯定省略了主语,可是主语是什么,仅仅根据上下文提供的语境信息难以判定,根据当时特定的历史条件分析,省略的主语当指"叛乱的元凶"。叛乱是管、蔡和武庚发动的,管叔和蔡叔是周成王的叔叔,是王室的人,武庚是商纣王的儿子,武王灭商后被册封为邶国国君,所以说"亦惟在王宫邦君室"。此句各家译文如下:

麦译:The difficulty is great, and the people are still unsettled, besides which (the cause of the insurrection) rests with the members of the royal house and the families of the princes.

理译:The hardships will be great, and that the people are not still having its source really in the king's palace, and in the mansions of those princes of the troubled State. (This is an allusion...)

高译:...The difficulties' being great, and the people's not being tranquil (depend on＝) have their source in the king's palace and the houses of princes of states.

罗译:The hardship is so great that the people are not in

their peaceful life, including some who are from the royal house or from the houses of princes.

杜译：The odds are against us, and the people are disquiet. In addition, we have to know that some of the revel chieftains are from the royal palace and the mansions of the princes of the state.

麦、理、高三位译者将"艰大,民不静"或"民不静"视为"亦惟在王宫邦君室"的主语,皆表达了"艰大,民不静"这种局势的根源"在王宫邦君室",虽然没有补充出"亦惟在王宫邦君室"的主语,但是译文所阐述的意思完全符合原文语境,与原文表达的内容和效果基本是一致的,可算是比较成功的译文。而罗译中"including some who are from..."将原文的句级单位转降为短语级,本应强调的部分却弱化为一个附属成分,从而在语义上从原文对"元凶"在"王宫邦君室"的突出强调变为顺带提及("王室邦君"只是参与"不静之民"的一部分),与原文表达意图不符。杜氏译文中"In addition, we have to know"为过度补充,原文并没有表达此意。

"惟圣罔念作狂,惟狂克念作圣"是一个省略连词的紧缩复句,即"圣而不念则为狂,狂而可念则为圣",今译为:"(即使是)圣人,(如果)不思考,(就会)变成狂人;(即使是)狂人,(如果)能够思考,(就会)变成圣人"。此为两重复句,第一重是让步关系,第二重是假设关系。这类复句的紧缩形式是构成今文《尚书》古奥简朴的重要原因之一。译家用各种手段表达了其隐含的逻辑关系:介词 without、by,连词 while、and、if,关系复句 who,其中以理译为最佳,做到了形式与意义的对等:"The wise, not thinking, become foolish, and the foolish, by thinking, become wise."。

"上下比罪"中省略成分较多,今译为"(如果遇到刑律上没有明文规定的罪),(那么)(就)上下比较刑律定罪"。括号中都是省略的成分,它不仅省略了表示复句性质的关联词语,而且表示假设条件的整个分句都被省略了,跳跃性很大,省略部分必须到更大的语境中去寻找答案。

麦译:(In undefined cases,) class them with those immediately above or below...

理译:In the case of others not exactly defined, you must class them with the next higher or next lower offences...

高译:In (upper=) graver and (lower=) lighter cases, you should (with precedents) compare the offences.

罗译:In the judgement of crimes one must understand how to compare those officers higher with lower...

杜译:Match the punishment with the offense...

从译文看,麦氏和理氏正确补充了省略成分,成功填补了语义空缺,很负责任地向东西方读者传达了原文意义,说明此处即为中国第一部法典的内容。其余三位就句译句,未能从内外语境对该句进行解读传译,可能会引起读者的理解困难甚至误解。

三、被动语态句式结构

今文《尚书》中被动形态是研究汉语语法史的重要文献资料。在汉语体系中,被动句式一直存在两种形态:语意/无标记被动句和形式/有标记被动句。今文《尚书》中两种被动句式形态均有语例,其中,语意被动句47例,形式被动句13例,两者之间的比约为4∶1,形式被动句在《虞夏书》《商书》《周书》中的比例是0∶1∶12。较之甲骨文,今文《尚书》已出现形式被动句;较之先秦文献,今文《尚书》却只有以"于"为形式标志的被动句。(钱宗武,2004:27)它们的出现频率和分布说明,在汉语被动句历时和共时发展的纵横比较坐标轴上,今文《尚书》被动句处于语意被动句向形式被动句发展的过渡阶段。语意被动句,没有任何结构标志,与主动形态一样,是汉语被动语态最初的表层形态,完全靠意念的运作完成其意义的识解。周法高(1980:211)提出,被动不用记号,而凭文义来判断,可能是较早的办法,直至今日,现代汉语中继续运用无标志被动语态,主要源于表达习惯和句法、语势的需要。形式被动句在西周后得到充分发展,结构标志词增加了"为、见、被",主要源于语言交际功能的实际需要和语用目的。今文《尚书》中仅有的"于"字被动句的特点不仅实现了语言交际及修辞的功能,还表达了远古社会中人类的心理诉求。

表3-3中列出了语意被动句的部分语例和形式被动句的全部语例,意在更清楚地表现形式被动句的特征。

表 3-3　语意被动句与形式被动句语例

	被动形态
语意被动句	烝民乃粒,万邦作乂。《虞夏书·皋陶谟》
	禹锡玄圭,告厥成功。《虞夏书·禹贡》
	父师、少师,我其发出狂?《商书·微子》
	鲧则殛死,禹乃嗣兴。《周书·洪范》
	爽惟民迪吉康。《周书·康诰》
	惟吕命。《周书·吕刑》
形式被动句	后胥戚鲜,以不浮于天时。《商书·盘庚中》
	乃命于帝庭,敷佑四方。《周书·金縢》
	惟时怙冒,闻于上帝。《周书·康诰》
	矧曰其尚显闻于天?《周书·康诰》
	不惟德馨香祀,登闻于天。《周书·酒诰》
	我有周佑命,将天明威,致王罚,敕殷命终于帝。《周书·多方》
	闻于上帝。《周书·君奭》
	时则有若伊尹,格于皇天。《周书·君奭》
	时则有若伊陟、臣扈,格于上帝。《周书·君奭》
	则亦有熊罴之士,不二心之臣,保乂王家,用端命于上帝。《周书·顾命》
	无毖于恤,不可不成乃宁考图功。《周书·大诰》
	尔尚不忌于凶德。《周书·多方》

　　今文《尚书》中 12 个形式被动句皆仅有"于"字标志,其引出的主动者大多为"上帝、上、帝、天、皇天",它们都是"上天"的代名词。西周金文中"于"引出的主动者除"上天"外,还有"王、公、侯"等,它们都是"天"的化身。生活在远古社会的人民无法解释和抗拒强大的自然力,冥冥之中便产生了对天的无限恐惧和敬畏。"天"成了自然和社会的主宰,威力无穷,人间一切都屈从于天。为了突出"天"的力量,在语言中便生成用"于"来引出施加动作的主体"天"这样一种表层形态,在视觉上产生一种标志和强调的作用,表达了当时人们的一种心理诉求。

被动句在英语中是一个非常普遍的句法形态，由 be 动词接过去分词构成，主动者用 by 引导。这种语法系统中的同一性使得被动句的语际转换在技术层面无甚难度，因此，古汉语被动形态的语码转换主要在于语内阐释，在于对被动形式的识解，而正确的识解在于对上下文语境信息的判断，对上下文其他语言成分意义的不同理解会影响整句句式结构的判断，形式被动句如此，语意被动句更是如此。如：

时则有若伊陟、臣扈，格于上帝。《周书·君奭》

麦译：There were such man as E-chǐh, and Chin-hoo, who wrought upon the Supreme Ruler.

理译：T'ae-mow had E Chih and Chin Hoo, through whom his virtue was made to affect God.

高译：There were men like Yi Chǐ and Ch'en Hu, who attained to God on High.

罗译：There were Yizhi and Chenhu, praised by the heaven above.

杜译：Who assisted him and made it possible for him to enjoy a glorious and illustrious throne…

"格于上帝"中"格"意为嘉许，《史记·燕世家》引作"假"，《礼记·中庸》释文："假，嘉也。""于"引进动作行为的主动者"上帝"，表被动，该句是有标记的被动形态，即形式被动句。但是译出其被动意义的只有罗氏，其他译者误译的原因在于对此句中"格于"的理解受到《虞夏书·尧典》中"格于上下"的影响，仍将"格"理解为"到达"，将"于"理解为表示动作所至范围、程度的介词，才有了 wrought upon the Supreme Ruler、attained to God on High 等译文，杜氏译文，除了对句型结构理解错误，还将"上帝"误读为"皇位"。

禹锡玄圭，告厥成功。《虞夏书·禹贡》
父师、少师，我其发出狂？《商书·微子》
惟吕命。《周书·吕刑》

上述三句中没有形式标记，完全需要通过上下文推断，而且其句型和语意与现代汉语差别较大，不易识解，译文也多误译。"禹锡玄圭"实为"禹（被）赐玄色美玉"，这种句式《尚书》中仅此一例，商代金文中继续出现，但对于千年后的读者译者而言，解译实在困难。麦氏、理氏皆认为"禹"为动作"锡"的发出者，分别译为"Yù then presented his dark coloured mace"和"Yu presented a dark coloured gen-stone"。

"我其发出狂？"是微子对自己何去何从征求长辈意见，"发"，孙诒让读为"废"；"狂"，《史记·宋世家》作"往"，此句意为"我将（被）废弃而出亡在外呢？（还是……）"误译者对"发""狂"的误读导致译文有误，麦氏、理氏将"发出狂"误译为 manifest insanity，高氏误译为 start and go away。罗氏提供了较好的译文：

My Grand Tutor and Junior Tutor, please tell me, will I be abandoned and be forced to leave my native land(or live in my own house in the wilderness in a peaceful way)?

此处罗译中被动语态的运用不仅译对了原义，也译出了微子被迫逃亡的无奈和苦痛。

"惟吕命"句，《尚书覈诂》："吕，通作甫，《史记》甫侯言于王。"（杨筠如，1959：297）《白话尚书》："吕命，吕侯被命为卿。"（周秉钧，1990：265）联系上下文，以《白话尚书》为是，"吕"为受事主语。因此，理氏的"In reference to the charge to the prince of Leu"和杜氏的"…At the advice of Prince Lü"是误译，而麦氏的"When Leu's decree was issued"和高氏的"When the Prince Lü, Lühou, was appointed prime minister"是比较理想的译文。

以上语例是今文《尚书》被动形态中比较晦涩难懂的，如果其他解读表面上能说得通，解译人的第一选择便不是被动句，出现了不同程度的误译。今文《尚书》中的有些被动句容易识解，或者只有理解为被动语态才说得通，这样的情况下，英译的准确度还是高的，且呈现表达方式的多样性。如"烝民乃粒，万邦作乂"（《虞夏书·皋陶谟》）中，"万邦作乂"：万邦开始得到/受到治理。

麦译：The whole of the people then had corn to eat, and all the states were well regulated.

除麦译外，其余译者皆未用英文被动语态。

高译：The multitudinous people then had grain-food. The myriad states（have made governing＝）have become well-ordered.

高译虽未用被动语态，但是其意义完全表达出来，不失为好的译文。再如：

惟时怙冒，闻于上帝。《周书·康诰》
麦译：Constantly confided in and longed after（the reformer）; this was heard by the Supreme Ruler.
理译：The fame of him ascended up to the High God.
高译：It was seen and heard by God on High...
罗译：King Wen's great contribution was known by the emperor of heaven.
杜译：Delighted upon learning of your father's meritorious service, Heaven...

在"于"的标记下，"闻于上帝"的被动意义很容易被解读，就是"（被）上帝听闻、知晓"。这样的意义，各位译家均已表达出来。其中，理氏和杜氏译文没有使用被动语态，理译"The fame of him ascended up to the High God."指文王的名声渐渐地到达天听，被上帝知晓，up to 仍表达"于"字的含义，译文与原文的等值度还是高的。而杜译"Delighted upon learning of your father's meritorious service, Heaven..."虽然也表达出了"上帝知晓"的含义，但不论意义上还是形式上都与原文多有出入，用情绪化的 delighted 描述 Heaven 的行为状态，属信息冗余。

宾语前置、省略、被动等语言表层形态参与作者对世界的表征，同时也构成了今文《尚书》文本的原始质态,是宝贵的文献资源。读者带着自己的前理解对文本进行阐释。译者接触古籍的第一个身份是读者,之后才有跨语言翻译。前面所提到的几种表层形式在英文中皆有对应的语法结构,语码的转换不存在太大难度,但是远古汉语的语言形式表层与现代汉语差别很大,做好《尚书》原文的语内阐释是难点、重点。只有正确识解表层形态,做出合理正确的阐释,才能进一步分析小句及物性,理解作者描绘世界的心理图景,才能更好地传译文献,展现原文所建构的那个世界。

第二节 《尚书》小句及物性过程的理解和传译

小句的及物性系统能够表达参与者参与世界的各个过程,是语言表征世界的重要手段。韩礼德(Halliday,2000)指出,语言能使人类建构关于现实世界的心理图景,并理解周围环境和内心世界所发生的一切。具体来说,及物性系统将人类的经验世界理解为一套可控的过程,其作用是把人们在现实世界中的所见所闻、所作所为分成若干种过程,即将经验通过语法进行范畴化,从而研究小句如何表达概念意义,并指明与各种过程有关的参与者和环境成分。韩礼德认为这套可控的过程包括六种过程类型:物质过程、心理过程、关系过程、行为过程、言语过程和存在过程,而语篇正是在上述的过程和各种逻辑语义关系的基础上组织起来的。物质过程是表示做某件事的过程。这一过程一般由动态动词来表示,可以表现具体动作,也可反映抽象行为,参与者角色有动作者、目标、范围、受益者、领受者、委托者、动作发起者。心理过程表示感觉、反应和认知,表达参与者的感情、想法和感知等心理活动。心理过程只有两个参与者,即感知者和现象。关系过程表示事物处于某种状态的过程,这一过程涉及两个不同的实体,表达了这两个实体之间的关系,简言之,就是表示"是"或"属有"或"时空状态"关系的过程,可进一步分为内包式、环境式和所有式。行为过程是描述生理活动的过程,其参与者即行为者一般指有思想意识的动物实体,尤指人。言语过程是"通过讲话交流信息的过程"(胡壮麟、朱永生、张德禄等,1989:79)。与心理过程不同的是,言语过程的参与者不一定是有思想意识的动物实体,讲话者可以指任何发出信号的实体,如告示、书等。(Halliday,2000:140)存在过程是表示有某物存在的过程(a process of existing),所体现的是某些事物的存在或发生。(司显柱,2007:50—58)外在语法形式是底层语义模式的实现,任何形式都表达作者的意义选择。"过程"是小句及物性的核心,人们通过小句的过程来表达他们现实世界和内心世界的经验,作者也利用小句的及物性过程书写意义,向读者输出他们的表达意图。例如日本政府向主导教育的部门要求修改书本中的语言表达,将"日军杀害了众多俘虏和居民"改成"日军波及了俘虏和居民,出现了众多死亡者"。小句中主要动词的改动使其描述的过程发生变化,由有意的动作行为的物质过程改写为自发的动作行为的物质过程。语言表达形式的改变反映的是作者的表达意图。在这里,反映的是日本政府企图推卸责任,掩盖自己的罪行,希望能在国际上树立良好形象的目的。

  翻译是一种语言语篇转换成另一种语言语篇,一种语码转换成另一种语码,一种语言网络系统的选择转换成另一种语言网络系统的选择的过程和产物。译者是中介者,是选择者。译者的任务是使原语与目标语在语义、功能、文体三方面等效。刘宓庆(1999b:6)指出:"所谓翻译的实质,就是语际的意义转换,包括概念意义、形式意义、语境意义、形象意义、风格意义及文化意义。每项意义都应有明确的科学界说,推导出参照性转换规范。可以说,翻译理论的根本任务是双重的:一是研究意义的转换规则,制订意义转换的描写—功能规范;二是研究形式的转换规律,制订出形式转换的描写—功能规范。不能只重意义不重形式,也不能只重形式而不重意义。"韩礼德的系统功能语言学相关的语言理论与翻译任务的要求不谋而合。系统功能语言学认为:语言运用就是功能运用,功能产生意义,意义受到社会文化语境的影响,使用语言的过程就是运用符号学的过程,即通过选择产生意义的过程。因此,语言是一个意义潜势系统,功能语法所讲的"规则"只是选择中的可选项。功能决定形式,形式体现意义,形式不同其意义不同,不同的形式也可以表达同一概念意义。

  及物系统通过对过程、参与者和环境因素的选择,在语言中再现人的各种社会经历和心理经历,这就是及物性过程的意义和功能。因此,在翻译过程中,考察及物性过程能够更加清晰地认识作者表达的意义,更好地理解原文。"过程"是小句的意义和功能的核心,在翻译过程中正确选择"过程"是达到语义功能等效的根基,"过程"选择不恰当,对与"过程"相关的参与者角色的理解也会受影响。在翻译句子这个单位时,我们以功能语法小句理论为依据进行翻译要比依据传统语法句子翻译理论更客观,更合理,更实用,意义表达更完善。

今文《尚书》的句式古奥艰涩,这一点在前一部分已有论述分析,译者必须结合各类注疏、文本语境、历史语境做好语内阐释工作,正确理解句子表征形式,才能为分析小句及物性打下基础。对于《尚书》原文中一些特殊句式结构,上文已有解析,下面尝试从及物性角度进一步加以分析。

至于小大,无时或怨。(《周书•无逸》)

| 环境 | 动作者 | 目标 | 物质过程 |

此句为否定句中的宾语前置,即从民众到百官,没有人怨恨他(高宗)。"时"做"怨"的宾语,置于动词谓语之前。译者将其译为现代汉语时可能的失误有以下几点:一、不能辨识"时"做前置宾语的词汇意义和语法意义;二、误将"至于小大"理解为空间范围"从小国到大国/不论小国、大国";三、将小句主要动词"怨"误读为名词。在这样的语内阐释基础上,出现了"So that whether from small or great at no time was there a single murmur."(Medhurst,1846:262)和"Till in all its States, great and small, there was not a single murmur."(Legge,2011:466-467)等语际翻译。译者将原文的物质过程小句转译成了存在过程小句,虽然似乎也说得通,但是表达语意仍不明确,没有表达出"怨"(murmur)的动作发出者及其动作对象/目标,且"怨"的动态感表现也不充分。杜氏译文"Naturally, he won wide, whole-hearted support from across the Kingdom…"完全意译,过度阐释,增补了原文所没有表达的意义。罗氏译文"No people or officer murmured against him."中各个元素皆表达准确充分,属于理想的译文。

瞽子,父顽,母嚚,象傲。(《虞夏书•尧典》)

原始社会实行禅让制,此句便是唐尧与大臣们商讨其接班人时的一句话,描述了虞舜的基本情况:乐官瞽瞍的儿子,父亲愚蠢固执,后母说话悖谬,兄弟象傲慢骄横。很明显,四个小句及物类型都是关系过程。

(虞舜)	瞽子	
被认同者	关系过程	认同者
父	顽	
母	嚚	
象	傲	
载体	关系过程	属性

从及物性过程看,各家译文几乎都用了与原文一致的关系过程:

麦译:He is a blind man's son, his father is stupid, and his mother insincere, while Sëang (his brother) is overbearing.

理译:He is the son of a blind man. His father was obstinately unprincipled; his step-mother was insincere; his half brother Seang was arrogant.

高译:He is the son of a blind man; his father was stupid, his mother was deceitful, (his brother) Siang was arrogant.

杜译:He is the son of a court musician with the name of Gusou, who is evil-minded. His mother is deceitful and his brother arrogant.

罗译:He is the son of a blind minstrel (musician). His father harboured evil designs, his mother was not sincere in her words, and his half-brother Xiang was unfriendly and arrogant.

罗译中"父顽"译为物质过程"His father harboured evil designs",不仅及物过程与原文有出入,而且也破坏了上下文平行小句所营造的一种平衡节奏,消解了原文的形式美、韵律美。此外,罗译中小句归一度的选用也有问题。"母嚚"一句尽管有否定含义,但与"父顽""象傲"的表层形式一样皆使用归一度的肯定极,而罗氏译文只将"母嚚"小句用否定极表示 be not sincere,逊色于麦氏、理氏所用的 be insincere。杜译中虽均用关系过程动词表示,但是将与其他小句处于同一层次上的"父顽"处理成嵌入小句 who is evil-minded,导致语义亏损。

女于时,观厥刑于二女。(《虞夏书·尧典》)

(尧帝)	观	厥刑	于二女
动作者	物质过程	目标	环境

上古时期词汇贫乏,词汇兼职多,这是古汉语的一个特征。句中"观"译为现代汉语具有意义的多向性,现代汉语中一般在某一词素前后加上另一词素以明确词义的指向性,使词汇分工更加精细、表达意义更加明确,如带有本句中核心语素"观"的词汇有"观察、观看、观望、观摩、观赏、观测"等,每个词表达的含义不尽相同,那么,《尚书》中此句的"观"究竟表达了什么动作过程,需要在语境中寻找答案。从上文得知此为尧帝考察虞舜所采取的策略:将自己的两个女儿娥皇和女英嫁给舜,从女儿那里了解虞舜的品行。那么,这里"观"应理解为心理过程动词"观看"还是物质过程动词"观察"? 我们认为,尧帝并没有亲眼"看见",而是通过女儿去"看",应该是一种发出的动作——观察,不是自己内心或情感或心理的一种运作——观看。因而,各家译文中概念意义更贴近原文的是麦译 "And thus observe his manner of acting with my two daughters."和高译 And observe his behaviour towards my two daughters.",而理译"And then see his behaviour with my two daughters"所选用的心理过程与原文略有偏差。杜译"And instructed them to observe his conduct."增补了原文中没有的过程动词 instruct,与原文不符。

《尚书》中的词汇除了兼职多需要我们仔细甄别外,还有很多词的词义与今天相比发生了翻天覆地的变化,其古义已经消弭在历史长河中,如"肆类于上帝,禋于六宗,望于山川,遍于群神"(《虞夏书·尧典》)中的"望",与"类、禋、遍"一样,都指祭祀,完全没有现代汉语中"看"的意思,因此,原文中这四个动词都表示物质过程,而非心理过程,麦氏将"望、遍"分别译为 looked towards 和 glanced around at,完全误读了原文的及物性过程,导致原文概念意义传译失误。我们再看高译:

高译：And then he made lei-sacrifice (the "Good sacrifice") to God on High, he made yin-sacrifice to the six venerable ones (sc. celestial divinities). He made wang-sacrifice to mountains and rivers, he made (all round＝) comprehensive sacrifices to all the Spirits.

高译中，其概念意义和形式意义皆对应原文，功能等值度高，是为佳译。

朕堲谗说殄行。(《虞夏书·尧典》)

朕	堲	谗说殄行
感觉者	心理过程	现象

"堲"，《说文》："疾恶也。"全句意为"我厌恶谗毁的言论和贪残的行为"。对于"堲"字和全句的意义，各位译者都能正确理解，但是语码转换后的英语表层形式有所区别，麦氏译为：

I	am	vexed	with those slanderous words and injurious practices
载体	关系过程	属性	环境

主要动词用关系过程表达，表现的是相对静止的状态。其他几位译者则用 abominate、loathe、hate，这些动词体现的是心理过程，都表示痛恨、极度反感或厌恶，将参与者强烈的内心活动表达出来，表达效果与原文的等值度高。

安汝止，惟几惟康。(《虞夏书·皋陶谟》)

(您)	惟	几	惟	康
感觉者	心理过程	现象	心理过程	现象
(您)	惟		几/康	
感觉者	心理过程		现象	

"惟",思;"几",危险;"康",安康。主要动词"惟"为"思"义,即思考、考虑,全句意为"考虑安危",属于心理过程小句。五个译文中,只有罗译准确传译了原文的概念意义。

麦译	(you)	be	minute and tranquil	
	载体	关系过程	属性	
理译	(you)	attend to	the springs of things	
	动作者	物质过程	目标	
高译	(you)	attend to	the smallest beginning	
	动作者	物质过程	目标	
罗译	(you)	consider	safety and danger	
	感知者	心理过程	现象	
杜译	(you)	keep	the destiny of the empire	at heart
	动作者	物质过程	目标	范围

亦行有九德。(《虞夏书·皋陶谟》)

亦行	有	九德
环境	存在过程	存在物

"亦",检验。《尚书易解》称:"按亦,当读为迹,动词,犹检验也。《墨子·尚贤中》:'圣人听其言,迹其行',《楚辞·惜诵》:'言与行其可迹兮',此迹行、迹言连文之证。《论衡》说此二语曰:'以九德检其行,以事效考其言。'然则亦字训检验,汉儒之旧诂也。""亦行有九德"意为:检验一个人的行为有九种美德。句中"有"字是非常典型的表示存在意义的动词。各位译者尽管对"亦行"的理解出现偏误,但是对"有"表示的存在意义有比较好的辨识。麦氏、理氏、高氏、罗氏都选用了英语的存在句型"there be 结构"表现存在过程——There are nine virtues,只有杜氏译为"Virtues contain nine pairs of attributes, which demonstrate themselves in deeds.",其译句中的物质过程错误地传译了原文的概念意义。

予誓告汝。(《虞夏书·甘誓》)

予	誓告	汝
说话者	言语过程	接受者

"誓告",告诫/发布誓词,这是很明显的言语过程动词。

麦译	I	will administer	to you	an oath.
	动作者	物质过程	范围	目标
理译	I	have	a solemn announcement	to make to you.
	被所有者	关系过程	所有者	环境
高译	I	solemnly	declare and tell	you.
	说话者	环境	言语过程	接受者
罗译	I	seriously	admonish	you all.
	说话者	环境	言语过程	接受者
杜译		Come and listen to	my orders.	
		物质过程	目标	

　　从译文看,只有高氏和罗氏选用了与原文一致的言语过程,将原文中夏启誓师时强烈的语势、不可一世的气度较好地表现出来,而麦译和理译的 administer to you an oath 和 have a solemn announcement to make to you 从表达效果看略逊一筹。而杜氏更改变了原文动作过程的参与者。

　　从以上分析可见小句及物性在文本语码转换中的作用。小句及物性过程的转译仍然要以准确的语内阐释为前提,只有在正确辨识小句含义的基础上才有进一步分析其及物性的可能。在再现小句基本命题意义的同时,关注原文小句的及物性过程类型,并尽量选用与其一致的动词过程重构译文语篇,译文的表征形式才可能更好地表达原文的概念意义,再现作者在文本中构建的世界图景。上古汉语一词多义和言约义丰等特点增加了阐释的开放性,但是阐释的空间仍然要以合理合法为界限,为读者服务,更要对作者负责,将原文作者期望表现的意义、效果和功能高保真地传递给读者。

第三节 《尚书》小句复合体逻辑意义的识别和传译

小句复合体指的是小句与小句的合并,每个小句都有一个由主要动词体现的过程,因此,小句复合体将若干个过程连接在一起。语言(以语篇为代表)能使我们的经验模式化:以切分的方式将现实世界体现为一个接一个模式的"过程",并在这一过程中通过复现率极高的各种逻辑语义关系,即复句内部的各种逻辑语义关系,将这些模块化了的经验切分体连缀成有机的整体,从而形成"作为成品的语篇"的经验结构体。(彭宣维,1997:225)表达现实世界和内心世界经验的各种过程就是及物性过程,即语言的经验功能;将这些经验切分体连缀成篇的手段就是小句间的逻辑关系;逻辑依赖关系、逻辑语义关系,即语言的逻辑功能。经验功能和逻辑功能组成语言的概念功能(即语言的概念意义);经验功能的意义在于解释经验模式,其中小句的相关地位为表述功能;逻辑功能的意义在于构建逻辑关系。

整合体现各个经验过程的小句需要语言的逻辑功能,它体现小句间的逻辑关系,表达了逻辑意义。小句复合体存在逻辑依赖关系和逻辑语义关系。逻辑依赖关系可分为并列关系和从属关系。如果两个小句有着并列、平等的地位,那它们之间的关系就属于并列型;如果两个或多个构成小句复合体的小句并不是处在同一层次上,那它们之间的关系就属于从属型,也就是控制句与依赖句的关系。(黄国文,2001:89)逻辑语义关系存在着扩展和投射两大系统。扩展是指一个小句对另一个小句的意义做出补充说明,具体可以分为三类:解释、延伸和增强。解释关系指第二个小句对第一个小句的内容进行扩展或说明。延伸关系指第二个小句对第一个小句的意义做些添加。增强关系指次要句对首要句在时间、地点、方式、原因等方面进行补充的情况。投射指的是在一个小句复合体中,一个小句(被投射句)所讲述的内容已在别的地方出现过。被投射句既可以是原话引述,也可以是间接引述。如果是原话引述,则被投射句与投射句之间是并列关系,被投射的既是措辞又是意义。间接引述是用自己的语言把别人的意思说出来,被投射的是意义而不是措辞。被投射的语言既可以是"语辞",也可以是"思想"。"语辞"是指言语行为,

即说出的话,而"思想"则是指思维情况,即想法等。(李发根,2004:28)

在处理小句复合体多个动词的关系时,可以运用韩礼德小句复合体理论探讨小句之间的逻辑依赖关系和逻辑语义关系,确定各小句主要动词之间的关系,选择符合语境的主要动词,以达到语义功能的等效。

今文《尚书》所记录的上古汉语,作为一种人类语言,具有一切语言所有的本质,并实施语言的基本功能。人们认知中的各种逻辑思维语义关系体现于言语、文字,古人也不例外。上文提到的小句之间复杂的语义逻辑关系如同一张有形或无形的网编织于人类各个时期的语言文字里,体现在古今文本语篇之中。唯一不同的是语言文字的表层形式,古今不同,中西相异。因此,在古籍传译时,要融通古今中外,显化语义关系,用恰当的译语表达。

今文《尚书》处于中华文献的源头,语言资源虽不丰富,但由于人们表达的需要,已经出现了表示语义关系的连词"而、暨、以、乃惟、矧、是、用、爰、故、所、既、乃、虽、然、则、肆、不啻、不惟"等。含有这些语义标记的小句,其逻辑意义较易识别。如:

四罪而天下咸服。(《虞夏书·尧典》)

麦译:Which four offenders having been disposed of, then the whole empire universally acquiesced.

理译:These four criminals being thus dealt with, universal submission prevailed throughout the empire.

高译:After these four condemnations, all in the world submitted.

罗译:The four bad elements had been punished, then the people under heaven felt a heartfelt admiration.

杜译:The punishments received universal support.

该句意为:共工、欢兜、三苗(首领)、鲧四大罪恶之人得到应有处置后,天下的人都心悦诚服了。就原文表层形态而言,两个小句"四罪""天下咸服"之间是并列型延伸关系。译者们对原文的语义理解基本正确,外化于表层的英语译文的处理方式不尽相同。麦氏、理氏用非谓语动词对"四罪"进行降级处理,呈现与小句"天下咸服"之间的从属型延伸的语义联系。高氏选用介宾短语处理"四罪"部分的级转移,同样表现了从属型的小句依赖关系。罗氏译文结构选用与原文一致的并列型延伸意义,尽管对词汇经验意义的传译不甚准确,但是从处理小句间逻辑意义的方面看,还是可圈可点的。相比之下,杜氏译文就不太理想,原文的经验意义和逻辑意义都没能理想地在译文中进行表达。

尔尚敬逆天命,/以奉我一人。//虽畏/勿畏,/虽休/勿休。//惟敬五刑,/以成三德。//《周书·吕刑》(例句中的斜杠表示逻辑层次,为笔者所加,下同。)

上述例句是一个小句复合体,层次较多,但有逻辑连接词的标识,其意义不难辨别,分析如下:

句子顺序	小句顺序	复合体逻辑依赖和语义关系	过程类型及主要动词
1	1	从属型延伸关系(目的:"以")	物质过程"逆"
	2		物质过程"奉"
2	1	从属型延伸关系(让步:"虽")	物质过程"畏"
	2		物质过程"畏"
	3	从属型延伸关系(让步:"虽")	物质过程"休"
	4		物质过程"休"
3	1	从属型延伸关系(目的:"以")	物质过程"敬"
	2		物质过程"成"

麦译:Do you, therefore, be respectful, and concur with Heaven's decree, in aiding me —a single individual, although I should be disposed to be rigorous, do not you be severe; and although I should be inclined to approve of the parties, do not you therefore approve of them, but respectfully (carry out) the five punishments, in order to complete the three virtues.

理译:Do you deal with them so as reverently to accord

with the mind of Heaven, and serve me, the one man. <u>Though</u> I would put them to death, do not you <u>therefore</u> put them to death; <u>though</u> I would spare them, do not you <u>therefore</u> spare them. Reverently apportion the five punishments, <u>so as to</u> complete the three virtues.

高译：May you respectfully meet Heaven's (order＝) will, <u>thereby</u> (receiving＝) obeying me, the One Man. <u>Even if</u> one intimidates you, do not be intimidated; <u>even if</u> one (considers you fine＝) flatters you, do not (be fine＝) be flattered. Only attend carefully to the five punishments, <u>thus</u> achieving the three virtues.

罗译：You should respectfully receive the great task of heaven <u>and</u> assist me to practise it. You will meet something terrible, <u>but</u> you should not be afraid of them; you may have time to rest, <u>but</u> you should not rest. I hope you cautiously use the five punishments <u>and</u> cultivate the three virtues.

杜译：Carry out the Heavenly mandate with reverence <u>and</u> assist me in my endeavour. <u>When</u> you meet with difficulty in examining criminal cases, do not retreat; <u>when</u> you resolve a problem in a lawsuit, do not become conceited. Dispense with caution the five punishments <u>and</u> attain the three cardinal virtues.

对于原文小句的语义关系，各译者识解基本正确，语码转换时，大部分选用英语中表达逻辑意义的连词或词组 though、although、but、thereby、thus、and、when、even if、in order to、so as to 等，较好地连接了原文的小句并表达其间关系。罗氏和杜氏译文选用并列连词 and 表达原文"以"的目的义，略有不妥。杜氏选用时间连词 when 表达原文"虽"的让步转折义，意义与原文相差较大。

从以上两个语例看出，当小句间的依赖关系和语义关系有形式标记词时，其逻辑意义比较明确。英语中表示各种逻辑意义的词汇语法资源丰富，只要选用汉语连词的对应词翻译就可以了。

除了用标记词显化逻辑关系的小句复合体外,今文《尚书》中小句间的逻辑意义更多的是处于隐形状态,这是上古汉语的普遍特点。此时小句复合体中逻辑意义的判断线索就是句中各语言成分的词汇意义以及由此而营造的上下文语境。翻译过程中,根据原文小句语义关系,用词汇语法资源补充显化逻辑意义,这不仅是重构原文概念意义的需要,也是英语句法结构"合法性"的刚性需求。

明明扬侧陋。(《虞夏书·尧典》)

此句中前一个"明"是动词,后一个"明"是名词,指贤明的人,"明明",明察贤明的人;"扬",推举;"侧陋",隐匿,指地位卑微的人;"扬侧陋:推举地位低微的人"。"明明"和"扬侧陋"之间没有任何连接标记,但是通过对其经验意义的解读,可以判断其逻辑意义是并列、延伸。

理译:Point out some one among the illustrious, or set forth one from among the poor and mean.
高译:Promote one illustrious, or raise one humble and mean.

上述理译与高译与原文等值度高,不仅传译了逻辑意义,还保留了原文平行形式。

今予命汝一。(《商书·盘庚中》)

该句没有逻辑意义标记词,属于兼语式谓语,由两个小句组成,逻辑依赖关系为从属型,逻辑语义关系为延伸关系,其主要动词"命"为言语过程,它的言语对象为第二个过程动词"一"的动作者。此句应理解为"予命汝""汝一"。"命""一"两个过程是一种从属延伸关系,即"我命令你们要同心同德"。

麦译:Now I command you in one thing.
高译:Now I order you, all to beware of…

麦译和高译没有识解"一"的动词性质，便没有建立起两个小句动词过程间的逻辑联系，那么自然不会在译语中重构逻辑意义。其余几位译家皆选用英语不定式处理，是恰当的。

理译：Now I charge you to have but one mind.
罗译：Now I order you to be of one heart and one mind.
杜译：I charge you to have but one heart and one mind with me.

尔克敬，/天惟畀矜尔。//尔不克敬，/尔不啻不有尔土，/予亦致天之罚于尔躬！（《周书·多士》）

句子顺序	小句顺序	复合体逻辑依赖和语义关系		过程类型及主要动词
1	1	从属型延伸关系（条件）		物质过程"敬"
	2			物质过程"畀"
2	1	从属型延伸关系（条件）		物质过程"敬"
	2		并列型延伸关系	关系过程"有"
	3			物质过程"致"

此段复合体中有多层逻辑关系，只有第 2 句中 2、3 小句有逻辑意义标记词"不啻……亦……"（不但……而且……），其余的逻辑意义没有表征形式，皆处于隐性状态。

麦译：If you can manifest respect, Heaven will extend its compassions towards you, but if you cannot be respectful, not only will you lose your lands, but I also will inflict the punishments of Heaven upon your own persons.

理译：If you can reverently obey, Heaven will favour and compassionate you. If you cannot reverently obey, you will not only not have your lands, but I will also carry to the utmost Heaven's inflictions on your persons.

高译：If you can be reverently careful, Heaven will give

you favour and pity you. If you cannot be reverently careful, not only will you not have your lands, I shall also apply Heaven's punishment to your persons.

罗译：If you can keep your honesty and respect, the heaven above will favor you and feel pity for you; if you are not honest and do not obey the command, you will not keep your own grounds, I again let the heaven's inflictions punish you.

杜译：Heaven will sympathize with you if you remain reverent. Otherwise, you will be deprived of your land and suffer the punishment meted out by Heaven.

麦氏、理氏、高氏译文将原文中每一层逻辑意义都显化于形式层，其中，理氏译文选用与原文一致的及物性过程，重构原文的经验意义，并且保持原文平行句式结构，使其修辞特色、审美情趣皆得以重现，堪称佳译。杜氏译文概念意义与原文相比有亏损。

洪堡特认为，由于汉语将所有语法形式的功能赋予了"意念运作"，也就是思维，只剩下为数不多的虚词或小品词和语序来联结意义，这就使汉语不同于其他一切语言。以"意念"为强势主轴的汉语，属于高语境语码，很多意义处于隐性状态，逻辑意义也不例外，在向英语这种低语境语码转换过程中，必然产生显化，这是刚性需求，也是重现原文概念意义的必由之路。

小　　结

小句的概念意义包括及物性过程所表达的经验意义和小句间逻辑关系所表达的逻辑意义。《尚书》小句的概念意义也是通过其及物性过程和逻辑关系表达，但是《尚书》语言与现代汉语相比在表层形式上发生了巨大的变化。宾语前置、省略、被动语态等所表现的特殊句法形式反映了当时人们的表达习惯、语用意图和思维特点，在理解原文经验意义时，首先结合社会文化语境、古汉语文字知识及各类注疏、译注，破解表层小句结构,在此基础上分析小句的及物性构成:过程、参与者、环境。在传译小句经验意义时,参考语内阐释的及物性分析结果,尽量用译入语重现与原文小句一致的及物性过程及相应的参与者和环境成分。《尚书》语言言约义丰,存在大量的小句复合体,由小句间或显性或隐性的逻辑关系连接,表达丰富的逻辑意义。翻译时,对于显性的逻辑意义,直接用译语对译原文连接词即可;对于隐性状态的逻辑意义,需要先显化再行传译。

《尚书》大部分记录口语,在当时语通义明,可以口耳相传,到如今却言辞古奥,艰涩难懂。译者,同时也作为读者,解构原文是语际传译的前提,因此,要进入文本生成的历史视域,充分了解当时的社会文化语境,扎实掌握古汉语语言文字知识并详参各类注疏、译注,用追本溯源的方法准确解读原文,让各符号系统之间相互提示、共同作用,形成意义整体。只有这样才能避免语际翻译中的望文生义,正确合理地翻译原文小句的及物过程和逻辑关系,高等值建构译文概念意义,重现原文所描绘的世界图景。

第四章 《尚书》人际意义的理解与传译

《尚书》作为中华文化的源头典籍,深刻影响着中国文化的方方面面。《尚书》不仅是经学、史学、哲学、文学的研究对象,更为语言学研究提供了重要的语料资源。以韩礼德为代表的系统功能语言学将语言研究从关注语言的内部机制、结构转向关注语言的外部使用效果和功能(滕延江,2006:32),为《尚书》语言研究提供了独特视角。

系统功能语言学认为语言学是社会学的一个分支。作为社会中的人,离不开人与人之间的交往,没有交往就没有社会。语言在这样的社会需求下应运而生,成为人们交往的工具,建构着人类的社会行为、社会生活,维系着社会关系和社会结构。人们利用语言"做事",这是人们对语言的要求,也是语言所必须完成的功能。就其功能而言,韩礼德(Halliday,2004:58-62)认为语言有三大元功能,即概念、人际和语篇功能。其中,人际功能指的是人们用语言来表达与其他人的互动关系,以某种交际角色参与到情景语境中,表达自己的态度和判断,并试图影响别人的态度和行为。语言实现的人际功能即其所表达的人际意义。与概念意义、语篇意义一样,人际意义在语言的"形式层"有一套词汇语法资源供人们选择以表达,并实现交际目的。正如贝尔(Bell,1991:120)所言:"一种语言的语法就是一套选择系统,人们利用这一系统来表述意义。"系统功能语言学理论具有普通语言学的特征,可以运用于上古汉语的语篇分析。

《尚书》表现了上古语篇的普遍质态。《礼记·玉藻》记,君王"动则左史书之,言则右史书之";《汉书·艺文志》录,"君举必书","事为《春秋》,言为《尚书》"。可见,《尚书》是史官对君王言行的记录,其中大部分篇目是上古君王的文告和君臣的谈话记录。《尚书序》首次将《尚书》六体"典、谟、训、诰、誓、命"并列提出,体现了古人对"因事立篇"的文体分类原则的初步思考,也反映了《尚书》各体"以言成事"的言语行为特点及其社会交际功能。《尚书》的这一特点集中反映了系统功能语言学中人际功能的相关理论观点,我们认为,利用这一理论能够更加清晰地了解《尚书》语言特点和语篇质态。对《尚书》文本人际意义的解读是传译工作的前提,对于《尚书》的今译和外译工作具有指导意义。

第一节 《尚书》六体的发生语境和交际功能

宋张表臣《珊瑚钩诗话》云:

> 道其常而作彝宪者谓之"典";陈其谋而成嘉猷者谓之"谟";顺其理而迪之者谓之"训";属其人而告之者谓之"诰";即师众而申之者谓之"誓";因官使而命之者谓之"命"。(转引自吴讷,1962:12)

以上论述非常清楚地论述了《尚书》"以言成事"的交际功能:有治国安邦之事,则有道常法之"典";有垂询国策之事,则有陈嘉谋之"谟";有去奢行简之事,则有属其人之"诰";有君政懈怠之事,则有迪其君之"训";有讨桀伐纣之事,则有号师旅之"誓";有论功行赏之事,则有行策封之"命"。"谟、诰、训、誓、命",皆与"言"字有关,与言语行为紧密相关(朱岩,2008:23),各有其发生的语境和交际意图,反映较为固定的言语者关系:"谟"为君臣谋言,"训"是君臣训言,"命、诰、誓"皆君令臣言。那么,在一定的语境中针对不同的人物关系,实现不同的交际目的和社会功能,需要通过语言变体(对词汇语法资源不同选择的结果)建构不同的人际意义。

《尚书》之体有六:曰典,曰谟,曰训,曰诰,曰誓,曰命,是称六体。就其生成方式,"致言有本,名随其事"(孔颖达,1979:117)。最初文本命名和分类是以行为方式为基础,是社会行为"文本化"的结果——特定的行为方式凝聚成特定的文本方式,赋予文本以独特的构成要素,从而形成特定的文体惯例。也就是说,当一定的社会符号系统与语言取得了联系,便生成了意义,投射到语篇,形成不同的类别。由此可见,汉语传统文章学中的"文体、体裁"与西方系统功能语言学中的"语类"概念不谋而合,具有相同的核心特征。系统功能语言学认为,语言使用是一种重要的社会活动,人们利用语言"做事",构建人类的社会行为、社会生活,维系着社会关系和社会结构,而各种语言交际活动可根据其语境、社会功能、交际目的分为不同的类别,它们在词汇语法层面和修辞结构上呈现出一些区别性特征,一个语言社团将其区分开来形成语类。语类是一种选择,人们运用语类在一个个约定俗成的交际事件中高效地"做事",以期达到一个共同目的。(庞继贤、陈明瑶,2007)《尚书》六体有其各自的发生语境、人际关系和交际目的,并通过语言选择实现其交际功能。

一、谟:君臣谋言

谟,《说文》云"谋议也",《尔雅·释诂》云"谋也"。根据《周礼·秋官·大行人》记载,中国上古有专门的共商政务制度,史官记录来朝诸侯与君之间的商讨言辞,便成"谟"体。《书经集传·大禹谟》解题曰:"叙其君臣之间嘉言善政。"(蔡沈,1987)今文《尚书》有《皋陶谟》。皋陶是舜帝掌管刑罚狱讼的大臣,该篇是在帝舜朝见大臣与其商讨政事时,皋陶和禹、禹和舜讨论治国方针,表达重要的政治主张,史官记录这些讨论的内容和过程,写成《皋陶谟》。可见,"谟"体记载君臣之间双方或多方共同参与的互动式协商式对话,圣君贤相和睦齐心,态度恳切溢于言表,共同完成"陈其谋而成嘉猷"的交际目标。

二、训:君臣训言

训,《说文·言部》云:"说教也。从言,川声。",段玉裁注:"说教者,说释而教之,必顺其理!"《伪孔传》曰:"作训以教道。"逸《书》有《伊训》,记伊尹劝诫太甲的言辞。《逸周书》有《度训》《命训》《常训》,分别对"度、大命"与"小命、常"进行训解,顺理以迪众。因此,训,即训谏之辞,记载君臣修德明道之语,有训谏以顺道之义。见于今文《尚书》之"训"为数不多,其中一篇是《高宗肜日》。此篇虽无"训"之名却有"训"之实,记载的是朝中重臣祖己对殷王祖庚的劝谏:高宗之子祖庚在又祭高宗时,因忽有一只野鸡飞至鼎耳上鸣叫而恐惧,其大臣祖己借机开导祖庚改革祭祀制度。"训"与"谟"比,不见对答,是说话者的单向性训诫话语,委婉诚挚,出自肺腑,忠肝义胆,心表日月,力求达到"顺其理而迪之"的交际目标。

三、命：君命臣言

命,《说文》曰:"使也。"段注曰:"令者发号也,君事也……命者,天之令也。"古代帝王凡命官、封爵、饬职、赐赉皆作策命文书。《尚书》中"命"是君王奖励或赏赐某个臣子时所宣布的命辞。伪古文《尚书》中有《微子之命》《蔡仲之命》,今文《尚书》中的《文侯之命》也是一篇策命文书。晋文侯、郑武公等辅佐周平王平定戎乱,东迁洛都,平王表彰晋文侯的功绩,赐给车马弓矢,史官记录下来,便成《文侯之命》。"命"体在中国传统社会中一直起着表示皇恩浩荡的作用,赏赐以犒忠臣,封爵以示恩宠,勉励臣民为国家效力。字里行间充满周平王对晋文侯的敬重、感激,态度诚恳,感情真挚。

四、誓：君誓众言

誓,《说文》曰:"约束也",《周礼·秋官·士师》论五戒"一曰誓,用之于军旅"。《墨子·非命上》云:"所以整设师旅,进退师徒者,誓也。""誓"体主要用于战斗、田猎等需要严明纪律的集体活动。《尚书》中的"誓"基本都是用于战争誓师,如《甘誓》(夏启誓师讨伐有扈氏)、《汤誓》(商汤誓师讨伐夏桀)、《牧誓》(周武王誓师讨伐商纣王)、《费誓》(鲁公伯禽誓师讨伐淮夷、徐戎),都是在上古历史变迁中起过关键作用,并取得成功效果的誓师之辞。作"誓"者是军队的将领,甚至是一国之君,听"誓"者是普通士兵,两者之间社会距离大,权势关系悬殊。语言简洁峻急,刚劲有力,气盛辞断,感情炽烈奔放,有效振奋军队士气,严明军队纪律,保障征讨的成功,因此,出师前必"即众师而誓之"。①

五、诰：君诰臣言

诰,《说文》云:"告也",《周礼·秋官·士师》论五戒"二曰诰,用之于会同"。《文心雕龙·诏策》曰:"诰以敷政。"吴讷《文章辨体序说》云:"诰,则以之播诰四方。""诰"可以告人、告神,也可以人神共告,而《尚书》

---

① 《尚书》中《秦誓》比较特殊,该篇是秦穆公的悔过词。所以名"誓",因之"用于军旅";又像诰辞,因之"誓诫君臣"。因此,《秦誓》与"誓"体主流是有区别的。

中的"诰"范围很小，基本是告人之"诰"，多是上级对下级的指示或统治者对臣民的讲话，篇目较多，是《尚书》的主体。《盘庚》三篇记载商朝第二十位君王盘庚就迁都于殷一事晓谕群臣和庶民的诰词。《大诰》记载周公代表成王在率兵东征前劝导邦君及各级官员顺从天意、平定叛乱的诰词。《康诰》是周公告诫年轻的康叔努力德政、治理卫国以巩固周王朝统治的诰词。《酒诰》是周公命令康叔在卫国宣传戒酒以改变殷商故地纵情于酒肉之恶习的诰词。《梓材》仍是周公对康叔的诰词，向康叔宣讲治理殷商故地的策略。《召诰》是召公向成王和周公汇报营建洛邑工作的诰词。《洛诰》是由史官将成王和周公的商讨对话及其后做出的由周公居洛治洛的重大决策辑录成篇、告天下的诰词。《多士》记载周公代表成王向殷商旧臣发布的诰令。《无逸》记录周公还政成王后告诫成王不可逸豫的诰词。《君奭》记录周公对召公思想主张的答辞，支持召公的政治思想的同时也将之告谕天下。《多方》是周公代表成王向不服从周朝统治的各国君臣发布的诰令。《立政》是周公晚年告诫成王建立官制的诰词。《顾命》篇前一部分记载成王丧礼和康王即位礼，后一部分是康王即位时的诰词，古文《尚书》因此将其分为两篇，一篇仍名曰《顾命》，一篇名曰《康王之诰》，这里将今文《顾命》篇划为诰体。《吕刑》虽为周穆王诰词，但体现的是吕侯的法律思想和刑罚主张，成为中国最早的法典。从《尚书》诸诰看，发诰者的身份地位往往较高，或为君王直接发诰，或为德高望重的大臣以君王的身份发诰；而诰谕对象的身份地位往往较低，或为有亲属关系的臣下①，或为普通庶民，或为具有不同政治立场的旧朝臣民。交际双方的社会距离和权势关系不同。发诰方的地位身份决定其言语具有权威性，使听者动容，闻者足戒，但面对不同的诰谕对象，其语言是有差别的：面对与自己有血缘关系的臣子，其关系既是君臣，又是亲人，同属一个利益集团，诰辞娓娓道来，循循善诱，寓理于情，用心良苦，旨在实现统治阶级内部协和一心，共同享有天下的政治目的。民众是君王实现统治的基础，面对与其是统治与被统治关系的普通庶民，诰辞恩威并重，叙事说理既具权威性又便于接受，收拢民心，完成国家的统

---

① 周公旦、康叔封、召公奭，皆周武王之弟、周成王之叔。武王死后，成王继位，周公摄政，周公是德高望重的朝中重臣，地位高于康叔、召公。

治功能。面对殷商旧部臣民,则强调代天发诰,义正词严,用不可辩驳的"天命论"摧毁殷人的反抗意识,指出服从周朝统治是其唯一出路,实现王朝一统天下的政治理想。

六、典:叙嘉言善政以示常法

典,《说文》云:"典,五帝之书也。"《尔雅·释诂》云:"常也。"《释言》又云:"经也。"典,大册也。古人作文于简上,凡大于二尺五寸者,是为大册,置于丌上,尊阁之。典,属重要文书,通过历史性叙事,叙述先人行迹,记录重要的典章制度、政治规范以及常行之道,以期垂范后世。正是因为"典"的语用功能,"典"体的语言呈现出一些相应的特点:多叙述性话语,少口语,且典雅、精炼、严谨、工整,语言经过反复推敲以表达古人之制。今文《尚书》以"典"为名的篇目仅《尧典》一篇,记录唐尧、虞舜的言行、政绩,弘扬中国古代帝王之大德。文中除少量叙述尧舜功德的文字外,大部分篇幅都是记录君臣对话,反映尧舜选拔任用官吏和禅让帝位的过程。《尧典》目的在于宣扬尧舜之嘉言隽行,以期垂范百代,在上古蛮荒时代逐渐建立起华夏文明。

综上所述,《尚书》"典、谟、训、命、誓、诰"六体是具有共同特征的社会活动中语言活动的集合:君臣间两相告语是"谟",君臣训诫迪理是"训",君上命令臣下形成"命、誓、诰",记先人言行以道常法者为"典"。各体都是规范话语叙事而达到文本制度化的结果,而"典"则是这种制度化的法律条文化的体现。各体具有相对稳定的发生语境,凸显相对固定的人物关系,表达相对一致的人际意义,投射到语篇,表现出语言形式的选择特点。《尚书》的六体不仅仅是六种文类,每一体都是通过语言的规范化使得统治阶级的思想、意识、意志、道德、信念、价值以及范导君臣关系的行为准则成为其意识形态国家机器的一部分。

第二节 《尚书》人际意义的实现形式和功能解读

言语行为发生在具体的社会活动中,不同的情景语境赋予话语情景参数值,这些值形成情景构型,只有当语篇的意义构型与之相适应时,才能实现语言的功能。其中,话语基调这一情景参数就支配着语篇人际意义的表达。根据功能语法,人际意义由语言人际功能承担,通过语言的语气、情态、评价系统表达,在词汇语法层的各级语法单位中皆有体现,如朱永生和严世清(2001:102)就认为人际意义不仅可以通过语气系统和情态系统来体现,还可以通过称呼语、人称代词以及可以表达讲话者态度的动词、名词、形容词和副词的具体词语来体现。这些承担着人际功能的语言系统在现代汉语中有着丰富的表达形式,上溯至商周时期,虽然上古语言风貌与今大不相同,但是语言的本质特征不会改变,它仍然实施着自己构建世界的功能。《尚书》中的语言便是如此。

《尚书》以记言为主,或为互动式对话,或为单方面宣讲,虽成书于语言尚未得到充分发展的上古时期,然其语言资源已经具备人际功能,能够针对不同的人物关系表达人际意义,实现交际意图。这一点也证明了语言元功能是语言的本质特征。《尚书》各篇据其体式可粗略地划分言语行为中的人际关系和交际功能:君臣谋言(谟)、君臣训言(训)、君命臣言(命、诰、誓)。其中,谟、训、命、誓所涉篇目不多,交际双方关系单一。诰,是《尚书》主体,交际双方关系较为复杂:发诰者,或为君王,或为摄政重臣;受诰者,或为与君王有亲属关系的臣子,或为与君王无亲属关系的群臣,或为殷商旧臣,或为普通民众。《尚书》各篇都有发生的具体语境,不同情景语境中言语者不同的身份地位,与听者的关系,以及言语行为或协商或训诫或忠告或誓师等不同的交际意图,都影响和制约着语言的选择,而这些语言选择也在一定程度上反映出各体的语言特点。下面从各语言系统的人际功能实现的视角考察《尚书》语篇如何选择语言资源实现人际功能,通过这些语言资源又是如何表达言语者期望表达的人际意义、构建社会结构和关系的。

一、《尚书》人际意义的实现形式

(一)人称系统

1. 称呼语

作为社会中的人,定位于一定的社会结构中,由此形成不同的身份,同时他们又与周围人有着千丝万缕的关联,形成不同的社会关系。其中,有些身份、关系是相对稳定的,如职业身份、亲属关系等,而事态发展或情景变化,可以引起身份特征和社交关系的变更,使其具有动态性特点。这些语域值的变化在语言中较为直接地体现为称呼语的不同选择和运用。

称呼语是一种特殊的语言符号,它不但具有一般符号所具有的指称功能,还包含交际双方的某种关系,如平等、疏远、亲近等关系,反映交际双方的身份、年龄、职业等特征,展示说话人的思想、感情、态度等。在人们的日常交往中,称呼起着极其重要的作用。人们在交际过程中,通常最先说出的话语是对听话人的称呼(陈松岑,2001:18),它是传递给对方的第一信息,称呼语不适当,将会影响交际的顺利进行。称呼语恰如其分是言语交际的重要准则之一。人际功能是人们用语言与其他人交往,用语言来建立和保持人际关系,用语言来影响别人的行为,称呼语是言语交际中传达人际意义的重要手段。称呼语对人际关系有着敏锐的反应,在交际中,称呼语传达的意义是多方位的,同什么人交际,应称呼什么,既取决于他们各自的身份,也取决于他们的相互关系,以及交际者的感情和态度。可见,称呼语能够表达言语活动参与者的角色关系、社会地位、亲疏关系及权势关系,以及说者对听者的思想感情。称呼语是体现人际意义的重要手段:一方面,说话者根据交际场合的正式程度和交际双方的社会角色、地位、亲疏关系等语境参数使用不同的称呼方式,设定自己与交际对象的关系,便于展开交谈;另一方面,听话者根据说话人的称呼形式进行某种推测,摆正自己在对话中的角色关系,预测说话人的交际意图,在心理上做好参与交际的准备,调整自己的语言形式,以达到交际目的。当然,称呼语生成于各自的语言社会,反映并受制于某一民族的传统文化、历史积淀以及社会结构关系。

《尚书》语篇中有大量的人物话语,言语者根据交际对象的不同身份地位、与己关系等对称呼语做出了相应的选择,使言语者在社交活动中表达、建立双方关系以实现交际目的。

《皋陶谟》是我国上古最早最完整的政务会议记录,记载了远古社会一次民主生活会上的"君臣谋言",君上和臣下之间就共同的政治目标商讨治国方略。文章前半部分记录皋陶和禹之间的对话,两位都是帝舜的大臣,平级关系,权势距离相当,似乎两者间无须客套的敬称谦语,因此,这部分对话中没有出现一个称呼语,表达出彼此之间平等的地位和亲近的人际关系。文章后半部分主要记录帝舜和禹之间的对话,对话双方是上下级关系,权势关系是不对称的:作为臣下的禹对称舜时皆用"帝",以表现出下对上的敬畏;作为君上的舜,虽为地位至高无上的帝王,但在与自己亲近的大臣讨论国事的语境中,频频使用直呼其名的方式称呼对方,以拉近彼此间的距离,君臣之间互勉互励、和乐融融,民主和谐的气氛使得君臣相谋的目的顺利实现。

《高宗肜日》记祖己训上之词,属于臣谏君言之"训"。本篇中说话人祖己是祖庚的贤臣,为了巩固君王的统治训导祖庚,言辞恳切委婉,由于说者和听者的权势距离,祖己对称祖庚皆用"王",既能维持两者之间在社会政治结构中的等级关系,又能充分表达对帝王的敬意,使其更容易接受劝谏之词,达到训上的目的。

《甘誓》《汤誓》《牧誓》《费誓》均是军队出征前将领誓师之词。作誓者与听誓者间社会距离大,作誓者面对各级军士呼告,需将所有听誓者纳入称呼范围内,不可顾此失彼,以使上下齐心,保证战争胜利。如《费誓》中"人(无哗)"、《汤誓》中"(格)尔众庶"皆囊括所有在场的听者。《甘誓》中"六事之人",言六军军吏以下及士卒。《牧誓》中"我友邦冢君御事,司徒、司马、司空,亚旅、师氏,千夫长、百夫长,及庸、蜀、羌、髳、微、卢、彭、濮人"尤为典型。周武王誓师时,将所有将士按其官级高低,甚至按其地域来源,一一罗列而出,不厌其烦,反映了周武王的诚意和敬意,使得在场者瞬间获得了一种存在感、归属感,此外,武王姬发在誓词中自称为"发",极大地拉近了与将士之间的距离,显得亲切、平易近人,成功地凝聚军心,赢得战争胜利。

《文侯之命》是周平王对晋文侯的策命文书。平王时期,周室衰微,晋文侯辅佐平王平定戎乱,东迁洛邑,系有功之臣。策命中,平王称呼文侯皆用对同姓诸侯中尊长的称呼"父"加上晋文侯的字"义和"或直称"父",可见其对晋文侯所寄的深厚感情和依仗之义。周平王虽贵为天子,然而在当时周室势力急剧衰弱的情况下,其权势地位已大不如前,策命中平王自称"予小子",显得自谦有余,权威不足。君王这样抑己尊人,一来褒奖功臣,表达对老臣的敬重,二来表达出自己的处境,恳请老臣们继续辅佐,以"永绥在位"。

《盘庚》《大诰》《康诰》《酒诰》《君奭》《洛诰》《召诰》《多士》《无逸》《多方》《梓材》等皆属诰体,或为统治者对臣民的讲话,或为上级对下级的指示,是《尚书》的主体,各篇发生的具体语境和人物关系存在差别。

《盘庚》以发诰者为篇名。盘庚,成汤的第十世孙,祖丁的儿子,继承哥哥阳甲的帝位,是商的第二十位君王。他为了避免水患,复兴殷商,欲率领臣民把国都迁到殷,但遭到了来自各方的反对。盘庚多次诰喻臣民,极言迁都的好处、不迁的害处。史官记录盘庚诰词,写成《盘庚》。《盘庚》上篇、下篇告群臣,中篇告庶民。盘庚在诰谕中对称诰谕对象为"汝众、尔众、尔百姓",自称为"予一人、予冲人",他称不欲迁徙者为"小民、忴民",这些称呼非常契合当时的语境,反映出作者想要表达的人际关系、情感态度和语用目标。对称、自称都用复合式称呼语,意为"你们大家、我一个人、我这一个年轻人",有意拉开彼此间的人际距离,将自己放在被众人孤立的地位上,既批评众臣不忠于君令其心碎,又使自己显得年幼无援而博取同情,还强调出作为独一无二的君王的责任和地位,以赢得众人信任和无上权势。他称"小民、忴民"出现在对群臣的告语中,指不欲迁徙的庶民,显出贬抑之义,也提醒大臣不要与小民为伍,不要站到君王的对立面上惹人厌恶。而中篇对庶民的告语中,盘庚并未称其为"小民、忴民",仍用"汝众"对称,皆出于面对不同对象时的语用需要。

《大诰》为广泛诰谕之诰词。周公摄政期间,为平定三监及淮夷的叛乱,代表年幼的成王在出征前劝导邦君庶士顺从天意、同心同德、征讨叛军,诰谕对象为周朝及其属国的各级官员。篇中周公以成王口吻自称皆为"予小子、予冲人",适当降低自己的权势地位,突出表达成王年幼亟须众臣支持辅佐之心,同时也暗示成王年纪虽小却能顺从天意完成文武之业,那么,"我友邦君越尹氏、庶事、御事"这些"老旧人"怎能不尽力完成"前宁人"之功业?

《康诰》《酒诰》《梓材》三篇都是周公对康叔的诰词。周成王讨伐管叔、蔡叔以后,把殷商遗民封给康叔,封其为卫君,周公根据成王的命令告诫康叔治理卫国的原则、政策、刑罚准则等,写了《康诰》《酒诰》《梓材》。卫康叔名封,是周武王的同母少弟,与周公旦也有亲属血缘关系。周公向康叔发诰,身份既是大臣,又是兄长,因此,两者之间虽为上级和下级,但权势距离不大,关系亲近。周公称呼臣弟康叔基本都用直呼其名、号的方式,如"孟侯、封、小子封",尽显兄长对少弟的关切和良苦用心。

《召诰》以发诰者命名,召公名奭,周武王之弟,成王之叔。此篇记录

第四章 《尚书》人际意义的理解与传译

召公在成王巡视营建新邑情况时对成王的诰词。发诰者是臣下、长辈，发诰对象是君上、晚辈。篇中对称成王皆用"王"，且无一对称代词；自称为"予小臣"。成王虽为召公之侄，但地位已达等级和权势的顶点，在官本位的宗法等级制度中，等级思想凌驾于其他关系之上，操控了亲属之间的称呼，即使召公是长辈，在成王面前也要毕恭毕敬、谦逊谨慎，不可有半点僭越。而称呼同为臣子兄弟的周公为"旦"，可见其间几乎平等的权势关系和亲密友爱的思想情感。

《洛诰》以诰词的主题名篇。成王将由周公居洛、治洛的决定册告天下，其内容大多是成王与周公对居洛、治洛之事的对话，他们之间的关系既是君臣又是叔侄。对成王而言，周公是摄政七年的顾命大臣，又是血缘相亲的叔父，因而对周公礼敬有加，皆敬称其为"公"，而以"小子、冲子"自称；对周公而言，成王贵为帝王，也是侄儿，是自家王朝的继承人，因此，周公称成王多为"王"，以名自称为"旦"，保持着人际结构关系，偶尔称成王"孺子"，表达了长辈对晚辈疼爱关切的情感态度。

《君奭》以发诰对象名篇，君奭即召公①。此篇是周公赞赏召公非天命说的看法时，对召公的答词。召公与周公旦是兄弟关系，并同朝为臣，不论在政治结构还是在家族结构中，两者基本是平级关系。篇中周公对召公或尊称其为"君奭""君"，或官称其为"保奭"②，而自称却用"小子旦、小子"，既体现了人际关系，又反映出中国文化"贬己尊人"的礼貌原则。

《多士》《多方》皆以发诰对象为篇名，"多士"指殷商旧臣，"多方"指不服从周王朝统治的各国君臣，两篇均为周公代成王发诰，诰谕双方是统治者和被统治者的关系，权势距离悬殊极大。对称用"尔殷遗多士""尔多士""尔殷多士""尔四国多方惟尔殷侯尹民"，其余提到对方使用了大量对称代词"尔"，有意拉大双方距离。此外，中国古代文化认为对尊辈使用人称代词是不礼貌的事情，而这里大量对称代词"尔"的出现反映出发诰、受诰双方尊卑贵贱，发诰方高高在上、不可一世。

2. 人称代词

说话人采用什么样的人称代词指称自己和对方也具有明显的人际动因。在许多语言中，人称代词的选择是受交际双方的社会地位、权力

---

① 君，古时对人的尊称。奭，召公名。
② 保，召公官名。

关系影响和限制的。有学者认为人称代词的选择与"说话者与听话者在其地位一致的连续体中所起的作用以及政治家运用人称代词系统来表明他在特定的意识形态团体中的一致"相关(梁艳华,2004),说话人可以通过选择一个人称代词以一种微妙的方式表示人际意义。不同的人称代词的使用表明说话者与所指对象之间的不同地位身份、权势距离,也显示了说话者的情感、态度和立场。

语言的基本功能存在于任何种类、任何时期的语言中。汉语在辽阔的空间和漫长的时间里演变发展,上古汉语虽与现代汉语在形态上有很大的差别,但是它的表达形式仍然是语言元功能的实现者。今文《尚书》是商周古文,其人称代词系统中,自称代词有"我、予、朕、卬、台、吾",其中"我"(196见)、"予"(146见)、"朕"(58见)为高频自称代词,"卬"(2见)、"台"(1见)、"吾"(1见)是低频词,对称代词有"女/汝、尔、乃、而",其中"女/汝"(148见)、"尔"(161见)为高频对称代词,"乃"(66见)、"而"(4见)是低频词①。它们不仅可以指称人物、衔接上下文,而且能够传达人际意义,表达说话人希望维系的人际关系和对听者的情感态度,从而达到言语行为的目标。

人称代词的选择与听说双方的权势地位密切相关。王力(1980:320)称:"汉族自古就以为用人称代词称呼尊辈或平辈是一种没有礼貌的行为。自称为'余'、'我'之类也是不客气的。"低权势者在高权势者面前自称"我、予、朕"等是不礼貌的,同样,低权势者也不能用对称代词称呼高权势者。因此,今文《尚书》各篇说话人面对不同语境和人物关系时使用自称和对称代词的频率是不一样的,受双方权势地位的限制。

首先来看自称代词的情况。《高宗肜日》是臣下训诫君上的训体,篇中无一自称代词。《皋陶谟》是臣臣之间、君臣之间商讨谋划的谟体,臣下面对君王自称时使用代词仅6见。《文侯之命》是君王对臣下的策命,君王使用自称代词7见。誓体诸篇大多是高级将领在军队出征前面对广大军士的大声宣讲,由于讲话内容和当时情景,宣讲者自称代词的使用频率不高,其中《甘誓》3见,《汤誓》8见,《牧誓》1见,《费誓》1见。《秦誓》与其他四誓不同,并非用于军旅,而是秦穆公在群臣面前的悔过誓词,自称代词略高,共10见。诰体多为权势高者对低者的诰语,自称代

---

① 本研究中人称代词的人际意义分析以高频自称、对称代词为主。

词使用频率最高,诰体篇目最多,所涉人物关系最复杂,大体分为三类:第一类,听说双方权势地位悬殊,是上对下的关系,如《盘庚》是帝王对不欲迁都者,使用自称代词46见;《大诰》是以帝王口吻对不欲出征平乱者,使用自称代词27见;《多士》《多方》是对不服从周朝统治者,使用自称代词分别为22见、12见。第二类,听说双方权势地位近乎平等,如《康诰》《酒诰》《梓材》《君奭》诸篇均为同朝为臣的姬姓兄弟,自称代词的使用总计31见。第三类,说者权势地位低于听者,如《召诰》《无逸》,均是臣下对君上的告语,自称代词用例较少,共9见。可见,面对权位高于己者,说话人使用自称代词较少,以示礼貌,并且标识和维系了言语活动中人与人的社会关系。

再来看对称代词的情况。古人对话中常用尊称代替对称代词,认为用人称代词称呼尊辈或者平辈不符合人物身份,也是一种不礼貌的行为,因此,面对权势高的对方常常尊称对方的爵位、职衔、身份、字号,或尊称对方以美德之辞。今文《尚书》中大部分篇章都是权位在上者对在下者的演讲,其中对称代词用例很多,如《盘庚》中对称代词用例多达81处,《大诰》15处,《多士》35处,《多方》54处。然而,下对上的话语中对称代词的使用就远远少于前者,如《高宗肜日》记载的臣下训王的话语中没有一个对称代词;《西伯戡黎》祖伊向纣王进谏过程中称呼对方"天子",仅见的3个对称代词也是祖伊见纣王不知悔改时情急愤怒而出;《召诰》是召公向成王汇报工作,面对天子皆用"王"称,无一对称代词;《无逸》是位高权重的摄政大臣周公对成王的告诫,全篇对称代词仅4例。《洛诰》大部分篇幅记录周公和成王的商议,周公在众臣中的地位极高,可谓"一人之下,万人之上",与成王又是叔侄关系,成王对他尊敬有加,两人对话中也少用对称代词,更多地称呼对方为"王、公"。夏先培(1999:128)在《左传交际称谓研究》中统计第二人称代词时指出:"在语用限制方面,第二人称代词比第一人称代词更为明显而严格。从前文的讨论可知,'女'不用于下对上;'尔'和'而'用于下对上分别只有1例和5例,而这几例又都是有特殊背景的。"上古汉语对称代词的这种人际功能随着语言发展保留了下来,现代汉语中对称时用"你"相比前代有所增多,地位差不多者互称时多用,上对下时也常用,但下对上时这种称呼还是比较少见的。现在我们称呼尊辈也常用"您",或用职务称谓,而较少直接用第二人称"你"。对称代词的选用受制于并反映出话语双方的地位和身份特征,在维系、建立人际关系和社会结构方面同样发挥了重要的作用。

人称代词的选择与言语双方人物身份地位有关,它们作为语言形式本身也具有感情色彩,使说话人能够根据自己与听者之间的情感和心理距离选用不同的人称代词,以表达话语的人际意义。

今文《尚书》中高频自称代词"我、予、朕",除了格位和单复数方面的区别外,还能表达不同的思想感情。"我",从手,戈声。"手"是古"垂"字。郝懿行说"古人谦卑,凡自称我必下垂其身,故曰'施身自谓'也。"可知,"我"本来就是一个表自谦的自称代词。先秦文献中"我"与表尊称的"予"对举时,自谦之意尤明。以《庄子》为例,《天道》:"子,天之合也,我,人之合也。"(钱宗武,2004:121)《天运》:"予年运而往矣,子将何以戒我乎?"(钱宗武,2004:121)"子""我"对举,"子"表尊称,"我"表谦称。今文《尚书》中,"我"多用于表自谦,"予"大致表自尊,"朕"则多表现庄重语气。诸篇中,上对下的话语中运用自称代词"予"的频率高于"我",保持自己较尊贵的地位。平级之间的告语则多用"我"自称以表谦逊。下对上的话语中,如上文所述,少用自称以示对对方的尊敬,即使有自称代词的用例,也多用"我"以示卑逊。再以《周书·多士》为例。"我",15见,多表谦恭,如"非我小国敢弋周命""我其敢求位?";"予",13见,表自尊,多有使令义,如"予惟时其迁居西尔""予惟时命有申";"朕",3见,多凝重庄敬,如"昔朕来自奄""今朕作大邑于兹洛"。

除自称代词外,今文《尚书》中的高频对称代词"汝、尔"也具有感情色彩,且与自称代词"予、我"在情感表达上有对应关系。"汝"多用于表示亲热或尊重的语境;"尔"多用于表示谦恭或训诫的语境。《周书》的《康诰》《梓材》《无逸》《君奭》诸篇,主要为周公对康叔、成王和召公奭的劝告问答之词,言语双方皆为周王室成员,对称皆用"汝",而《周书》的《多士》《多方》,周公训诫的对象主要是殷商旧部和不服从周王统治的各国君臣,对称皆用"尔",《多士》34见,《多方》52见,无一个"汝"字。随着时间推移,文言对称代词"汝、尔"情感表达的区别逐渐模糊,趋向单一,但认识它们在一定历史时期所发挥的功能对在现代语境下解读它们具有重要的意义。

(二)语气(情态)系统

存在于社会关系网络中的人通过语言进行各种社会活动,语言是人们交流的工具,承担着诸多功能。在交际过程中,发话者运用语言表达人们在现实世界中的各种经历(概念功能)和人与人之间的相互关系(人际功能),并通过连贯的语篇(语篇功能)将概念意义和人际意义现实化。(苗兴伟,2004:5)在人际功能层面上,交际参与者通过人际意义潜势所提供的语法资源在互动中建构语篇。根据功能语法,体现语言人际功能的语法资源主要有语气系统和情态系统。

言语行为中,说话者总是扮演一定的话语角色,同时给予受话者在接下来的对话中应承担的角色。(Halliday,2004:106)交际参与者的话语角色多种多样,可归纳为两种最基本的类型:(a)给予(giving);(b)索取(demanding)。交际过程中的交换物也可分为两类:(a)信息;(b)物品和服务。话语角色和交换物四个变项交叉组合便出现了交际过程中的四个言语功能:陈述(给予信息)、提问(索取信息)、提供(给予物品＋服务)、命令(索取物品＋服务)。交际过程实际上就是交际参与者交流信息或物品和服务的过程。语言交流的基本单位是小句。在以信息为交流物的互动过程中,小句以"命题"的形式出现,成为可议论的概念,如可以被肯定或否定,也可以被怀疑、反驳、改动等。在以物品和服务为交流物的互动过程中,小句则以"提议"的形式出现,因为提议不像命题那样可以被肯定或否定,而是被执行或拒绝。

言语功能与语气之间存在着密切的关系,一般情况下,某一语气往往与特定的言语功能相对应:陈述功能通常由陈述语气表达,提问功能通常由疑问语气表达,命令功能通常由祈使语气表达,感叹功能通过由感叹语气表达。语气结构包括两个部分:语气(mood)和剩余成分(residue)。语气包括主语和谓语动词的限定成分(finite),剩余成分包括附加语、补语和谓语动词。主语表示命题的叙述对象,由名词词组充当。主语在命题中带有很重的语义负荷,因为它是肯定或否定一个命题的基点,是对命题或提议的有效和成功负责的成分。限定成分指表达时态(is、has等)或情态(can、may、must等)的助动词,限定成分的作用就是限定命题,使其成为实际存在的可议论的概念,对命题议论提供时间和情态两个参考点。语言形式不是任意的,它受意义支配并反映意义。考察会话的语气就是为了分析说话者如何通过语气选择来表达个人见解,以使个人的价值得到认可,态度和判断得到支持,良好的社会关系得以确定,更重要的是影响和改变他人的态度和行为。语气系统是实现言语功能的主要方式,也是表达人际意义的重要语法资源。

实现语言人际功能的另一个重要语法资源是情态系统。语气系统中的归一度表达肯定和否定两个极端,而肯定与否定这两极之间存在中间程度或状态,如可能性的大小和意愿的强弱等,这样的意义空间就是由情态系统表达的。

在信息的交流中,"命题"意义的归一度表现为肯定或否定,在"是""非"两极之间通常存在着诸如"可能、或许、有时、经常"之类的中间状态或情态空间(modal space)。这时,归一度中间的情态空间表现为两种情况:不同量值的概率,如"可能、或许、一定、大概"等;不同量值的频率,如"有时、经常、总是"等。

情态是体现人际意义语气系统的一个子系统,表达说话者在陈述和疑问中对命题真实性所做的判断,以及在命令中要求对方承担的义务和在提议中所要表达的个人意愿。

人们在交际中运用这些语法资源实现人际关系的建构和维系,表达自己的态度和立场,影响他人的行为和观点。语言的人际功能及其实现方式不仅适用于英语,同样也适用于汉语。有汉语研究者提出,说出来的一个句子实际上含有两个部分:一个是表示句子所述事情现象的部分,一个是不改变句子所述事情现象的内容,只表示对所述事情现象的认知方式及发话人传递态度的部分。前者实际就是语言的概念意义,后者主要指句子的语气,表达语言的人际意义。将汉语中的概念意义、人际意义看成由句子的不同部分割裂开来表达,是汉语句子的表面形式给人的直观印象造成的。由此可见,语言元功能是语言的普遍性质,然而由于语言的类型区别,同样的功能,其表达形式却各不相同,甚至形态迥异。

汉语作为人类的一种语言,其人际功能同样主要由语气系统实现,且语气种类与其他语言基本一致,只是在表达手段上有一定的差异性。这一点,中国汉语研究者很早就有了认识。如袁仁林在《虚字说》中明确指出,语气词的意义虽然虚,但并不是没有意义,其意义不在表示具体的事物,而在于表现了说话人的神情语气这一功能上。此外,他还最早进行了不同语言间语气的对比,指出语气的种类和功能在所有语言中具有普遍性,而在表达手段上有差异性。

在汉语语法研究中,把语气作为一种语法范畴予以明确界定并做系统的研究,是很晚的事情,并且一开始直接受到了西方语法的影响。王力(1985:228)在《中国现代语法》中说:"咱们说话的时候,往往不能纯然客观地陈说一件事情;在大多数情形之下,每一句话总带着多少情绪。……凡语言对于各种情绪的表示方式,叫做语气。"吕叔湘(1982:257)认为"语气"有广狭两解。广义的"语气"包括"语意"和"语势"。所谓"语意",指正和反,定和不定,虚和实等区别。所谓"语势",指说话的轻或重,缓或急。狭义的"语气",指"概念内容相同的语句,因使用的目的不同所生的分别"。他提出的狭义语气,正是我们语法范畴所要讨论的语气。齐沪扬(2002:20—21)在《语气词与语气系统》的开篇称:"我们认为,语气是通过语法形式表达的说话人针对句子命题的一种主观意识。"齐沪扬将语气分成两种:功能语气和意志语气。功能语气是"表示说话人使用句子要达到的交际目的",有四大类,即传统的陈述、疑问、祈使、感叹。意志语气是"表示说话人对说话内容的态度和情感",有可能、能愿、允许等类。贺阳(1992:59—65)对汉语书面语的语气分类也与此类似,有功能语气、评判语气、情感语气。后两者大致相当于齐沪扬的意志语气。

不难发现,汉语中对于语气的定义、分类大多从语气的功能出发。汉语研究中的语气是一个非常宽泛的概念,不仅包括西方所说的语气(mood)和情态(modality)两方面的内容,还包括其他虚词所表达的态度情感,基本上等同于系统功能语言学的人际功能。

汉语的分析性特征决定了汉语缺乏印欧语系所具有的形态变化,不可能像英语那样用主语和限定词的位置变化表现各种语气。然而,一种形式的缺失必然会用另一种形式来代替。对于汉语语气(情态)的表达手段,上百年的研究已经确认,语气词和叹词等虚词、情态动词、某些副词、某些句式、语序、语调等都不同程度地起到传达语气(情态)的作用。在共时层面,汉语与其他语言有类型学上的区别;在历时层面,汉语自身在不同历史阶段,也彰显了历时特征。上古汉语用不同的形式表层表达出共同的语义底层。

《尚书》成书于远古,其中语言已经承担起各种交际功能,服务于人类社会,这一点也是由其本质决定的。但《尚书》毕竟是唐虞三代之文,表达相同的意义底层时所呈现的外部形态已经发生了巨大的改变。

《尚书》的语气系统实现语篇的人际功能。首先,由于以中国为代表的东方文化属于高语境文化,其语言、文学、人际交往中重"意会、领会,尚象",尚"言象互动"①,因此,汉语(尤其是上古汉语)重"意合"的语言特点使得不少语气的表达处于隐性状态,没有显性的形式结构,它们的表义功能具有较强的语境依赖性,所表达的语气、情态等意义往往需要借助情景语境和上下文方能识别。随着表达的需要和语言的发展,逐渐生成了一些助成语气的标志成分和结构,是语气的指示标记,在其作用下,具体语境反映的各种语气会更加明确。今文《尚书》是一部言论集,口语为主,对话丰富,善于运用各种语气以实现言语功能,描摹人物声气神态,表达人际意义。其语气系统可以由语气词、副词、疑问代词、叹词等来标识、表达和强化。此外,今文《尚书》中存在语气隐喻现象,不同的语气实现同一个言语功能,能够更好地表达交际者的情感、态度,实现更好的语用效果和交际意义。《尚书》中对语气意义的表达有标志作用的语言成分详释如下。

1. 语气词

语气词,在很多语法著作中称为句末语气助词(与句首、句中语气助词相对),是文献语言中的高频虚词。今文《尚书》中的语气词有9个:"哉、若、矣、焉、乎、已、止、其、所"。其中"哉",74见;"若",10见;"矣",7见;"焉",4见;"乎、已、止、其、所",各1见。可见,今文《尚书》中,"哉"是高频语气词,"若、矣、焉"次之,"乎、已、止、其、所"是低频语气词。全部语气词出现的频率正好为100次,约占全书总字数的一百七十分之一。它们施展其语用功能,置于句末助小句形成各种语气。并且,上古语气词兼职多,同一个语气词可以表达多种语气,同一种语气也可由不同的语气词来表达。

---

① 重非语言信息的高语境文化与重语言信息的低语境文化各有其历史文化哲学渊源,高语境文化产生于东方国度,儒道佛三家文化是它的文化源头;低语境文化产生于西方国度,古希腊赫拉克利特的"逻各斯"与苏格拉底、柏拉图和亚里士多德的逻辑、理性、辩论术是它的文化发源之处。高语境文化与低语境文化及交际的特点,路斯迪格(M.W. Lustig)等学者曾加以概括。高语境文化:(1) 内隐,含蓄;(2) 暗码信息;(3) 较多的非言语编码;(4) 反应很少外露;(5) 圈内外有别;(6) 人际关系紧密;(7) 高承诺;(8) 时间处理高度灵活。低语境文化正好与之相反。相关内容可参阅贾玉新:《跨文化交际学》,上海:上海外语教育出版社,1997年;张廷国:《"道"与"逻各斯":中西哲学对话的可能性》,《中国社会科学》,2004年第1期。

(1) 助成陈述语气的有"哉、矣、焉、已、止"。

"哉",《说文》:"哉,言之间也。"《正字通》:"在句末者,为语已辞。"如:

> 天叙有典,敕我五典五惇哉！天秩有礼,自我五礼有庸哉！同寅协恭和衷哉！天命有德,五服五章哉！天讨有罪,五刑五用哉！　　　　　　　　　　（《虞夏书·皋陶谟》）
> 臣哉邻哉。邻哉臣哉。　　　　　　（《虞夏书·皋陶谟》）

"矣",《说文》:"语已词也。"《词诠》:"矣,语末助词,表已然之事实。"(杨树达,1954:359)马建忠(1983:341)指出:"'矣'字者,所以决事理已然之口气也。"如:

> 拜手稽首,告嗣天子王矣。　　　　　（《周书·立政》）
> 予旦已受人之徽言咸告孺子王矣。　　（《周书·立政》）

"焉",《玉篇》:"语已之词也。"柳宗元《复杜温夫书》:"焉,决辞也。"《词诠》:"语末助词,表决定。"(杨树达,1954:393)如:

> 为坛于南方,北面,周公立焉。　　　　（《周书·金縢》）

"已",置于句末,主要表示陈述语气。《经传释词》:"'已'为语终之词,则与'矣'同义;连言之则曰'已矣'。……颜师古注《汉书·宣帝纪》曰:已,语终辞也。"《词诠》:"已,语末助词,表决定。"如:

> 公定,予往已。　　　　　　　　　　（《周书·洛诰》）

"止",《词诠》:"语末助词,表决定。"《古书虚字集释》:"止,犹'矣'也。'止'与'之'古同音,故'之'训'矣','止'亦训'矣'。"如:

> 尔乃尚有尔土,尔乃尚宁干止。　　　　（《周书·多士》）

123

语气词可能最早的语用都是用作句子标识的。(钱宗武,2004:313)"哉、矣、焉、已、止"等语气词除了助成陈述语气实现言语功能外,还能表达一定的话语态度、情感和语势,甚至可以表达时态。"哉"在陈述中就有使话语具有轻重缓急之语势和调节音节的作用。"臣哉邻哉。邻哉臣哉"句中的"哉"舒缓口气,两句句末的"哉"加强判断效果。《先秦语法》:"清课虚斋主人《虚字注释》云:焉,语终词,比'也'轻,如'心不在焉'之类。这类'焉'字总是表示行为、动作的结果,在时间上表示某一行为、动作已经完成或已经过去。"(易孟醇,1989:426)"矣",已然之口气,俗间所谓"了"字。凡"矣"字之助句读也,皆可以"了"字解之,同样表示动作的完结。"已、止"皆犹"矣"。

(2) 助成祈使语气的有"哉、焉、矣"。

"哉",《助字辞》:"句绝而有嗟叹之意。"(王克仲,1988:16)《古汉语同义虚词类释》:"哉,表祈使语气而叹义犹存。"(余德泉,1993:617)今文《尚书》"哉"表祈使语气共 39 见,多表示劝告、勉励、希望,少数表示命令、禁戒。"哉"字惟妙惟肖地刻画了人物的态度、心情、神态。如:

钦哉！钦哉！惟刑之恤哉！	(《虞夏书·尧典》)
俞,往哉！汝谐。	(《虞夏书·尧典》)
彰厥有常吉哉！	(《虞夏书·皋陶谟》)
尚皆隐哉！	(《商书·盘庚下》)
夫子勖哉！	(《周书·牧誓》)
呜呼！肆哉！	(《周书·大诰》)
封,汝念哉！	(《周书·康诰》)
兹于其明农哉！	(《周书·洛诰》)
无若殷王受之迷乱,酗于酒德哉！	(《周书·无逸》)
自作不和,尔惟和哉！	(《周书·多方》)
今王敬之哉！	(《周书·顾命》)
呜呼！念之哉！	(《周书·吕刑》)
父往哉！	(《周书·文侯之命》)

"焉",《说文》:"焉鸟,黄色,出于江、淮。象形。"《说文解字注》:"今未审何鸟也。自借为词助而本义废矣。""焉"基本做语气词,可表祈使语

气。如：

> 今日之事，不愆于六步、七步，乃止齐焉。(《周书·牧誓》)
> 不愆于四伐、五伐、六伐、七伐，乃止齐焉。
> (《周书·牧誓》)

"矣"，《古书虚字集释》："矣，或为命令之词。"在今文《尚书》中表祈使语气仅有一例：

> 拜手稽首后矣！(《周书·立政》)

(3) 助成疑问语气的有"哉、其、乎"。

"哉"，《词诠》："语末助词，表疑问。"(杨树达，1954：281)《经传释词》："哉，问词也。若《诗·北门》：'谓之何哉'之属是也。"(王引之，1985：182)今文《尚书》中仅有一例：

> 襄我二人，汝有合哉？ (《周书·君奭》)

"其"，《词诠》："其，语末助词，表疑问。"(杨树达，1954：163)《经传释词》："其，问词之助也。"(王引之，1985：114)今文《尚书》203见，做语气词仅1见，表示疑问语气：

> 今尔无指告，予颠隮，若之何其？ (《商书·微子》)

"乎"，今文《尚书》4见，做语气词1见："帝曰：'吁！嚚讼可乎？'"《说文》："乎，语之余也。"《词诠》："语末助词，反诘时用之。此种有问之形，无问之实。"(杨树达，1954：163)这便属于语气隐喻。此句的上下文语境是，帝尧询问众臣能被提升任用的人选，尧臣放齐推举尧子丹朱，帝尧反对说："吁！嚚讼可乎？"此语并非就丹朱能否担当大任存有疑问而进一步索求信息，其真正的言语目的是提供信息，表明丹朱说话虚妄，又好争辩，绝对不可以担任要职。这里提供信息没有用陈述语气，而用疑问语气，从一个语气域向另一个语气域转移，表达同一种言语功能。这种转移,称为语气隐喻。用疑问语气这种"非一致式"表达"提供信息"的言语功能,是为了取得特殊的语用效果,语气强烈,不容置疑。

(4)助成感叹语气的有"哉、矣、焉"。

"哉",《语诠》:"语末助词,表感叹。"(杨树达,1954:280)《经传释词》:"哉,叹词也。或为叹美,或为嗟叹,随事有义也。"可见,"哉"置于句末,助成感叹语气,根据话语语境的不同,还可细分为赞叹、称叹、忧叹和悲叹。如:

禹曰:俞哉!(赞叹)　　　　　　　　(《虞夏书·皋陶谟》)

元首明哉!股肱良哉!庶事康哉!(称叹)

(《虞夏书·皋陶谟》)

元首丛脞哉!股肱惰哉!万事堕哉!(忧叹)

(《虞夏书·皋陶谟》)

允蠢鳏寡,哀哉!(悲叹)　　　　　　(《周书·大诰》)

"矣",《词诠》:"语末助词,助词或句,表感叹。"(杨树达,1954:394)如:

逖矣,西土之人!　　　　　　　　　　(《周书·牧誓》)

"焉",《经传释词》:"状事之词也。"(王引之,1985:37)《词诠》:"焉,语末助词,表感叹。"(杨树达,1954:394)如:

如有一介臣,断断猗无他技。其心休休焉,其如有容。

(《周书·秦誓》)

2. 副词

副词,一般表示动作或状态的各种特征。今文《尚书》所录诸篇多为君王文告或君臣对话,口语语体明显,由于缺乏句末语气助词,交际者的语用目的、态度情感往往通过其他的方式加以表达。语气副词和否定副词是今文《尚书》中传达人物语气,描摹人物神态、情感以实现语用功能的又一方式。

(1) 语气副词有"其、尚、惟、庶、乃、敢"。其中"其"用作语气副词凡84见;"尚",14见;"惟",16见;"庶",2见;"乃",10见;"敢",3见。

助成祈使语气的有"其、尚、惟"。

"其",《经传释词》:"犹'尚'也,'庶几'也。"《词诠》:"其,命令副词。"《尚书易解》:"其,庶几也,表祈使语气。""其"作为语气副词,可以助成祈使语气,完成交际者索取物品或服务的言语功能,并且"其"在不同的语境中可分别出或劝告或希望或命令等不同的感情色彩和情态意义,可译为"要、希望、愿、应当、一定、必须"等。如:

帝其念哉! （《虞夏书·尧典》）
庶士有正越庶伯君子,其尔典听朕教! （《周书·酒诰》）
王其疾敬德! （《周书·召诰》）
其丕能诚于小民。 （同上）
肆惟王其疾敬德! 王其德之用,祈天永命。 （同上）
其惟王勿以小民淫用非彝,亦敢殄戮用乂民,若有功。
　　　　　　　　　　　　　　　　　　　　　　（同上）
其惟王位在德元,小民乃惟刑用于天下,越王显。（同上）
公其以予万亿年敬天之休! （《周书·洛诰》）
孺子其朋,孺子其朋,其往! （同上）
兹予其明农哉! （《周书·洛诰》）
其汝克敬以予监于殷丧大否,肆念我天威。
　　　　　　　　　　　　　　　　　　　　　　（《周书·君奭》）
其汝克敬德,明我俊民,在让后人于丕时。（同上）
其伊恤朕躬。 （《周书·文侯之命》）
其归视尔师,宁尔邦。 （同上）
若稽田,既勤敷菑,惟其陈修,为厥疆畎。若作室家,既勤垣墉,惟其涂塈茨。 （《周书·梓材》）
汝其敬识百辟享,亦识其有不享。 （《周书·洛诰》）
其自时中乂,万邦咸休,惟王有成绩。 （《周书·洛诰》）
继自今嗣王,则其无淫于观、于逸、于游、于田,以万民惟正之供。 （《周书·无逸》）
呜呼! 嗣王其监于兹! （同上）

呜呼！君肆其监于兹！　　　　　　　（《周书·君奭》）
继自今文子文孙，其勿误于庶狱庶慎，惟正是乂之。
　　　　　　　　　　　　　　　　　（《周书·立政》）
继自今立政，其勿以憸人，其惟吉士，用劢相我国家。
　　　　　　　　　　　　　　　　　　　　（同上）
其勿误于庶狱庶慎，惟有司之牧夫。　　　（同上）
其克诘尔戎兵，以陟禹之迹，方行天下，至于海表，罔有不服。
　　　　　　　　　　　　　　　　　　　　（同上）
呜呼！继自今后王立政，其惟克用常人。（同上）
凡尔众，其惟致告。　　　　　（《商书·盘庚上》）
其勿穆卜。　　　　　　　　　（《周书·金縢》）
乃其速由文王作罚，刑兹无赦。（《周书·康诰》）
汝乃其速由兹义率杀。　　　　　　　　（同上）
旦曰："其作大邑，其自时配皇天，毖祀于上下，其自时中乂。王厥有成命治民。"　　　（《周书·召诰》）
惟命曰："汝受命笃弼，丕视功载，乃汝其悉自教工。"
　　　　　　　　　　　　　　　　　（《周书·洛诰》）
公功迪将，其后监我士师工，诞保文武受民，乱为四辅。
　　　　　　　　　　　　　　　　　　　　（同上）
君子所，其无逸。　　　　　　　（《周书·无逸》）
其审克之。　　　　　　　　　　（《周书·吕刑》）

"尚"，语气副词，表祈使语气。《尔雅·释言》："庶几也。"《词诠》："命令副词。"表希望、命令时，可译为"要，希望"。"尚"与"其"皆可助成祈使语气，且语义非常接近。如：

尔尚辅予一人，致天之罚，予其大赉汝！（《商书·汤誓》）
勖哉夫子！尚桓桓，如虎如貔，如熊如罴，于商郊。
　　　　　　　　　　　　　　　　　（《周书·牧誓》）
尚永力畎尔田。　　　　　　　　（《周书·多方》）
呜呼！邦伯师长百执事之人，尚皆隐哉！
　　　　　　　　　　　　　　　（《商书·盘庚下》）

尔尚明时朕言。　　　　　　　　　　　　　　（《周书·顾命》）
今予一二伯父尚胥暨顾，绥尔先公之臣服于先王。
　　　　　　　　　　　　　　　　　　　　　（《周书·顾命》）
尔尚敬逆天命，以奉我一人。　　　　　　　　（《周书·吕刑》）
于民之中，尚明听之哉！　　　　　　　　　　　　　（同上）

"惟"，用在句首或谓词性成分前，表示劝诫、命令、希望等语气，可译为"就会、要、应该、希望"等。今文《尚文》中共有16个用例，如：

自作不和，尔惟和哉！尔室不睦，尔惟和哉！
　　　　　　　　　　　　　　　　　　　　　（《周书·多方》）
虽畏勿畏，虽休勿休。惟敬五刑，以成三德。
　　　　　　　　　　　　　　　　　　　　　（《周书·吕刑》）

(2) 否定副词，今文《尚书》中出现了"不、无、罔、弗、非、勿、未、匪、蔑"9个否定副词。它们除了表示叙述性的否定外，大多还在祈使句中表达禁止、劝阻的语气，也成了助成语气的一种方式，如"勿"（15例）、"无"（62例）、"不"（10例）。

用其义刑义杀，勿庸以次汝封。　　　　　　　（《周书·康诰》）
无作怨，勿用非谋非彝蔽时忱。　　　　　　　　　（同上）
勿替敬，典听朕告，汝乃以殷民世享。　　　　　　（同上）
汝勿佚，尽执拘以归于周，予其杀。　　　　　（《周书·酒诰》）
汝典听朕毖，勿辩乃司民湎于酒。　　　　　　　　（同上）
公勿替刑，四方其世享。　　　　　　　　　　（《周书·洛诰》）
时则勿有间之，自一话一言。　　　　　　　　（《周书·立政》）
其勿误于庶狱庶慎，惟正是义之。　　　　　　　　（同上）
其勿以憸人，其惟吉士，用劢相我国家。　　　（《周书·立政》）
其勿误于庶狱庶慎，惟有司之牧夫。　　　　　　　（同上）
虽畏勿畏，虽休勿休。　　　　　　　　　　　（《周书·吕刑》）
上下比罪。无僭乱辞。勿用不行。　　　　　　　　（同上）

马牛其风,臣妾逋逃,无敢越逐,祗复之,我商赉汝。

(《周书·费誓》)

无教逸欲,有邦兢兢业业,一日二日万几。

(《虞夏书·皋陶谟》)

汝无面从,退有后言。　　　　　　　　　　(同上)
无若丹朱傲,惟慢游是好,傲虐是作。　　　(同上)
无或敢伏小人之攸箴!　　　　　　(《商书·盘庚上》)
永敬大恤,无胥绝远!　　　　　　(《商书·盘庚中》)
无戏怠,懋建大命!　　　　　　　(《商书·盘庚下》)
无偏无陂,遵王之义;无有作好,遵王之道;无有作恶,遵王之路;无偏无党,王道荡荡;无党无偏,王道平平;无反无侧,王道正直。　　　　　　　　　　　　　　　(《周书·洪范》)
无毖于恤,不可不成乃宁考图功。　　(《周书·大诰》)
人无于水监,当于民监。　　　　　　(《周书·酒诰》)

呜呼! 今予告汝:不易! 永敬大恤,无胥绝远!

(《商书·盘庚中》)

不废在王命!　　　　　　　　　　(《周书·康诰》)

今文《尚书》还使用了很多双重否定词,在缺乏句末陈述语气词的情况下,这些双重否定词可以起加强或缓和陈述语气的作用。"罔不、罔非、罔弗、不无、不敢不"有加强语气的作用。如"不无戮于尔邦!"(《商书·西伯戡黎》)此外,"非……非……""不……不……""非……不……"等双重否定形式可以起到缓和语气的作用。例如,"非天不中,惟人在命"(《周书·吕刑》),"予畏上帝,不敢不正"(《商书·汤誓》)。前例中"非……不……"表申辩,语气比一般肯定句更加委婉、深切。后例中的"不敢不"有"不得不"的意思,突出客观压力而非主观强势,缓和人际关系,促成言后行为。

3. 叹词

叹词,是一种表示喜怒哀乐和呼唤应答的词。叹词往往独词成句,总是独立于句子的组织结构之外,不与任何词或句子成分发生结构关系。《马氏文通·正名卷之一》中称:"凡虚字以鸣人心中不平之声者,曰叹字",章士钊始称"叹词"。叹词,用以鸣心中不平之声,或称赞或哀叹,甚至用以应答呼唤时也负载着说话人的感情色彩和语用功能,它不仅能够表现交际者的说话口吻,表达交际者的态度情感,还能够助成语用意义和言语功能。吕叔湘认为:"感叹词就是独立的语气词。"今文《尚书》的叹词一共出现了10个:"呜呼、俞、吁、嗟、咨、已、都、猷、於、噫",词频达108,数量之多在上古典籍中是罕见的,这与《尚书》的内容是史官实录君臣之间"训、诰、誓、命"等有关。叹词是人们用言语交流感情变化的符号形式,《尚书》的叹词就自然较别的文献丰富,使用的频率也比较高。

《马氏文通》指出:"喜怒哀乐之未发,心至平也,有感而应,心斯波矣,波斯不平矣。其感之轻者,心有主焉,于是因所感而成意。此诸字之所记也。感之猛者,心无主焉,于是随所感而为声。此叹字之所鸣也。叹字者,所以鸣心中猝然之感发,而为不及转念之声也。斯声也,人籁也,尽人所同,无间乎方言,无别乎古今,无区乎中外。"(马建忠,1983:382)可见,人类感情涌动,迸鸣出"不平之声",再以文字符号记之,即成叹词,可谓"随事有义""随事见情""因声拟字",久而久之,叹词也逐渐获得了约定俗成的表达人类情感态度的语用功能,能够促成发话人交际目的的实现。同样,叹词的语用意义类型皆在语境和上下文中获得。

(1) 表示祈使:"呜呼"。"呜呼"常出现在发出劝告、希冀、命令的祈使语气小句之前,表达强烈感情,更能加强发话人向受话人索取物品和服务的行事效果,促进言后行为的发生,完成言语功能,实现交际目的。如:

呜呼!君子所,其无逸。(《周书·无逸》)
呜呼!念之哉!(《周书·吕刑》)

(2) 表示呼告:"呜呼、吁、嗟、猷、咨、都、已"。这类表示呼唤的叹词后面直接出现的是专有名词或专有名词词组,表示呼告对象。发话人此时有话要讲,用"叹词+呼告对象"的言语方式,引起听话人的注意,并要求听话人做出听讲的行为,在呼告对象后面其实隐含了台词——"请听我说"。实际上,可以看成说话人"索取服务"的一种言语行为,也是一种祈使,而叹词便助成、催化了这种语气的发生,实现敦促听话人立刻执行

命令的交际目的。甚至,有的"叹词+呼告对象"后面直接出现祈使小句,更能突出这一事实。如:

呜呼!邦伯师长百执事之人,尚皆隐哉!
　　　　　　　　　　　　　　　　(《商书·盘庚下》)
呜呼!封,汝念哉!　　　　　　　(《周书·康诰》)
吁!来,有邦有土,告尔祥刑。　　(《周书·吕刑》)
嗟!六事之人,予誓告汝。　　　　(《虞夏书·甘誓》)
猷!大诰尔多邦越尔御事。　　　　(《周书·大诰》)
咨!四岳。　　　　　　　　　　　(《虞夏书·尧典》)
都!帝,慎乃在位。　　　　　　　(《虞夏书·皋陶谟》)
已!汝惟冲子,惟终。　　　　　　(《周书·洛诰》)

叹词是情感类型的文字诠释,在不同的语境中呈现不同的感情色彩。表示赞美:"呜呼、都、於";表示哀伤:"呜呼、已、噫";表示惊怪:"吁";表示感慨:"呜呼、已、都";表示应答且有肯定赞许之义:"俞"。可见,从《尚书》整体情况看,叹词多"一词多用""一用多词"现象,这与叹词描摹声音,彼此音同、音近旁转相通、音同字异有关。

此外,叹词在各篇中的分布值得一提。《虞夏书》的《尧典》《皋陶谟》两篇中叹词使用频率远高于其余诸篇,分别为26见和17见。这两篇多用"咨、都、俞、吁、於"等叹词和语气词"哉",表现君臣之间各抒己见,互诫互勉。说明在当时的社会生活中,君与臣的地位平等,关系和谐融洽,让人感觉到浓浓的民主生活会的气息,尚未形成主仆式森严的等级关系,不见国家的强权政治,只见部落联盟的民主协商。准确把握叹词的人际意义有助于更加传神地译介《尚书》。

4. 疑问代词

疑问代词,其语用功能十分明显,即助成疑问语气。今文《尚书》缺乏"乎、欤"等疑问语气词,句子的疑问语气主要通过疑问代词表达出来,全书出现的疑问代词有:"畴、谁、何、曷、害、割、如何、如台、奈何"。其中,单音疑问代词6个,凡81词次;复音疑问代词3个,凡8词次。

"畴",《说文·口部》释为"谁也"。《尔雅·释诂》:"畴,孰,谁也。"今文《尚书》"畴"做疑问代词5见,皆见于《虞夏书·尧典》,如:"畴咨若时登庸？"

"谁"，甲骨文和金文中没有出现"谁"。今文《尚书》可能是"谁"的始见文献，《虞夏书》的《皋陶谟》仅有唯一的语例："谁敢不让，敢不敬应？"

"何"，从人，可声。《说文解字注》："何，一曰谁也。""今义'何'者，辞也，问也。今义行而古义废矣。"今文《尚书》中"何"做疑问代词13见。如："都！帝，予何言？"（《虞夏书·皋陶谟》）

"曷"，《说文》："曷，何也。"《广雅·释诂》："曷，何也。"今文《尚书》"曷"凡19见，皆做疑问代词。如"厥命曷以？'引养引恬。'"此外，"曷"多与语气副词"其、敢"连用，加强肯定形式的反诘语气；或多与否定副词"不、弗"连用，加强否定形式的反诘语气。如："呜呼！曷其奈何弗敬？"（《周书·召诰》）①

"害"，今文《尚书》3见，做疑问代词1见。《广雅·释诂》："害，何也。"《说文解字注》："《诗》《书》多假'害'为'曷'。故《周南》毛传曰：'害，何也。'"《经传释词》："曷，何也，常语也。字亦作'害'。《诗·葛覃》曰：'害澣害否？'是也。"如："越予小子考，翼不可征，王害不违卜？"（《周书·大诰》）

"割"，《说文·刀部》："割，剥也。"《说文解字注》："割，盖割裂也。《尚书》多假借'割'为'害'，古二字音同也。"《尔雅·释言》：割作"害"，明"害"与'割'同也。今文《尚书》"割"凡7见，"割"通"害"，做疑问代词凡2见。如："我后不恤我众，舍我穑事而割正夏？"（《商书·汤誓》）

"如何、如台、奈何"，皆为复音疑问代词。"如何"本由动词"如"与疑问代词"何"连用，动词的词义弱化，疑问代词的词义强化，凝固化定型化而成。今文《尚书》中"如何"仅见于《虞夏书》部分，凡3见。如："予闻，如何？"（《虞夏书·尧典》）

"如台"，作疑问代词，仅见于《尚书》的《商书》部分，凡4见。"如台"在用法上有一个特点，不像"如何"可单独使用，必须与语气副词"其"连用。如："夏罪其如台？"（《商书·汤誓》）"大命不挚，今王其如台？"（《商书·西伯戡黎》）

"奈何"，即"如何"。"奈"和"如"原本都是动词。"奈"有"对付、处

---

① "曷其、奈何"，是"怎么"的意思，同义复用还有深切的忧虑和感叹，后面再紧接否定副词"弗"，构成句子表层的否定形式，加强句子深层的肯定语势。

置"义。"奈何"做疑问代词时,"奈"已虚化弱化,没有动词意义了。"如何"用如"何","奈何"亦用如"何"。"奈何"在今文《尚书》中仅1见:"呜呼!曷其奈何弗敬?"(《周书·召诰》)

此外,还有一个表示疑问的凝固结构"若之何",代词"之"已虚化为一个衬音助词,"若之何"即"若何","若何"即"何"。如:"今尔无指告,予颠隮,若之何其?"(《商书·微子》)"若之何"和问词之助"其"的连用传神地表达了说话者微子询问父师、少师时的恳切态度和急迫语气。

甲骨文、金文无疑问代词,《尚书》始有疑问代词,特殊疑问句中用于问因、问人、问事,无疑而问时用以加强语气、抒发强烈感情、增强行事效果。可以说,《尚书》中疑问代词是特殊疑问句或反问句的标志词。《尚书》中还有很多疑问语气小句没有疑问代词,也没有如现代汉语中"吗、呢"等句末语气词标记,需要通过语境判断,如:"有能俾乂?"(《虞夏书·尧典》)"咨!四岳,有能典朕三礼?"(《虞夏书·尧典》)"朕言惠可厎行?"(《虞夏书·皋陶谟》)值得一提的是,今文《尚书》的疑问句中有三分之二是反诘语气,在当时缺乏句末语气词的情况下,如果言者需要抒发强烈的情感、促进言语目的的实现,语气隐喻(如由疑问语气域转移到其他语气域)无疑是一个很好的选择。这样的语例很多,下文选择几例来说明。

呜呼!曷其奈何弗敬? (《周书·召诰》)

句中,"曷其""奈何",是"怎么"的意思,都是疑问语气标志词,小句表层是疑问语气。当时,成王使召公复营洛邑,成王七年二月,周公、成王前后至洛,召公向其汇报工作,陈当前之忧、赞宅洛治民之美、勉成王敬德恤民以显王业,对成王说:"大王接受天之大命,幸福无穷尽,而忧患也无穷尽。唉,怎么能够不谨慎啊?"可见,"曷其奈何弗敬?"句子表层虽为疑问结构,实为无疑而问,"曷其、奈何"后面紧接着的否定副词"弗",构成句子表层的否定形式,实则加强句子深层的肯定语势。意为"呜呼!敬哉!"可见,此处小句的语气由疑问语气域,转移到祈使语气域表达劝告、希望。功能语法认为"选择即意义",这里语气隐喻的选择,不仅表达出对成王的希冀,更表达出召公深切的忧虑和感叹,无不让听者动容,闻者足戒。

第四章 《尚书》人际意义的理解与传译

> 呜呼！笃棐时二人，我式克至于今日休？（《周书·君奭》）

"我式克至于今日休？"句子表层也是疑问语气。此句是周公答召公之辞。篇中周公支持召公非命说——成就大业需倚仗贤人，而召公奭就是大周依仗的辅臣，周公希望两人同心同德、共成王业，此句实为表示强烈情感的感叹语气，这里的无疑而问很好地完成了话语的言语功能。

> 在今尔安百姓，何择，非人？何敬，非刑？何度，非及？
> （《周书·吕刑》）

句中三个疑问句式平行排列而出，结构整齐，节奏明快，今译为："如今，你们安定百姓，应当选择什么呢？不是吉人吗？要谨慎地对待什么呢？不正是刑罚吗？要考虑什么呢？不就是判断公正适宜吗？"十分明显，几个疑问小句皆无疑而问。"何"，疑问代词，本应由说话人用来索求信息，而本句中说话人很快便自己提供了答案，可见，说话人并非心存疑问，选择这样的语气是为了达到一种表达效果。答句更有特色，是提供信息，本应由与言语功能一致的陈述语气表达，而文中偏偏选用了疑问语气，无疑而问，感情强烈。这样设问与反问的结合，让听话人参与思考，印象深刻，服从权威，践行大法。

功能语法认为"选择即意义"。言语功能和语气之间有一致式和隐喻式。语法隐喻是一种对"常规的"词汇语法形式的偏离。由于语言形式和意义之间的"自然"联系，说话人在语篇中使用隐喻式，传达着某种有别于一致式的话语意图。汉语也存在这种用不同的语气类型表达同一个言语功能的情况，用以表达交际中的人际意义，协调交际过程中的角色关系。有些句子，形式上是疑问句，可是含有要求的意思；有的形式上是祈使句，可是含有商量询问的意思；也有的形式上是疑问句或祈使句，可含有感叹的意思。（魏在江，2003：47）因此，在《尚书》译介过程中，要注意"非一致式"的话语意图，让译文更生动传神。

值得一提的是，众多研究者发现，在汉语实际分析中，似乎很难割裂语气与情态的内在联系。王力（1985）、吕叔湘（1982）对此早有论述。徐晶凝（2000：137）认为语气可分为：说话的口气；表示陈述、疑问、祈使、感叹等的语法范畴。第一种语气实际上是一种情态，它表示说话者对交际内容所持的态度、意向及流露出的感情色彩,所以汉语的语气和情态有着不可分割的联系,语气助词是汉语的一个重要的情态表达手段。胡明扬(1988:5)将语气从内涵上分为三类:一是表情语气,是指说话者由于受周围的事物或对方的说话内容的刺激而产生的某种情感,如赞叹、惊讶、不满等;二是表态语气,是指说话者对自己说话内容的态度,如肯定、不肯定、强调、委婉等;三是表意语气,是指说话者向对方传递的某种讯息,如祈求、命令、提问、追诘、呼唤、应诺等。实际上就是表情态和言语功能。我们认为,汉语语气和情态不可分,可称为语气(情态)系统,这一现象与汉语的表达方式不无关系,比如,汉语的语气大多情况下靠语气词、副词等表现,而这些语法成分同时也传达了说话人的态度、意向、情感,即表达了语言的情态意义。《尚书》中也不乏此例。

苗顽弗即工,帝其念哉! （《虞夏书·皋陶谟》）

《词诠》:"其,副词,殆也。于拟议不定时用之。""其"在句中是语气副词,"庶几",表推测语气。上句可译为"舜帝您恐怕要为这事忧虑吧"。句中"其"字表达推测、商量的语气,且这种商量口吻为听话者提供更大的商讨空间,实际上委婉地表达了臣禹对帝舜提出的希望和要求,带有祈使语气,但"其"字的运用很好地协调了双方的权势关系。①

帝其念哉! 　　　　　　　　　（《虞夏书·尧典》）
殷其弗或乱正四方。 　　　　　（《商书·微子》）
邦之荣怀,亦尚一人之庆。 　　（《周书·秦誓》）
予惟曰:"庶有事。" 　　　　　（《周书·洛诰》）

第一句中的"哉",《词诠》:"哉,语末助词,表拟议。"《礼记·曾子问疏》云:"哉者,疑而量度之辞。""哉"字助句表示一种揣度、建议、商量的语气。第二句中的"其"字,《尚书新笺与上古文明》及《今古文尚书全译》皆释为"恐怕、大概,表测度"。第三句中的"尚"字,《说文》:"庶几也。"《新笺》:"尚,语气副词,表示揣测语气。"第四句中的"庶",《新笺》:"此处

---

① 今译中的"吧"字,因其礼貌性而逐渐功能化为祈使句的标志之一。

为语气副词,表猜测。"以上句例中的语气助词和语气副词均助成商度语气,表示肯定与否定这两极之间的中间程度或状态,表达说话者对事件、命题的判断和态度,如可能性的大小和意愿的强弱等,可见,也属于情态范畴。

  身其康强,子孙其逢。   (《周书·洪范》)

  "子孙其逢",王引之说:"犹言其后必大耳。"句中"其",语气副词,表肯定语气,"会、应当、必定"之意。这个意义上的"其"在情态系统里是一个高量值的情态词,相当于英文的 must,占据肯定与否定之间情态空间的一端——对命题真实性的肯定判断,表达出命题的信度和说者坚定的态度,让听者对说者所说内容坚信不疑,执行大法。

  可见,汉语(也包括上古汉语)中的语气系统和情态系统并非泾渭分明,而是糅合一体,共同表达着语言的人际意义,实现人际功能。此外,实现人际功能的语用需求会推动语言发展。《尚书·大诰》中"翼不可征,王害不违卜?""厥考翼其肯曰:予有后不弃基?"的"翼",《尚书易解》:"当读为'意',犹'或'也。'翼'与'意'古音相同。"《古汉语同义虚词类释》:"《广雅》:'意,疑也。'《古书虚字集释》:'意,为犹"或"也。''意'有'臆'即揣度之义,作动词,其训'或',作副词,当由此虚化而来。"可见,表达定与不定之间的情态空间,需要有语言成分承担这样的情态功能,表达存疑、臆测的态度和语气,这时,由有揣测之义的动词虚化为副词来实现情态功能是一种自然的方式和过程。

二、《尚书》人际意义的功能解读

  如前所述,根据不同的发生语境、交际目的和社会功能,《尚书》可分为"谟、训、诰、誓、命、典"六体,名随其事,因事立篇,以言成事。在言语行为过程中,语气系统与言语功能联系密切,交际者通过对语气的选择达到交际目的,实现人际功能。"谟、训、诰、誓、命、典"因其交际功能的区别,在语气系统选择上也呈现出各自的特点和整体风貌。

  《皋陶谟》和《尧典》中尧选拔官吏及王位继承人的部分都属于陈嘉谋之"谟",记载君臣之间、臣臣之间就某一议题进行的双方或多方的商讨过程。语篇中几乎以疑问语气(索取信息)和陈述语气(提供信息)有序交替的话轮模式展开，每一问皆得到理想的回应，实现了言语功能，交际者之间配合默契、关系融洽。《尚书》"谟"体语篇中，还有一个显著的语言特点——感叹语气的大量运用。据统计，今文《尚书》叹词使用量最多的篇目就是《皋陶谟》(17见)和《尧典》(26见)，这也是由交际功能决定的。为促成谋议政事有效进行，交际各方均以高度合作的姿态出现，言语中大量选用"俞、吁、咨、都、於"等叹词及语气词"哉"，或表应答，或表呼告，或表肯定，或表赞美，或表惊怪，或表感慨，君臣态度积极，互诚互勉，各抒己见，话轮紧凑，感情饱满，成功地完成了"陈其谋而成嘉猷"的交际目标。

《高宗肜日》是今文《尚书》中唯一一篇"训"体文章，篇目短小，全篇仅82字。训，朝中重臣对君上的单向的劝谏之辞。因此，摆事实、讲道理，委婉而出，方能"顺其理而迪之"。《高宗肜日》中祖己对君王祖庚的训诫之词共59字，13个小句。其中，11个小句为陈述语气，输出信息，用大量篇幅告诉祖庚要遵循老天奉行的义理行事的道理，如祖己所言"惟先格王，正厥事"；1个感叹语气，叹词"呜呼"独词成句，表达出祖己一番言辞皆出自肺腑的感慨；1个无标志祈使小句"典祀无丰于昵"，提出对祖庚的要求和希望，不用任何祈使语气标志词，缓和语气，减少命令口吻，使君王更易接受劝谏，从而达到训导目的。

《文侯之命》是今文《尚书》中唯一一篇"命"体篇章。"因官使而命之谓之命"，"命"一般是对大臣进行封赏的策命文书。《文侯之命》全篇以陈述语气为主，提供信息——封赏晋文侯的缘由；祈使语气其次，勉励文侯继续辅佐君王，对其提出希冀；既是封赏，就要提供奖赏物品，"用赉尔秬鬯一卣；彤弓一，彤矢百；卢弓一，卢矢百，马四匹"一句完成了"提供"的言语功能。至此，语气资源的选择完成了角色分配，实现了人际功能。

今文《尚书》中的"诰"属于告人的带有约束意味的谈话，其目的是对不利于治国安民的行为进行限制，发诰人多为权势地位高的一方。今文《尚书》中，"诰"体篇目众多，如《盘庚》《大诰》《康诰》《酒诰》《梓材》《召诰》《洛诰》《多士》《无逸》《君奭》《多方》等，其语用目的相似，因此其语言运用在一定程度上也呈现出一些共性。

第一，陈述语气占主体。想要受诰者听从告诫，需要输出大量信息，进而对所诰内容口服心服，而提供信息的言语功能由陈述语气承担，陈述语气的大量使用能够实现这一目的。为了使陈述的信息更具说服力，发诰方往往借助比喻，如《盘庚》中的"若网、若农、若火、若射、若乘舟、若颠木"之喻，《大诰》中"涉渊水、有疾、作室、作䎫"之喻，《康诰》中"有疾"之喻，《梓材》中"稽田、作室家、作梓材"之喻，《召诰》中"若生子"之喻，诸多事理性明喻使叙事说理充满形象色彩，使蕴含的哲理深入浅出，理晓义通，具有强大的说服力和生命力。为了使陈述的信息更具感染力，发诰方常常运用语气隐喻，反问语气乃无疑而问，输出信息的同时，强化语气，无不使听者动容、闻者足戒，在诸诰中有众多用例。为使陈述的信息更具权威性，发诰人引用德高望重者之言，利用直接投射的"介入"手段调节自己对所说或所写内容的责任，如《盘庚》中引古之贤史迟任、高后、先后之言，《酒诰》中引文王、古人之言，《梓材》中引王者之言，《多士》中引上帝之命，《君奭》中引武王之言，这样做，语言使用者"介入"程度降低，可以推卸或摆脱责任，不仅能让话语显得十分客观，还能够增加话语的权威性，使听者更愿意接受。

第二，祈使语气普遍。既是告诫之语，必会向听诰者提出要求、希望、命令，这些皆靠祈使语气表达。值得注意的是，当发诰、受诰双方地位相差不大时，如《康诰》《酒诰》《梓材》等篇中，受诰者虽为臣下，但与发诰者是同姓兄弟，关系亲密，因此，祈使语气多无标志，语气较为和缓，构建了适宜的人际关系，实现了言语功能。而当发诰、受诰双方地位悬殊时，如《盘庚》《大诰》《多士》《多方》等篇中，有不少表达"提供"（给予物品和服务）这一言语功能的语句，所有语例几乎都表示提供赏罚——听从劝谏则赏，不然则罚。在面对庶民、群臣、邦君庶士或殷之旧臣时，树立权威，恩威并用，诰教他们服与不服，结局迥异，所以，想要太平安康，必须听从劝谏。可见，根据不同的人际关系，发诰者在语气系统的选择，有效促成"属其人而告之"的交际功能的实现。

"誓"体语篇主要用于战斗、田猎等需要严明纪律的集体活动。今文《尚书》中的"誓"都是用于战争誓师，如《甘誓》《汤誓》《牧誓》《费誓》等①，

---

① 《尚书》中的《秦誓》比较特殊。鲁僖公三十三年，秦穆公派遣大将孟明视、西乞术、白乙丙率领军队远道袭击郑国。老臣蹇叔和百里奚谏说，穆公不听。军行到崤山，遭到了晋军的伏击，竟至全军覆灭。该文是秦军将帅回国时，秦穆公自我责备的一段话，名叫《秦誓》。此篇名"誓"，因之"用于军旅"；此篇又像诰辞，因之"誓戒君臣"。所以《秦誓》与另四誓的区别是明显的。

军队出征前必"即众师而誓之"。与"诰"一样,誓众者是权势地位高的一方,且作誓、听誓双方地位悬殊。作"誓"的主要目的是确保战争胜利,在语气选择上基本相同。陈述语气用于"提供信息",语气坚定地阐明出师之因;祈使语气用于"索取物品和服务",对将士们提出希望、要求、命令,多用祈使语气标志词,语气强烈;为鼓励将士们戮力奋战,必须奖罚分明:表现好,提供奖赏;表现差,给予惩罚,因此,"提供物品和服务"这一言语功能均见于"誓"体诸篇。

从"诰、誓"两体的语气选择看,有很多共性,尤其是双方权势悬殊的"诰"体语篇和"誓"体语篇,其语气选择几乎一致。我们认为,这是由其相似的社会功能、人际关系决定的。《周礼·秋官·士师》云:

> 士师之职:……以五戒先后刑罚,毋使罪丽于民:一曰誓,用之于军旅;二曰诰,用之于会同;三曰禁,用诸田役;四曰纠,用诸国中;五曰宪,用诸都鄙。……

士师是以"五戒"辅助刑罚,使民众避免犯罪,这"五戒"为"誓、诰、禁、纠、宪"。"诰"与"誓"同在"五戒"之下,它们的逻辑关系是并列,表明《尚书》中"誓、诰"都具有类似于法律约束的性质,两者本质上相通,在语言资源选择上,也得到了证明。

今文《尚书》的基本内容是君王的文告和君臣的谈话记录。人物关系并不复杂,总体而言,可分为三类:君王、君王的臣属、庶民,其中,君王的臣属可再细分为与君王有血缘关系的同姓大臣、普通众臣、殷之旧臣。其权势地位形成一个权力金字塔,君王位于塔顶,同姓大臣次之,普通众臣次之,殷商旧臣再次之,庶民位于塔底。交际过程中,发话人根据双方地位及与听话人的不同关系,选择语言资源,实现人际功能,达到交际目的。

今文《尚书》所录最多的是"周公"的言谈。"周公"可以说是个身份特殊的人物,武王崩,成王幼,周公摄政,在周王朝中有着举足轻重的地位,常常可以代王发诰,"周诰"诸篇中的发诰人几乎皆为周公,而周公的发诰对象却各有不同。在面对不同的话语对象时,周公根据不同的人际关系,诰语的表达不尽相同。

> 呜呼！肆哉，尔庶邦君，越尔御事。爽邦由哲，亦惟十人，迪知上帝命，越天棐忱，尔时罔敢易法。矧今天降戾于周邦？惟大艰人诞以邻伐于厥室，尔亦不知天命不易？（《周书·大诰》）
>
> 尔殷遗多士！弗吊旻天大降丧于殷，我有周佑命，将天明威，致王罚，敕殷命终于帝。……告尔殷多士，今予惟不尔杀，予惟时命有申。……尔乃尚有尔土，尔乃尚宁干止。尔克敬，天惟畀矜尔；尔不克敬，尔不啻不有尔土，予亦致天之罚于尔躬！（《周书·多士》）
>
> 猷！告尔四国多方惟尔殷侯尹民。我惟大降尔命，尔罔不知。……今我曷敢多诰？我惟大降尔四国民命，尔曷不忱裕之于尔多方？尔曷不夹介乂我周王享天之命？今尔尚宅尔宅，畋尔田，尔曷不惠王熙天之命？尔乃迪屡不静，尔心未爱。尔乃不大宅天命，尔乃屑播天命，尔乃自作不典，图忱于正。（《周书·多方》）

以上三段分别选自《周书》中的《大诰》《多士》《多方》，受诰对象分别为邦君庶士、殷商旧臣、不服从周王朝统治的各国君臣，周公以成王的身份发诰，双方权势地位悬殊，且政治主张不一致。三段诰词中，周公对称皆用"尔"，拉开彼此距离的同时更增加了训诫语气，凸显自己至高无上的地位，对受诰方产生威慑作用。第三段中，三个"尔乃"①平行陈述，责问语气之深之强可见一斑。此段中三个反诘语气"尔曷不"并列而出，深责的同时更激起对方的反思。总而言之，诰语中，周公态度坚决、语气强烈、不容置疑、极显霸气——替天行道、谁敢不服？

> 孟侯，朕其弟，小子封。……呜呼！封，有叙时，乃大明服，惟民其敕懋和。若有疾，惟民其毕弃咎。若保赤子，惟民其康乂。非汝封刑人杀人，无或刑人杀人。非汝封又曰劓刵人，无或劓刵人。（《周书·康诰》）
>
> 今在予小子旦，若游大川，予往暨汝奭其济。小子同未在

---

① 此处"乃"训为"竟然"。

位,诞无我责收,罔勖不及。耇造德不降我则,鸣鸟不闻,矧曰其有能格?……告君,乃猷裕,我不以后人迷。……君!告汝,朕允保奭。(《周书·君奭》)

以上两段分别选自《康诰》《君奭》,受诰方分别为康叔封、召公奭。周公、康叔、召公,与周武王为同母兄弟,周成王之叔,皆属皇室成员。周公摄政,政治地位上略高于其他两人,但三人同属一个利益集团,处于王朝的统治阶层。诰语中,周公自称"旦、小子",对称用名"封、奭"、号"孟侯"、尊称"君"、官称"保奭",贬己尊人,表现谦恭的同时又体现彼此亲密的关系,表达出自己对兄弟亲情的珍惜和重视。对称代词"汝"的选择非常适合这样表示亲热和尊重的语境和人物关系。周公告诫康叔治理卫国的法则,循循善诱、娓娓道来,即使对其提出要求,语气也相对委婉。对召公的答辞中,语气非常谦逊,表明自己倚重召公,其中"告君、告汝","告"均训为"请求",直接表达对召公的请求,态度恳切,溢于言表。

王命予来,承保乃文祖受命民,越乃光烈考武王弘,朕恭。……伻来毖殷,乃命宁予以秬鬯二卣。曰:"明禋,拜手稽首休享。"予不敢宿,则禋于文王、武王。(《周书·洛诰》)

以上一段选自《洛诰》,是成王做出让周公治洛决策后,周公对成王的答辞,显然,周公此段诰告对象是周成王。周公与成王,家族之中,是叔侄,庙堂之上,却为君臣。在等级森严的社会组织制度和政治等级制度逐渐形成的过程中,政治地位成为第一需要遵循的社会关系。成王是侄却为王,周公是叔却为臣,因此,周公答词庄重异常。"王命予来,承保乃文祖受命民,越乃光烈考武王弘。""乃命宁予以秬鬯二卣。曰:'明禋,拜手稽首休享。'"两句是成王对周公提出要求,周公陈述用"命"字,情态值极高,以显成王的权势。对成王提出的要求,皆谨慎恭敬地执行,不敢有半点差池,"朕恭、予不敢宿"语气都非常谦恭,表达对成王权威的绝对服从。

从以上分析看出,同一个人在面对不同的话语对象时,在称谓语、语气等方面的选择是不一样的,语言在社会活动中所表达的人际意义帮助交际者在交际过程中构建协调人际关系,表达自己的态度情感,进而实现人际功能和交际目的。语言不是孤立存在的,它存在于社会符号系统之中。话语中对于语言资源的选择背后有着强大的社会交际动因,语言的社会交际功能也在语言形式结构的各个层面都留下了痕迹,这不仅体现在各个类别的语言中,还体现在各个历史时期的语言中,是语言的共性。《尚书》是极其珍贵的语料资源。从中我们看到,"典、谟、训、诰、誓、命"是具有一些共同特征的事件的集合,交际情景的类似促使各体在叙事和话语上形成了自己的特点,进而形成《尚书》六体。在各类事件中面对不同的人物关系,说话人选择语言资源表达人际意义,同时也实现了语言的人际功能。

第三节 《尚书》译本中人际意义的传译

语言是人类的家园。人类的社会活动和交际需求是意义产生的源泉,是语言产生的原动力。反过来,人类的话语维持人类社会的各项活动并在其中建构自身和世界的意义。巴赫金的对话理论指出:"对话交际是语言的生命真正所在之处。"(转引自董小英,1994:18)语言交际的一个重要目的是进行意义的交流,建立并保持适宜的社会关系。因此,在言语交际语境中,人类对话语的选择并非漫无目的,它不仅仅需要准确传递概念信息,而且还要适宜地表达自己的态度,体现自身角色定位,进而协商并构建社会关系和结构。后者便是系统功能语言学提出的语言的三大元功能之一:人际功能。韩礼德(Halliday,1978:112)从"交换"(exchange)的角度描述人际意义,汤普森(Tompson,2000:28)用"交互"(interaction)来阐释人际意义。

语言的人际意义是具有普适性的语言学概念,存在于语言的共时性和历时性层面,不论何种语言,人类伊始,便刚性存在。中国上古汉语,虽佶屈聱牙,却也尽显人际意义,在远古社会中完成了其交际功能。《尚书》乃中国的源头古籍,记载夏、商、周之文,距今千年之久,却已施展其"以言成事"的交际功能,谟、诰、训、誓、命,与言语行为紧密相关,各有其发生的语境和交际意图,反映较为固定的言语者关系,在一定的语境中针对不同的人物关系,实现不同的交际目的和社会功能,需要通过语言变体建构不同的人际意义。

《尚书》记载了古代君王的言行,其中语言资源的选择更是揭示了中国上古时期的社会结构、政治制度等文化密码。根据社会情境与语言意义之间的关系,人际意义便是解密的一把钥匙。同样,如果要将中国的文化密码输入西方世界,必定要在传译古籍时在译文中表达相应的人际意义。

　　翻译,涉及不同的语言文化,同一种意义由两种语言系统表达,应包括两个过程:解构、重构。也就是说,从对源语语篇的解构性分析入手,即社会文化语境—语篇体裁—语域—话语意义—词汇语法实现/建构模式,通过表层的语言表达形式,解读源语语篇的底层意义;然后,再进行译语语篇的结构性重组,即词汇语法实现/建构模式—话语意义—语域—语篇体裁—社会文化语境,选择恰当的目的语语言资源构建源语意义。

　　人际意义在语篇中由人称、语气、情态系统实现,在这一点上,汉语、英语是一致的,然而,汉语、英语分属于汉藏语系和印欧语系,存在着语言类型学上的差异,其语言系统有着不同的表达形式。因此,在传译时的语码代换过程中,要通过源语和目的语中语言变体的选择来进行人际意义的解读和构建,以揭示中国上古时期的社会形态和文化特色。

一、《尚书》译本中人称系统的人际意义传译

　　汉语、英语对于人际意义的实现手段重合度高,都是通过人称、语气、情态系统实现,因此具有较高的可译性。但总的来说,汉英语分别属于分析型和综合型语言,在各系统内部的表达形式不尽相同,表现出一定的差异性。

(一) 称呼语

　　称呼语不是没有生命的语言符号,它具有社会指示功能,能够表达丰富的人际潜势意义。交际主体对于称呼语的选择反映和构建了交际双方的关系、情感、态度以及话语发生的交际情景、语言社会的制度和民族文化。

　　汉英语称呼语语用功能相同。英语中,称呼语也分正式体和非正式体。正式体显得刻板、礼貌和客观,非正式体相对轻松、友好、热情或粗鲁。

第四章 《尚书》人际意义的理解与传译

朱斯(Joos,1962:115)把正式性划分为五个层次:冷冻体(frozen style)、正式体(formal style)、商洽体(consultative style)、随意体(casual style)、亲切体(intimate style)。正式体包括朱斯所指五层次中的冷冻体和正式体,非正式体包括随意体和亲切体。夸克等认为还有中性层(neutral)。然而,相比较而言,汉语的称呼语系统要比英语庞杂得多,这是由中国更严格的社会等级制度和更复杂的宗族伦理结构决定的。例如,中国称呼语中的一些敬辞和谦辞:贵校、令尊、敝国、鄙人等,在英语中缺乏相应的词汇资源。"礼"与"敬"是中国传统文化中的核心要素,它所要求的人伦纲常深刻地体现在称呼语体系中。所谓"礼"在古代的各种典籍文献中已经给出了解释。"上下有义,贵贱有分,长幼有等,贫富有度,凡此八者,礼之经也。"(《管子五辅》)"夫礼者,自卑而尊人。""道德仁义,非礼不成。教训正俗,非礼不备。分争辩讼,非礼不决。君臣上下,父子兄弟,非礼不定,宦学事师,非礼不亲。班朝治军,莅官行法,非礼威严不行。祷祠祭祀,供给鬼神,非礼不诚不庄。是以君子恭敬撙节退让以明礼。"(《礼记·曲礼上》)可见"礼"是对人们的一种行为规范,它渗透在生活中的方方面面,要求人们按照上下、贵贱、长幼的差别来自卑而尊人。"敬"则是实施"礼"的外在表现,"礼,国之干也。敬,礼之舆也。不敬则礼不行,礼不行则上下昏,何以长世?"(《左传·僖公十一年》)没有"敬"则"礼"无法施行,国家也不会长治久安。"礼"文化要求"自卑而尊人",但这里的"卑尊"是有前提的,对人称谓的首要原则是一种"贵贱有等,长幼有差,贫富轻重皆有称也"的等差原则,讲究尊卑贵贱、长幼差序,称谓带着明显的等级差别和身份的规定性。对于汉语称谓的这种特点,通常我们总把它概括为敬谦原则,实际上,敬谦只是表象,等差才是实质。中国经历了漫长的封建社会,在"君君、臣臣、父父、子子"的社会结构中,尊卑有序、重等级的伦理观念居于社会伦理观念之首,这种观念在社会交际中的反映首先体现为称呼语因人而异,不同的身份地位要用不同的称呼语,我们从这些称呼语中可以看出交际双方的社会地位。(武莉娜,2013:98)

《尚书》最早记录有禹夏时代的尧舜之文,几乎可以看作中国最古老社会的文字记录。《尚书》文本是中国崇"礼"尚"敬"之源,是中国几千年历史文化制度的起点。就称呼语而言,虽然还没有形成现代汉语中完备系统的语言资源,但已体现出称呼语的社会功能和文化特色。

社会政治结构使人与人之间有了等级之分,在古代社会尤其如此,人与人之间的权势关系形成一个金字塔结构,从塔尖到塔基可依次粗略分为君王、臣属、庶民。下层对上层的称呼相对固定,自由度很小。例如,《高宗肜日》记祖己训上,谨慎小心,对称祖庚皆用"王";《皋陶谟》中君臣融融,一派民主和谐,但臣禹对舜皆称"帝";《召诰》中的召公、《洛诰》中的周公与成王既为亲属又为君臣,在宗法制度至上的古代中国,长幼之别要向权势高低让步,因此他们都必须恭敬地称呼侄子为"王",偶尔难掩爱幼之情称之为"孺子"。"帝、王"在英语中有相应的词汇资源,因此直接选用目的语词汇替换原语词汇即可。在各家译本中基本都选用了 the sovereign、your Majesty、emperor、the king 等词汇表达,值得一提的是,在罗志野和杜瑞清《召诰》《洛诰》译文中,"王"常常译为 our king、my king,这一点很好地捕捉到了话语双方的人际关系,具有血亲的上下级关系,用 our、my 拉近了双方的距离,关切疼爱之情流溢而出,表达了人物之间的双层交叠关系,这与语篇上下文语境所表现的人际意义是一致的。

低权势者对高权势者的称呼有一定的规定性。而高权势者对低权势者的称呼却相对灵活,自由度大,可以根据交际对象、交际目的和情境需要进行相应的变化。例如,周平王在对晋文侯的策命文书《文侯之命》中或直称其为"父"或称"父义和",其因有三:其一,晋文侯是周天子同姓诸侯中的尊长;其二,平王时期,周室衰微,平王权势地位已大不如前;其三,晋文侯辅佐平王平定戎乱,乃有功之臣,这样,既表示敬重、褒奖,又表达迫切希望老臣继续辅佐之情。"父"在英语中有语言单位与之对应,但是,此处的"父"并非指周平王的父亲,晚出《孔传》曰:"文侯同姓,故称曰父。义和,字也。称父者非一人,故以字别之。"《尚书》今译本中将"父"译为"族父"或"伯父"是准确合理的。英译时只要理解正确,便可用英语中的词汇资源表达,各译本对"父义和/父"的翻译有:Uncle E-ho、my uncle my father、E-ho、my father(father=)uncle and peacemaker、uncle Yihe、my uncle、Yihe you the father of our clan。麦都思、高本汉对语义理解都出现了偏差,其余各位译家对"父"的概念意义理解基本合理,所传达的人际意义稍显不同:uncle 更显亲切,强调血脉亲情;father of our clan 更显庄重、敬仰。笔者更倾向后者,因为 the father of our clan 既表达出血脉之源，又体现了策命文书的庄严正式。

再如，《盘庚》记商朝第 20 位君王盘庚劝诫迁殷的诰词，上篇、下篇告群臣，中篇告庶民。面对不同的诰谕对象，盘庚对不欲迁徙的民众所使用的称谓是不同的。当交际对象是群臣时，称其为"小民、恔民"，显出贬抑之义，也提醒大臣不要与小民为伍，不要站到君王的对立面上惹人厌恶；当交际对象是庶民时，盘庚不称其为"小民、恔民"，甚至用表亲热和尊重的人称代词"汝"，用"汝众"对称，显示帝王的亲和力，拉近彼此的权势距离，以便百姓接受迁殷的举措，达到交际目的。可见，不同称呼的选择皆出于面对不同对象时不同语用需要的考虑，有不同的人际意义。再看看英译文的表现，"小民""恔民"分别译为：the inferior people 和 these poor people（麦译）；the poorer people 和 the poor people（理译）；the small people 和 those dispersed (homeless) people（高译）；the common people 和 these ordinary people（罗译）；the people 和 the people（杜译）。有趣的是，各位译家的译文所指称对象的范围由小到大，由具体到笼统，所体现的感情色彩由负面走向中性。the people、the common/ordinary people 仅仅是将庶民与官员拉开距离，官民有别，却不能将原文所蕴含的说话者的感情态度以及交际意图表现出来，不能算是成功的译文。此外，对"汝"的翻译受英语语言资源的客观限制，只能用 you 对应，更多相关内容会在"人称代词"部分分析。

与其他《尚书》体式不一样，"誓"体一般是军队出征前将领誓师词，目的是凝聚军心，鼓舞气势，赢得战争胜利，因此，作誓者对各级军士的呼告，需将所有听誓者纳入称呼范围内，要彼此兼顾。如《费誓》中"人（无哗）"、《汤誓》中"（格）尔众庶"皆囊括所有在场的听者；《甘誓》中"六事之人"，言六军军吏以下及士卒；《牧誓》中"我友邦冢君御事，司徒、司马、司空，亚旅、师氏，千夫长、百夫长，及庸、蜀、羌、髳、微、卢、彭、濮人"尤为典型，周武王誓师时，将所有将士按其官级高低，甚至按其地域来源，一一罗列而出，反映了周武王的诚意和敬意，使得在场者瞬间获得了一种存在感、归属感。这样的表达在英译文中取得对等比较容易。各位译家多用同位结构，人称代词 ye/you 或带有人称代词的名词词组 your excellency 作为同位前项，之后按照原文语言单位逐项译出作为同位后项，使译文符合"誓"体作为单方面演讲的文体特点，表现文本的对话性、交互性，同时，you、ye、your 的使用在一定程度上拉开了交际双方的距离,适度体现作誓者的权势和誓词的威严。《牧誓》中武王所呼出的官级名称繁复,由于中外文化差异,并不能在英语中找到对等词汇,因此译文皆用解释性语言逐一译出,其概念意义和人际意义基本保留,但是,在杜氏译文中,各级官员名称没有一一列出,而是将其笼统概括,这样翻译并不合理,究其原因,可能与译者参考的今译文有关,王世舜先生将此部分译成现代汉语为:"我尊敬的友邦国君以及诸位官员和各部落的将士们……"这样一来,便不能很好地再现那时那事那景,看不到武王誓师的语言特点和语用目的,文章的可读性也逊色许多。

中国文化崇"礼"尚"敬",称呼语在社会文化中必须遵循其礼貌原则,才能有和谐的人际关系,使交际活动顺利进行,实现交际意图。顾曰国指出汉语言文化的四大礼貌特征:respectfulness(尊重),modesty(谦逊),attitudinal warmth(态度热情),refinement(文雅)。(转引自何自然,1997:116)王力在《古代汉语》中提到古人常用谦称和尊称,差不多凡讲到对方都用敬辞,凡讲到自己都用谦辞,称呼语常常"贬己尊人"。这一点,在权势地位相当的平级双方的对话中更加明显。例如,《尚书》中《君奭》篇,此篇是周公赞赏召公非天命说的看法,对召公的答词。召公与周公是兄弟关系,并同朝为臣,不论在政治结构还是在家族结构中,两者基本是平级关系,社会权势距离相差无几。篇中周公对召公或尊称其为"君奭、君",或官称其为"保奭",而自称却用"(予)小子旦、小子",既体现了人际关系,又反映出中国文化"贬己尊人"的礼貌原则。各译文中对"君奭"的翻译几乎没有疑问,皆译为 Prince Shi/Shih,并且如原文一样出现在周公每段话的开头,将周公的切切之语、殷殷之情展现无遗。对"君"的翻译,译家们用 your Highness、prince、Prince Shi 对应,但在罗氏译本中有两处"君"字没有译出,如:"君肆其监于兹!"罗氏将其译为"You should find this thing now ...",命令口吻十足,既没有表现出对召公的敬重,也未表达出周公恳切的态度和求贤若渴的倚仗之情,造成人际意义亏损,与全篇的语旨不符。"保奭"这一称谓是由召公官名加召公名字构成,"保"意为"太保",是西周始置的监护与辅弼国君之官,识解原文语义后,翻译也相对简单,麦氏译为 Protector Shih,理氏译为 Shih, the Grand-protector,高氏译为 guardian Shi,罗氏译为 the Grand-guardian,杜氏只用了人称代词 you,杜氏的翻译在概念意义和人际意义方面的等值度都比较低。最后,周公自谦称己为"小子旦、小子"的翻译,麦氏译为

the insignificant Tan/our young prince；理氏 Tan, who am but a little child/our young sovereign；高氏 The little child Tan/(I), the little child...；罗氏... I, Jidan, the little and ignorant child/I；杜氏 The humble man with the name of Dan.../our king is young and inexperienced...可见,译文出现了不同程度的偏差；其一,是对"小子旦"和"小子"的称谓指示对象的误辨；其二,是对"小子"的概念、人际意义的误读。首先,"小子旦"中姬旦之名为其称谓指向做了明确的规定,大家识解无误,然而,对"小子"这一称谓,麦氏、理氏和杜氏都指向年轻的成王,理雅各在其译文的注释中指出：

小子同未在位,-by 小子 here we must understand king Ching. The duke had, indeed, resigned the regency, and the govt. was in the emperor's hands. But Ching was still young and unequal to his high duties.

经过统计发现,今文《尚书》"小子"一共出现24处,其中《汤誓》1见,《金滕》2见,《大诰》3见,《康诰》6见,《酒诰》4见,《洛诰》2见,《多士》1见,《君奭》3见,《顾命》1见,《文侯之命》1见,多用于说话者(如商汤、周公、成王、康王、平王)对己谦称,占54.2%,其余基本用于高权势者对低权势者的称呼,如周公代表成王称康叔、称庶民等,约占45.8%,而低权势者对称高权势者为"小子"的,全文无一语例,更何况下臣对君上,尽管君王年纪尚轻,称其为"小子",不合情理,更有悖于中国传统社会文化。因此,此处"小子"与"小子旦"一样,仍是周公谦逊自称,更显对召公的敬重。再者,"小子"在这里结合情景语境和人物关系绝非"小孩子"之义,理氏、高氏和罗氏将其译为 the little child 不合理。语言的意义不是孤立的,它处于一个符号系统中,其他符号意义的变化会制约影响语言的意义,对"小子"人际意义的识别有助于正确解读其概念意义,麦氏、杜氏分别将其译为 the insignificant Tan 和 the humble man,反映了当时的说话语境,符合说话者的语用目的。

(二) 人称代词

在人称系统中,除了称呼语,对人称代词的不同选择也能够表达话语双方的关系、态度、情感,构建人际意义,实现人际功能。汉语的人称代词系统呈由繁复到简约的发展演变走向,演变机制复杂,原因多样。上古汉语在辽阔的空间和漫长的时间里演变发展,在形态上与现代汉语有很大的差别,但无论在哪个历史时期它都一直实施着语言的基本功能。

今文《尚书》人称代词系统中,自称代词有"我、予、朕、卬、台、吾",对称代词有"女/汝、尔、乃、而",他称代词有"厥、其、之"。它们不仅可以指称人物、衔接上下文,而且能够传达人际意义,表达说话人希望维系的人际关系和对听者的情感态度,从而达到言语行为的目标。总的来说,今文《尚书》人称代词资源表达人际意义的方式有:人称代词使用频率体现级差和礼貌文化;人称代词所呈现的感情色彩表达态度感情;自称代词(做主语)载荷责任意义;复数自称代词具有语用目的。

第一,今文《尚书》各篇说话人面对不同语境和人物关系,由于受双方权势地位的限制,使用自称和对称代词的频率是不一样的。汉族文化自古就以为,不可以用人称代词称呼尊辈或平辈,低权势者不能用对称代词称呼高权势者,低权势者不可以在高权势者面前自称"我、予、朕"等,因为这些都是一种没有礼貌的行为。如上节所述,今文《尚书》各篇人称代词分布特征正体现了这种等级和礼貌原则,不再赘述。在语际转换中,原语与译语的语言资源是不对等的:古汉语中的人称代词系统发达,自称代词6个,对称代词4个,且它们语法功能丰富,同一个代词能够兼而表示不同的格、数,担任不同的句法成分;英语人称代词相对简单,自称有单数I和复数we,对称仅有单复数同形的单词you,不同的格位有不同的词表示。这种语法的刚性要求首先需要译者以合语法性为前提,选用正确的语法形式,在正确表达其概念意义的同时,还要注意其人际意义,建立合适的人际关系,才能正确传译上古语篇的语码意义。这里试举一例说明:

> 禹曰:"俞,如何?"
> 皋陶曰:"都!慎厥身,修思永。惇叙九族,庶明厉翼,迩可远,在兹。"(《虞夏书·皋陶谟》)

《皋陶谟》属于六体之"谟",记载君臣之间双方或多方共同参与的互动式协商式对话。皋陶和禹同为舜帝的大臣,篇中皋陶和禹、禹和舜商讨治国方针,表达重要的政治主张,君臣、臣臣之间相互尊重、相互欣赏,民主气氛浓烈,关系和谐融洽。节选的这一段中,禹询问皋陶施行德政的具体做法,皋陶非常配合地完成话轮。下面来看译者们的翻译。

罗译:Answered Yu, "It is right, but how to perform these virtues?"

Gaoyao said: "Oh! firstly, from my part, one must be cautious to cultivate himself, the personal cultivation or self accomplishment should be unremitting. You should make your near relations generous and kind, and follow what you order; and you should make the wise and intelligent do their best to aid your govern mental administration, it is necessary for them to do in this way from what is near to what is far."

由于汉语自身语法结构的特点,尤其是人际意义表达的需要,原文中没有出现人称代词,这与英语语法迥异,句子的完成必须借助充当主语的名词或代词成分,因此语码转换时必须符合英语语法,这一点毋庸置疑,但是,在英语人称代词的选用上却不可随意,否则会损害原文的人际意义。罗氏译文中5次选用了对称代词you及其所有格形式,表现出一种不客气,与should连用甚至让人感觉有点傲慢的命令口气,与原文表现的平级官员间融融关系相悖。与罗氏相比,其余几位译家的处理方式合理得多。

杜译:Yu asked: "Quite true. But how shall we pursue virtues?"

Gaoyao answered: "To pursue virtue, we must be strict with ourselves and persist in self-cultivation. Meanwhile, we must be magnanimous and obliging to our own clan and select the wise and capable among them for assistance. To pursue virtue, it is also essential that we begin with ourselves first before making demands on others."

该译文中几乎每个小句都选用了复数自称代词 we 及其各种格位,将自己和禹合为一体,极大地拉近彼此距离,显得亲密无间,表达出大家齐心协力共治大业的态度和情感,实现"谟"的交际目的。再看以下高本汉译文:

高译:Yu said:"Yes, but how?"
Kao Yao said:"Oh, he should be careful about his person, the cultivation (of it) should be perpetual. If he amply regulates his nine family branches, all the enlightened ones will energetically (be wings to =) assist him; (the fact) that what is near can be caused to reach far (sc. That his influence on his nearest kin can reach to more distant people) lies in this."

高氏选择第三人称代词 he 及其各种格位,完全站在第三方陈述事理,显得客观中性、严肃认真,没有破坏原文的人际意义。

其余两位译家混合选用第二和第三人称,使得原文人际意义没有得到完全保留。如理氏译文,"Yu said,'Yes, but explain yourself.'"这里表命令的祈使语气并不礼貌;麦氏的"From the near you may argue to the distant, in this."句中对称 you 虽选用失当,但中等情态值 may 的使用在一定程度上缓和了语气。

可见,虽然人称系统是汉英语共有的语言资源,但其语法功能和使用习惯存在很大差异,因此不可能做到绝对对等,传译过程中在追求符合译语语法规则的同时,一定要关注识别原文在使用人称代词时所选择的人际意义,并在译文中使用一些补偿策略尽量保留,做到功能对等。

第二,人称代词不仅可以调节话语双方的权势关系,还能够表达对听话者的情感和心理距离。今文《尚书》中高频自称代词"我、予、朕"和高频对称代词"汝、尔"都具有感情色彩:"我"多用于表自谦,"予"大致表自尊,"朕"则多表现庄重语气;"汝"多用于表示亲热或尊重的语境,"尔"多用于表示谦恭或训诫的语境。也许,正是中国文化大语境下的交际需要才造就了古汉语发达的人称系统,而中国特色的人称系统又巩固、捍卫了中国传统文化和社会体系。诸篇中,上对下的话语中运用自称代词

"予"的频率高于"我",保持自己较尊贵的地位。平级之间的诰语则多用"我"自称以表谦逊。下对上的话语中,少用自称以示对对方的尊敬,即使有自称代词的用例,也多用"我"以示卑逊。对称代词也是如此,王室成员间对话时对称多用"汝",对权势地位比自己低,尤其是站在自己对立面上的话语对象,对称多用"尔"。

此时,面对古汉语人称代词系统如此强大的功能,英语人称系统资源确实乏力。其实,不要说英语,就连现代汉语简化后的人称系统经过历史的选择也只保留了自称代词"我(们)"和对称代词"您""你(们)",虽然"您"仍具有敬重之意,但总的来说,现代汉语还是无法再现古汉语中人称代词所表现的丰富的人际意义。而英语更是只筛留了 I、we、you,仅仅通过英语人称系统根本无法表达《尚书》原文通过人称代词的选择所表达的人际意义。但是,语言是一个符号系统,各符号间的相互作用能够促成意义的生成和识解。因此,人称系统所生成的人际意义可以通过其他系统补偿。

根据系统功能语法,语气和情态都是人际意义框架中的重要因素,对语气、情态的分析能较好地揭示对话参与者之间的人际关系。语气和情态的运用,可表示相应的地位、接触和情感关系,辨别英语中的敬辞和谦辞。(滕延江,2006:34)可见,人称系统与语气情态系统所表达的人际意义是相互作用的,也就是说,由于人称系统词汇资源缺乏而无法表达的人际意义可以通过语气、情态等语法资源来补偿。例如:

公曰:"……其汝克敬以予监于殷丧大否,肆念我天威。"
(《周书·君奭》)

此句选自《君奭》,属"诰"体语篇,记周公答召公之辞。周公、召公是兄弟是君臣,对称皆用"汝"以示其诚恳亲切的态度和情感。句中"其",庶几也,祈使之词,是周公对召公提出要求,但语气和缓,今译为:"希望您能谨慎地和我一起看到殷国丧亡的大祸,长久使我们顾虑上天的惩罚。"今译文很好地理解并保留了原文的人际意义,人称代词"您"表示尊敬,"希望您能"婉转地表达对他人的要求和希望,语气不生硬、不强烈,有效地补充加强了原文人际意义的表达。而英语中没有表敬的对称代词,只能用 you,因此,必须通过其他语言资源进行补偿,否则,原文人际意义亏损严重。杜氏和麦氏似乎没能识别原文语言的语用功能，人际意义的重构有所欠缺。

杜译：... Believe what I say, keep in mind the grave lesson of the downfall of Yin and always guard against Heaven's punishment.

麦译：... And do you oh Protector Shih, with proper respect (listen to my words).

两位完全将句子处理成英语中的祈使句，充满强烈的命令语气，与原文构建的人际意义不符，完全体会不到周公话语中流露出来的殷殷真情。另外三位译家提供了较好的译例，值得借鉴。译文如下：

罗译：... I hope that you can vigilantly find with me the great calamity and misfortune, which make us always remember the punishments sent down from the heaven above.

高译：... May you be able carefully together with me to scrutinize Yin's ruin and great wickedness, and so consider our Heaven(-given) majesty.

理译：... If you can but reverently survey with me the decay and great disorders of Yin, and thence consider the dread majesty of Heaven which warns us!

罗氏、高氏、理氏都没有选择英语中的祈使句，而分别使用了动词 hope，情态动词 can，情态动词 may，以及假设条件句式 if... 和情态动词 can，缓和了语气，重现对话双方的人际关系和说话人对听话人的情感。

《周书》的《多士》《多方》，是周公训诫殷商旧部和不服从周王统治的各国君臣，话语双方权势地位悬殊，对称皆用"尔"，《多士》34 见，《多方》52 见，竟无一个"汝"字。译文只有通过其他手段表达有别于"汝"的人际意义。例如：

> 自作不和,尔惟和哉! 尔室不睦,尔惟和哉! (《周书·多方》)

上例选自《周书·多方》,为周公代替成王发布的诰命。"尔"拉开双方距离,强调发话人的高权势,语气词"哉"强化命令语气,凸显说话人的强势地位。下面看看译文(其中下画线为笔者所加):

> 麦译:In your personal conduct there may be something disagreeable; <u>be you therefore attentive to harmony</u>. In your own families there may be a want of concord, therefore <u>aim at cordiality</u>.
> 理译:It is from yourselves that the want of harmony arises:—<u>strive to be harmonious</u>. In your families there is a want of concord:—<u>strive to be harmonious</u>.
> 高译:If you yourselves have been unconcordant, <u>make yourselves concordant</u>. If your houses are not harmonious, <u>make them concordant</u>.
> 罗译:You have caused discord among yourselves, you <u>should</u> strive to be harmonious! In your family there is a want concord, so you <u>should</u> strive to be harmonious in your own family.
> 杜译:<u>Develop</u> harmony among one another and <u>establish</u> amity among your family members.

各位译家或用表命令的祈使语气或用高值情态动词 should 传译原文中的人际意义,基本体现了原文中说话人所表现的权威和不容置疑性。

二、《尚书》译本中语气(情态)系统的人际意义传译

根据功能语法,语气和情态系统是体现语言人际功能的主要语法资源。英语中的典型语气类型对应着由交流内容和话语角色相互组合而形成的四种言语功能,从而可以表达说话者的话语目的和交际意图;情

态系统则用来表达命题、提议中归一度两极之间的中间状态,从而表示说话者对于命题内容或行为实施的主观判断、责任和意愿。

对于汉语来说,语气资源同样是人际意义表达的重要手段。西方语言学中所讨论的四大典型语气类型——陈述语气、疑问语气、祈使语气、感叹语气也存在于汉语,可以说这是语言学上的共性,但是,汉语学者对语气的理解和研究远远超出了狭义地表达上文所提的四个言语功能。汉语语气系统不仅包括英语中的语气和情态,还涉及系统功能语言学研究中的评价系统,基本构成了人际意义表达的语言资源。由于汉语语气和情态的交织性,我们称其为语气(情态)系统。

英汉语中实现人际功能的语言资源具有一定的共性,但是其表层实现形式却有着较大的差异。英语主要用主语和限定词的位置变化表现各种语气。汉语对语气的实现方式不是印欧语系所体现的结构变化,而主要是词汇手段,如语气词,还包括语气副词、叹词,当然也包括一些句式、语序、语调等。

如上文所述,在共时层面,汉语与其他语言有类型学上的区别,在历时层面,汉语自身的面貌也发生了巨大的改变。《尚书》处于历史的源头,重"意合"的语言特点使得不少语气的表达处于隐性状态,没有显性的形式结构,它们的表义功能具有较强的语境依赖性,所表达的语气、情态等意义往往需要借助情景语境和上下文方能识别。随着表达的需要和语言的发展,逐渐生成了一些助成语气的标志成分和结构,是语气的指示标记,在其作用下,具体语境反映的各种语气会更加明确。今文《尚书》是一部言论集,口语为主,对话丰富,善于运用各种语气以实现言语功能,描摹人物声气神态,表达人际意义。其语气系统可以由语气词、副词、疑问代词、叹词等来标识、表达和强化,每一种语言方式可能表达多种语气类型,同一种语气类型又由多种语言方式体现,并呈现一定的语用差别。

(一)祈使语气

《尚书》中祈使语气的表现形式多样,大体分为有标记和无标记两类。有标记祈使语气主要通过语气助词、语气副词、叹词等表达。

无标记祈使语气较为缓和,提出要求、希望、命令的语气并不强硬,有一定的语用目的。如《高宗肜日》中无标志祈使小句"典祀无丰于昵",

对祖庚提出要求和希望，不用任何祈使语气标志词，缓和语气，减少命令口吻，使君王更易接受劝谏，从而达到训导目的。此外，在《康诰》《酒诰》《梓材》等诰体语篇中，发诰受诰双方地位相差不大，受诰者虽为臣下，但与发诰者是同姓兄弟，关系亲密，因此，虽是发诰者向听诰者提出要求、希望、命令，祈使语气多无标志，语气较为和缓，构建了适宜的人际关系，实现语用目的。

典祀无丰于昵。(《商书·高宗肜日》)

高译：In the standard sacrifices (sc. to the royal spirits), do not perform rites in familiarity.

理译：—Attend to the sacrifices to them, and be not so excessive in those to your father.

麦译：And the matter of sacrificing would not merely be abundant in the parental temple.

罗译：So that while offering sacrifices to them, be not too excessive to your close relatives!

杜译：Attend to the sacrifices in honour of your ancestors, but do not have elaborate sacrifices to your own father.

各位译家都识别了原句表达要求和愿望的功能，几乎都遵循了语气结构的刚性要求，采用 be not...、do not... 的祈使句式，损害了原文的人际功能，其中，麦氏使用陈述句，并选用情态动词 would，在一定程度上有助于缓和语气，表达出恰当的人际意义。

封，敬明乃罚。(《周书·康诰》)

高译：Feng, be careful and enlightened in regard to your punishments.

理译：Fung, deal reverently and understandingly in your infliction of punishment.

麦译：Fung, be respectful and intelligent in the infliction of punishments.

罗译：Feng, you should earnestly understand those penalties.

杜译：Feng, be strict and discriminating in assigning punishment.

《康诰》是周公对其弟康叔的告诫之辞，言辞殷殷，态度切切，全篇有大量表示要求和命令功能的语句，出于双方关系和情感，大多表要求或命令语气的小句皆用无标记祈使语气表达。英文翻译需要服从英语语法结构的刚性要求，可以通过语气等手段补充亏损的人际意义。

有标记祈使语气主要靠叹词、语气副词、语气助词来实现。首先看看叹词助成祈使语气中的译文表现。

汉语叹词"呜呼"在今文《尚书》中表达期望、告诫和命令语气的语用功能非常明显，其表层结构为"叹词＋祈使句"，表达强烈感情，更能加强发话人向受话人索取物品和服务的行事效果，促进言后行为的发生，完成言语功能，实现交际目的。在高语境依赖性语言——汉语中，确定叹词的语用功能主要根据上下文语境意义。如：

呜呼！封，敬明乃罚。（《周书·康诰》）
呜呼！肆汝小子封。（同上）

叹词属于词汇层面，译文处理相对简单，只需在英语词汇资源中找出对等词，几位译家选用 alas 或者 oh/o 来表达，的确 alas、oh 都是英语中的感叹词，语用功能与汉语叹词也颇为相似，皆是声缘情发，帮助人类抒发情感。然而，英语中的这两个感叹词有一定的语义侧重：alas 意为"唉、哎呀"，表示悲伤、羞愧或恐惧；oh 意为"噢"（用于稍作停顿，尤其是在回答问题或对某事发表看法时）/"喂、啊"（用于让人注意）/"啊、呀"（用于表示强烈的情感或强调对某事的看法）。如前所述，"呜呼"一词在言约义丰的古代汉语中能够表达的情感意义丰富，或嘉其美，或伤其悲，除助成祈使语气外，还可以表达哀伤、赞美、呼唤等，语用广泛，随事有义。因此，选用哪个词对应，首先要确定"呜呼"在即时语境中的语用意义，如果是置于祈使句前助成祈使语气，加强表达效果的，用 oh/o 对译要更合理些。

其次，副词也是古代汉语助成祈使语气的一大手段，语气副词和否定副词都有这样的功能。今文《尚书》中表达祈使语气的语气副词主要有"其、尚"。

"其"在今文《尚书》中共 195 见，承担多种语法功能，其中作为语气副词助成祈使语气的共 43 见，约占 22%，多出现于《周书》，是当时一种较为常见的用法。出现的篇目有《金縢》《康诰》《酒诰》《梓材》《召诰》《洛诰》《无逸》《君奭》《吕刑》《文侯之命》，其中涉及的人际关系有：成王对下级官员，周公对康叔，召公对成王，成王对周公，周公对成王，周公对召公，周穆王对官民，周平王对晋文侯。归纳起来，有两大关系场：一是有较大社会距离的君王对下级官员和庶民，二是权势距离较为接近的核心权力集团内部，而不可能出现于低阶官员或庶民对上级的话语中。

下面是出现在不同人际语境中助祈使句的"其"的传译。

其审克之。(《周书·吕刑》)

《周书·吕刑》记载的是周穆王将体现了吕侯的法律思想和刑法的主张诰谕天下，是作为统治者的帝王向下单方面颁布刑律。说者、听者间社会距离大。"其审克之"在文中反复出现了 4 次。"克"，《汉书·刑法志》引作"核"，"克"乃"核"之借，声相近也。(周秉钧，2010:281)该句是穆王要求、命令下级官员"要详细察实"。各位译家对 4 次出现的此句译文如下：

> 麦译：Let …examine carefully.
> …Carefully examine, and exert your utmost efforts.
> …Scrutinize to the utmost.
> You must employ scrutiny to the utmost.
> 理译：Do you carefully examine, and prove yourselves equal to every difficulty.
> Do you examine carefully, and overcome every difficulty.
> —Judging carefully; and proving yourselves equal to every difficulty.

…Examining carefully, and mastering every difficulty.

高译：May you investigate it.

　　　May you investigate it.

　　　May you investigate it.

　　　May you examine it.

罗译：… You should carefully examine and verify cases!

　　　… You should carefully examine and verify cases!

　　　Every case should be verified!

　　　Every case should be examined carefully and verified cautiously!

杜译：Comply with the law and exercise caution in examining criminal cases.

　　　Examine the cases and determine the punishments with extreme caution and care.

　　　Exercise extreme caution and care in your judgment.

　　　Exercise uttermost caution in deciding on the five punishments or the five penalties.

　　各家译文有较高的一致性，基本是用英文祈使句式、高值情态动词 must、should 等表达命令、要求的言语功能，祈使语气明显、强烈，体现君王下达指令时的权威和不容置疑性，有助于实现交际目标。也正是从这个角度，高译中使用低值情态动词 may、理译中将"其审克之"级转移为短语，淡化了原文的语气特征，不能很好地将原文的人际意义充分表达出来。

　　"其伊恤朕躬。""其归视尔师，宁尔邦。"这是《周书·文侯之命》里的两句话，该篇是周平王对晋文侯的策命，属"命"体。虽然周平王时代，周朝式微，但君命臣言，还是要在一定程度上体现帝王的权势地位。因此，英译文中也基本用英文祈使句和高值情态动词 shall、ought to、should 表达。如理译："You ought to compassionate my case."；高译："You shall return and look to your multitudes, and give peace to your state.";罗译:"You should return to rule your people and tranquillize your country."。

孺子其朋,孺子其朋,其往! （《周书·洛诰》）

《周书·洛诰》记录成王和周公的对话,此句是周公对成王提出希望。

麦译:Can the young officers then think of forming cabals? Should the young officers, however, form intrigues, will not the progress of the evil be like fire.

理译:My young son, can you indulge partiality?

高译:The young son should (associate ＝) find associates; the young son should find associates, he should (go to them ＝) frequent them.

杜译:Come to the new capital with your officials. Come to the new capital with your officials. Come, I beseech of you.

罗译:O my king, you should be full of vigor and go to the city of Luo!

从译文看,几位译家对"朋"和"往"的解读有分歧,由此对于"其"语用功能的认识也出现了一定的偏差。

麦氏将"孺子"误读为"年轻的官员",将"朋"理解为"朋党","往"理解为"结党营私的过程",对这些语言成分的解读制约、影响了对"其"语用功能的判断。麦氏将本是表达索取物品/服务言语功能的祈使语气变成了索取信息的疑问句式。理氏认为:朋＝比(to be partial),孺子其朋(must be taken interrogatively)＝孺子其可少狗比党之私乎。其往＝自是而往(from this forward)。可见,正是对"朋"的歧解导致对"其"的误读。因此,麦氏、理氏两位译家没有表达出原文的意义和功能。

高、杜两位译家认为"朋"意为"同僚/同朝官员",对"其"的语义认知也颇为合理,分别用含情态动词should的陈述句和标准的英语祈使句式表达了周公对年轻成王的希望。

罗氏的英译文参考了周秉钧(1997)的今译文"朋,古风字,引申有奋起、振奋义",该句今译为"王啊!您要振奋,您要振奋,要到洛邑去!"正因为对其他语言成分的正确解读,才使得译者对"其"这一语气副词的结构意义和语用功能进行合理的诠释,使其译文最接近原文的表达状态。

从以上译例中可以看出符号系统里各符号层之间的互动和影响、符号解读的相互依赖性。如果将"朋"理解为结党偏私这样的贬斥意义,"其"自然不可能解读为表希望、要求的祈使语气。而如果将"朋"解释为"同僚"或"奋进",那么"其"自然成为祈使语气的语法标记了。该句属于周公对成王的一句诰词,周公是成王之叔、顾命大臣,地位极高,所以他直接用祈使语气完成"索取物品+服务"的言语功能。高氏、杜氏、罗氏的译文较为理想,皆重现了原文中表期望、要求的言语功能,但表层形式还是有所差别:或用情态动词 should,或用祈使句式,杜氏在译文中用了实义动词 beseech(恳求,乞求),既完成了言语功能,又体现了话语双方权势地位的等级关系,是一个很好的尝试。

"尚"在今文《尚书》中出现 20 次,出现频率和语法功能比"其"少得多,其中表示祈使语气是"尚"字的主要功能,共出现 8 次。出现的篇目有《汤誓》《盘庚下》《牧誓》《多方》《顾命》《吕刑》,说话方皆为高权势者,听话方皆为低权势者,可见,"尚"是强度较高的语气副词,祈使中更加偏重命令含义,缺少协商性。

语内翻译的识别度影响助成祈使语气的副词"尚"在语际翻译中的正确性。在最早的麦都思《尚书》译本中,有好几处对表祈使语气的"尚"字语义理解失误,将"尚"错译成 still、perhaps,译文小句的言语功能变成"提供信息",而不是"索取物品+服务",与原文"提出命令/要求"的交际目的就"差之千里"了。几位译者对"尚"的概念意义的理解基本正确,译语也基本完成其应有的言语功能。理氏用祈使句、情态动词 would、实义动词 pray 来传译"尚"的意义和功能,高氏全部用低值情态动词 may,罗氏用祈使句和高值情态词 should,杜氏基本用祈使句。尽管各位译家用各种手段表达了原文中说者要求听者提供服务的言语目的,不同的手段还是显现了不同的人际意义,对原文中人物关系的重现有了优劣之分。如上文所言,"尚"助成祈使一般出现在地位高的一方向地位低的一方发出命令的情景语境中,强调执行性而不是协商性。因此,may、would 等低、中值情态词,表示"祈求"义的动词词汇 pray,都不能重现原文"尚"的人际意义,而高值情态词 should、祈使句式是更好的选择,能够表达应有的人际意义,更好地实现语用功能,与原文中人物关系、情景意义一致。

否定副词助成祈使语气表达禁止、劝阻,今文《尚书》出现了"无、不、勿、罔、弗、非、未、匪、蔑"9 个否定副词。它们当中的"无、不、勿、罔"除了表示叙述性的否定外还是助成语气的一种方式,由于表示语气较为强烈的禁止、劝阻,它们一般出现在上级对下级或者级差不大的人物关系对话中。其中,"无"的使用频率最高,共 62 见;其次是"勿",15 见;使用频率最低的是"不"(1 见)①和"罔"(1 见)。对于这类否定副词的传译,首先要对其概念意义和语法功能进行正确识别,各位译者只要识别出这些否定副词的祈使作用,译文基本都能重现其言语功能。如"明听朕言,无荒失朕命!"(《商书·盘庚中》)是盘庚做了君主后对不服从迁移的臣民的命令:"你们要听清楚我的话,不要忽视我的命令!"几位译家在译文中皆用英文祈使句的否定式(do not ...)以表达说话人索取服务的言语目的。再如:"用其义刑义杀,勿庸以次汝封。"(《周书·康诰》)此句是周公告诫并教授其弟康叔治理卫国的话语:"采用合理的刑杀条例,不要顺从你的心意!"几位译家或用祈使句 do not.../ never do...,或用高值情态词 must not 或级转移为否定词组表达,译文如下:

> 麦译:Observe, however, righteous punishments and just inflictions, but do not use them in accordance with your own private views.
>
> 理译:But you must see that those punishment, as well as the penalty of death, be righteous. And you must not let them be warped to agree with your own inclinations.
>
> 高译:Use their just punishments and just killings. Do not use them so as to agree with you.
>
> 罗译:And adopt correct and rational laws of punishments and penalty never merely yield to your own inclination.
>
> 杜译:See to it that punishments and death are inflicted

---

① "不",作为否定副词,使用频率最高,共有 302 个语例,但是表"禁止"祈使义的仅一例。

with adequate evidence and justification, not by your whim and will.

在实施"索取物品＋服务"言语行为的祈使语气中，否定副词的重复使用有加强语气、增强言后行为效果的作用。如"不无戮于尔邦！"(《商书·西伯戡黎》)，"汝亦罔不克敬典"《周书·康诰》，"不可不敬德"(《周书·召诰》)等。《商书·西伯戡黎》记载祖伊在周文王攻下殷黎时直谏纣王的过程。在这篇君臣对话中，祖伊直言敢谏，正告纣王无度而怙恶不悛已招致天怒人怨，直言不讳地指出殷命将终的危急情势，规劝纣王勤勉政事，努力为国家着想。因此臣下对君上用"不无戮于尔邦"这样语气强烈的话语在情理之中。《周书·康诰》是周公对康叔的告诫之辞，希其治好殷邦，巩固周王朝统治。"汝亦罔不克敬典"体现周公愿望迫切、语重心长。《周书·召诰》记录召公向成王汇报复营洛邑的工作：陈当前之忧，赞宅洛治民之美，用"不可不敬德"等话语勉成王敬德恤民以显王业，语气较强。在传译中，应该注意到这些句式与一般祈使句的不同，充分理解其语用目，体会当时情境下话语者的情感态度，识别构建恰当的人际意义。现将三句译文分列如下：

指乃功，不无戮于尔邦！(《商书·西伯戡黎》)
麦译：They will point to your affairs, and in no case will you avoid disgrace in your own country.
理译：As to all your deeds, can they but bring ruin on your country?
高译：If you (effectuate＝) carry through your deeds, you cannot but be killed in your state.
罗译：While administering governmental affairs you must take a good account of your own country.
杜译：You cannot but consider the fate of our empire and make concerted efforts to prevent it from ruin.

撇开对某些汉语词汇的训释差误不说，各位译家对双重否定的祈使句式的语用功能还是有着恰当的把握。他们用各种词汇语法资源做到了功能对等,如 in no case、you cannot but、must 等,理氏用另一个语气域——疑问语气中的一种句式来投射到原文的语气域——祈使语气,这种语气隐喻重现原文的强烈情感,实现说话者话语的交际意图。

汝亦罔不克敬典。《周书·康诰》
麦译:But if you also could be invariably respectful and attentive to the constant rules...
理译:Do you also in every thing reverence the constant statutes...
高译:You should in every thing respect the rules...
罗译:You cannot refuse laws and decrees, you should advocate them...
杜译:Respect each and every stipulation of the law...

从译文可见,各位译家使用词汇和语法资源来与原文语用等值。

王敬作所不可不敬德。(《周书·召诰》)
麦译:Let the king make a place for respect, and never neglect the virtue of reverence.
理译:Let the king make reverence the resting—place of his mind. He may not but maintain the virtue of reverence.
高译:May the king with reverent attention (make a placing=) give them their proper positions; he should not fail reverently to attend to virtue.
罗译:The king must also set a good example and fully respect and display virtue.
杜译:Our king earnestly builds the new city, but he must earnestly practise his moral administration.

译者们仍然是用词汇手段,如 never neglect、情态动词 must、should、may 等来表达。但是,与前面两句比较,可以看到前面两句及译文祈使意义明显,频现高值情态动词以及 you 这样的人称代词表示对对方的要求和希望。该句的说话方是召公,另一方为成王,因此原文和译文还是顾及了双方的政治等级关系。低值情态词 may 的出现缓解了语气。此外,对称不见一个对称代词 you,而用头衔"王"(the king)和第三人称代词 he、his,说话人通过小句责任者的转移,能够既强调"不可不敬德"的重要性,又降低居高临下的权势感和强迫性,很好地维系了人际关系和社会政治体系。

语气词是汉语中特有的词汇范畴,它承担着各种语法功能,并且能够描摹话语者的神貌形态。显化祈使语气就是语气词的功能之一,表示劝告、勉励、希望、命令、禁戒。《尚书》中此类语气词有:"哉、焉、矣",出现的篇目有《尧典》《皋陶谟》《盘庚》《牧誓》《大诰》《康诰》《洛诰》《无逸》《多方》《立政》《顾命》《吕刑》《文侯之命》,涉及各种人物关系,表达即时语境中话语者的情感态度,刻画了人物的态度、心情、神态。其中,"哉"使用频率最高,达 39 次。如:

钦哉!钦哉!惟刑之恤哉! 　　　　　(《虞夏书·尧典》)
不愆于四伐、五伐、六伐、七伐,乃止齐焉。
　　　　　　　　　　　　　　　　　　　(《周书·牧誓》)
拜手稽首后矣! 　　　　　　　　　　　(《周书·立政》)

句末语气词表示祈使语气是汉语独有的,英语中没有对应的词汇语法范畴。以"哉、焉、矣"作为标记的祈使语气具有较为强烈的感情色彩,语势坚定,不容置疑。英语中虽然没有对等的词汇翻译这些句末语气虚词,但是仍然可以利用其他的句法词汇资源,如高值情态动词、祈使句使译文达到功能上的高度等值。如:

政事懋哉懋哉! 　　　　　　　　　　　(《虞夏书·皋陶谟》)

这是皋陶与禹讨论施政主张时鼓励敦促大家勤于政事的话,各位译者皆表达了原文的人际意义,实现了言语功能。其中,麦都思运用了语气隐喻,用疑问语气的表层结构表达了祈使语气的深层意义,并表现了"哉"所表达的强烈情感,是一次非常有益的尝试。

麦译：This is all the business of governments; let us exert ourselves! let us exert ourselves!

理译：The business of government! —ought we not to be earnest in it? Ought we not to be earnest in it?

高译：In the affairs of government let us be energetic, let us be energetic!

罗译：Try your best to do administrative affairs, you should be earnest, be earnest!

杜译：Be diligent in state affairs. Be diligent!

综上，早在中国上古时代的社会活动中，人们就创造出了较为丰富的语言资源来实现自己要求对方给予服务的行为目的。汉语中叹词、语气副词、语气助词等都是这样的语言资源，它们虽为词汇，却承担着语法责任，表达包括情感态度、权势地位、亲疏远近的丰富的人际意义，帮助人们在交际中实现言语功能，维持并协调人与人之间的关系。比较之下，英语中表达类似功能的语言相对贫乏，根据韩礼德功能语法，与之相配的一般来说只是通过限定部分（finite）的变化实现。为了高保值地传译汉语文本，各位译家采用了各种补偿手段，如运用不同值度的情态动词、表达实际意义的实义动词，或者改变小句的行为责任者，或者利用语气隐喻等，从不同程度上弥补了英语的"先天不足"，尽量做到中华经典的高保真传译。

（二）疑问语气

疑问语气可以通过说话人发问来向听话人寻求自己所需要的信息。与祈使语气一样，今文《尚书》中疑问语气的表达形式有有标记和无标记之分。无标记的疑问语气需要通过语境识解、传译；助成疑问语气的标记词有语气词"哉、其、乎"和疑问代词"畴、谁、何、曷、害、割、如何、如台、奈何"）。其中，语气助词表达疑问语气用例极少，仅各一例。句子的疑问语气主要通过疑问代词表达出来，单音疑问代词6个，凡81词次；复音疑问代词3个，凡8词次。

上古语篇没有句读，没有标点符号这样的标记，无标记疑问句的识别完全依靠语境。"有能俾乂"出自《尧典》，无标记疑问句，从下文"佥曰：'於，鲧哉！'"可以推"有能俾乂"应为说话者在向听话者寻求信息，是尧帝在与大臣们的议政对话时询问能够帮助国家治理洪水的人选。今译为"有能使洪水得到治理的吗？"

  麦译：If there be any persons of ability, I will set them to manage this matter.
  理译：Is there a capable man, to whom I can assign the correction of this calamity?
  高译：Is there anybody whom I could let regulate it?
  罗译：Is there someone who has the ability to control the flood?
  杜译：Who, then, can fight and tame the waters?

  除了麦氏外，其余几位译家都正确识别了其寻求信息的语言功能，并用语气一致式传译为英文疑问句。麦氏的译文虽然没有用与原文一致的疑问语气，但是仍然表达了说话人的言语目的，寻求"能人"以治洪水，不同语气词表达同一种言语功能，这正是系统功能语言学中的语气隐喻概念。

  疑问句如果有一些标识，会有助于读者判断。《尚书》中的疑问代词主要用于问人、问事、问因，英语中有词汇与之对应，疑问词 who/whom、what、how 等能很好地传译汉语疑问句。如《虞夏书·尧典》中一句"畴咨若时登庸？"《尔雅·释诂》："畴，孰，谁也。""羲和为卿官，尧之末年皆以老死，庶绩多阙，故求贤顺四时之职，欲用以代羲和。"上句译为"谁能顺应天时被提升任用呢？"几位译者都用以疑问代词 who 引导的特殊疑问句。如：理译："Who will search out for me a man according to the times, whom I may raise and employ?" 罗译："Who is the man who might conform to the trend of the times? I will raise him and employ him."。

  《尚书》中助成疑问语气的还有"哉、其、乎"等语气助词，但是语气助词的这种语用功能在初步发展阶段语例尚少，今文《尚书》中仅各见一例。

> 今尔无指告，予颠隮，若之何其？　　　　　（《商书·微子》）

句中"其"表疑问，郑玄曰："语助也。齐、鲁之问声如姬。"此外，"若之何"是表疑问的凝固结构，用以商讨办法、征询意见，代词"之"虚化为衬音助词，"若之何"即"若何"，即"何"。疑问代词和语气助词同现表达疑问语气，今文《尚书》中仅此一例，具有开创性质。对于翻译者来说，两个标识词极大地提高了疑问语气识别度，几位译家均用特殊疑问句传译原文疑问语气。如麦都思"How is this?"，理雅各"What is to be done?"等。

"哉"是《尚书》中使用频率最高的语气词，语用范围也最为广泛，功能全面，不仅可以标示祈使，还用于表达判断、陈述、感叹、疑问、商度语气，那么要识解其语用功能，语境就是解密之钥。如"襄我二人，汝有合哉"，周公之语，选自《周书·君奭》，此句中"哉"究竟表示什么语气，需要在周围语言生态环境中确定。以下为高译：

> 高译：(Achieve＝) Follow up the work of our two men (sc. founders Wen and Wu); you should (have agreement＝) act in accord (with them).

显然是将"哉"理解为祈使语气词，这不太合理。首先，该篇记录周公对召公的答辞。周公、召公是亲兄弟，同朝为臣。召公反对天命说、主张事在人为，周公赞赏召公的看法，并明确表示倚重召公，勉励召公共同辅佐成王完成大业。言语间，周公极显对兄弟的诚挚关切和对同僚的尊重敬仰，此处"哉"如果是表示传达命令、要求的祈使语气，与文本语境和情景语境都不相符。其次，再看看该句的上下文："予惟曰：'襄我二人，汝有合哉？'言曰：'在时二人。'""言曰"明显是答句，是周公代召公作答，可以看成设问句。不管是有疑而问还是无疑而问，前面一句的疑问语气是确定的。其余几家译文如下：

> 麦译：(That the accomplishment of the designs of our royal house) depends chiefly upon us two. Do you accord with this sentiment and say that it depends on us two?

理译：The establishment of our dynasty rests with us two. Do you agree with me? Then you *also* will say, "It rests with us two."

罗译：Do you have the others who have the same ideals and follow the same path except me? You may answer："It rests with us two."

杜译：Is there any other man who can match your virtue? You will certainly answer："It is only with the two of us working closely together …"

上句是语气隐喻的又一例证，用无疑而问的设问句式输出自己已有的观点和信息，承担陈述句式的言语功能的同时，渲染情感、加强语气、突出信息、增强表达效果。用疑问语气去表达另一语气域所实施的言语功能是疑问语气的一大特色。再如：

帝曰："畴咨若时登庸？"
放齐曰："胤子朱，启明。"
帝曰：'吁！嚚讼可乎？'(《虞夏书·尧典》)

第三句中的"乎"，《说文》："乎，语之余也。"《词诠》："语末助词，反诘时用之。此种有问之形，无问之实。"第三句属于语气隐喻。此句的上下文是，帝尧询问众臣能被提升任用的人选，尧臣放齐推举尧子丹朱，帝尧反对，说"吁！嚚讼可乎？"此语并非就丹朱能否担当大任存有疑问而进一步索求信息，其真正的言语目的是提供信息，表明丹朱说话虚妄、又好争辩，绝对不可以担任要职。这里"提供信息"没有用陈述语气，而用疑问语气，从一个语气域向另一个语气域转移，表达同一种言语功能。用疑问语气这种"非一致式"表达"提供信息"的言语功能，是为了取得特殊的语用效果：尧帝反对的态度坚定，语气强烈，不容置疑，可谓给放齐当头一棒。放齐阿谀奉承的奸佞形象、尧帝唯贤是求的圣君形象，皆栩栩如生，跃然纸上。几位译家基本保留了原文的语气隐喻形式，用疑问句输出信息，达到特殊的语用效果。

麦译：The emperor said, "Tush! he is insincere and litigious; can he do?"

罗译：The emperor Yao said, "Alas! What he said were often hypocritical and what he acted did like to quarrel with others, may he be the one being raised and employed?"

杜译：The emperor said, "Alas! He is foolish and insincere, not worthy of the appointment."

杜译采用了与言语功能一致的陈述语气，对原文所传达的概念意义是准确的，但在表达效果和实现人际意义方面略显逊色。可见，翻译过程中，译者不应仅仅止步于静态的字面意思的"信"，还要关注语言形式和语言功能之间的关系，传译文本的动态的人际意义。

（三）**陈述语气**

陈述语气有输出信息、提供"物品＋服务"等言语功能。今文《尚书》中的陈述语气在语气和情态表达上都有了一些发展，下面从语气、情态两方面来看原文质态及其传译。当然，语气与情态交织，语言成分有时能够同时表达语气和情态意义，这一点是肯定的，这里将语气、情态分开讨论只是出于论述的需要，并非意指两者之间"秋毫无犯"。

首先，上古汉语中陈述语气在大多数情况下没有语气标记。随着人类社会的发展以及表达的需要，汉语中逐渐出现了一些语气标志词，句末语气词首先承担起了这样的言语功能，所以，语气词可能最早的语用都是作句子标识的。（钱宗武，2004：313）今文《尚书》中助陈述的语气助词有："哉、矣、焉、已、止"，它们不仅能够标明言语功能，同时还能抒发情感，描绘人际意义。

"哉"在陈述中有使话语具有轻重缓急之语势和调节音节的作用。"臣哉邻哉。邻哉臣哉。"两句句中的"哉"舒缓口气，两句句末的"哉"加强判断效果，意为"大臣就是最亲近的人！最亲近的人就是大臣！"下面看看英译文：

麦译：(Oh the importance of) ministers and attendants! Attendants! And ministers!

理译：Ministers! Associates! Associates! Ministers!

高译：（Servants =）Ministers,（neighbours =）associates! Associates, ministers!

罗译：I should depend upon ministers who are the dearest associates! I should depend upon the dearest associates who are the ministers!

杜译：My ministers are my best associates, and my best associates are my ministers——they are an integral part of my sovereign rule.

麦、理、高三位西方译者没有将原文译为陈述句，皆译为名词短语，似乎没有意识到汉语和英语的一个结构性差别，汉语句子可以没有动词，名词能够直接做谓语，如"他我老师"，此句是陈述句，句中"我老师"是谓语部分，翻成英语则必须加上谓语动词 be，即 He is my teacher,他（是）我老师。可见汉英语语法结构上的差异影响了语内、语际翻译。中国的两位译者准确识别了原文的语气，用并列句和级转移的方法补充了原文的概念意义，使意义显化、丰满，将"哉"这个语气虚词所包含的情感和人际色彩表现了出来。

天命有德，五服五章哉！天讨有罪，五刑五用哉！
（《虞夏书·皋陶谟》）

皋陶向禹陈述自己的政治主张，以"哉"断句既标明信息的输出又抒发了较为强烈的情感色彩。从下面的译文可以看到，为了表达出说话人当时比较激昂的情绪，麦、理两位译家用感叹句和反问句来表现"哉"的情感意义，虽然有点过于强烈，但是在运用语气隐喻方面还是给我们带来一定的启示。

麦译：Heaven encourages the virtuous, but (use) the five kinds of clothing (as rewards,) and then oh how illustrious will be the five displays! Heaven punishes the wicked, but use the five kinds of punishments, and then oh how serviceable will be the five applications!

理译：Heaven graciously distinguishes the virtuous; —are there not the five habiliments, five decorations of them? Heaven punishes the guilty; —are there not the five punishments to be severally used for that purpose?

高译：Heaven gives charges to those who have virtue, (there are) five (degrees of) garments and their five (classes of) emblems. Heaven punishes those who have guilt, (there are) five punishments and their five (uses ＝) applications.

罗译：The heaven above appoints the men who are virtuous, so that we must use the five different ceremonial robes to comment the five kinds of men; the great son of heaven, princes, ministers, scholars, and the common people! The heaven above punishes the men who are guilty, so that it should use the five punishments to punish them. The five punishments are as follows: tattooing the face, cutting off the nose, cutting off the feet, castration, and decapitation.

杜译：To stimulate the virtuous in their official duties, Heaven has designed five kinds of robes as reward for different degrees of merits. And to punish the guilty, Heaven has stipulated the five punishments for different degrees of offenses.

"焉、已、止、矣"四个语气词的功能、意义类似。"矣"，《说文》："语已词也。"《词诠》："矣，语末助词，表已然之事实。"马建忠(1983:341)指出：所以决事理已然之口气也，俗间所谓"了"字。凡"矣"字之助句读也，皆可以"了"字解之，表示动作的完结。"焉"，《玉篇》："语已之词也。"黄侃认为："焉，为语已词，则'矣'之借。"(王引之，1985:36)柳宗元《复杜温夫书》："焉，决辞也。"《词诠》："语末助词，表决定。"《先秦语法》："清课虚斋主人《虚字注释》云：焉，语终词，比'也'轻，如'心不在焉'之类。这类'焉'字总是表示行为、动作的结果，在时间上表示某一行为、动作已经完成或已经过去。"(易孟醇，1989:426)"已"，置于句末，主要表示陈述语气。《经传释词》:"'已'为语终之词,则与'矣'同义;连言之则曰'已矣'。……颜师古注《汉书·宣帝纪》曰:已,语终辞也。"《词诠》:"已,语末助词,表决定。""止",《词诠》:"语末助词,表决定。"《古书虚字集释》:"止,犹'矣'也。'止'与'之'古同音,故'之'训'矣','止'亦训'矣'。"可见,"焉、已、止"均可训为"矣"。如:

予旦已受人之徽言咸告孺子王矣。　　(《周书·立政》)
为坛于南方,北面,周公立焉。　　　　(《周书·金縢》)
公定,予往已。　　　　　　　　　　　(《周书·洛诰》)
尔乃尚有尔土,尔乃尚宁干止。　　　　(《周书·多士》)

四句皆为陈述语气,输出信息时,语气肯定坚决,有"决然"之口气。传译基本达到了原文的表达效果。如高氏对上述四句中第一句的翻译:

高译:I, Jidan, have told you the sovereign all those excellent words of the former ones.

最后一句中,有的译者(如理雅各和高本汉)对"止"的训诂出现了错误,将"止"理解为"居",因此译成了 dwellings。有的译者忽略了"止"作为标明陈述语气语的功能及其决然的口气,将句中"尚"字理解为使句子产生了一定情态空间的情态副词。

高译:May you have your lands, may you find peace in your occupations and your dwellings.

高译与原文的人际意义还是有一定距离的,相比之下,杜瑞清的译文"You will retain your land and maintain a tranquil and productive life.")还是可以接受的。

"语气"能够实现言语功能,通过不同的语气选择实现交际的目的。除此之外,"情态"在人际交往中也有着非常重要的作用,表达人们的观点态度、情感关系。这些都是人们语言活动中的刚性需求,因此即使在远古,语言中就出现了语言资源来完成相应的任务。来看今文《尚书》中的例句。

(1) 下民其咨。

(2) 抚于五辰,庶绩其凝。

(3) 无旷庶官,天工,人其代之。

(4) 会其有极,归其有极。

(5) 身其康强,子孙其逢。

(6) 我有周惟其大介赉尔。

(7) 继自今我其立政。

(8) 我其克灼知厥若,丕乃俾乱。

(9) 其刑上备,有并两刑。

(10) 今天其命哲,命吉凶,命历年。

(11) 君,惟乃知民德亦罔不能厥初,惟其终。

(12) 无毖于恤,不可不成乃宁考图功。

(13) 予惟不可不监。

(14) 王敬作,所不可不敬德。我不可不监于有夏,亦不可不监于有殷。我不敢知曰:有夏服天命,惟有历年。我不敢知曰:不其延。惟不敬厥德,乃早坠厥命。

(15) 公不敢不敬天之休。

(16) 汝亦罔不克敬典。

(17) 我惟大降尔命,尔罔不知。

(18) 虽尔身在外,乃心罔不在王室。

(19) 罔不中听狱之两辞。

(20) 予曷其不于前宁人图功攸终?

(21) 我其试哉!

(22) 苗顽弗即工,帝其念哉!

(23) 今汝其曰:"夏罪其如台?"

(24) 殷其弗或乱正四方。

(25) 今殷其沦丧,若涉大水,其无津涯……商今其有灾,我兴受其败;商其沦丧,我罔为臣仆。

(26) 上下勤恤,其曰我受天命,丕若有夏历年,式勿替有殷历年,欲王以小民受永命。

(27) 邦之荣怀,亦尚一人之庆。

(28) 是能容之,以保我子孙黎民,亦职有利哉!

(29) 翼不可征,王害不违卜?
(30) 厥考翼其肯曰:予有后不弃基?
(31) 予惟曰:"庶有事。"
(32) 庶有格命。

陈述句都有两极,或正或反,或是或非,被视为信息交流中的归一度。即使是表示其中的一极(如表示肯定),也存在程度差异:由极为肯定到不太肯定、没有把握,这种中间状态就是情态空间(modal space)。以上例句1到20表达的都是归一度中肯定的一极,语气强烈:句1到11通过语气副词"其"实现;句12到19"不可不"/"罔不"等是双重否定的手段表现;句20比较特殊,它用语气隐喻的方法实施态度坚定、斩钉截铁的肯定陈述语气的语用功能。句21到32则表现了归一度之间的情态空间,即不完全肯定也不完全否定,语言手段有:句末语气词"哉"表商度语气(句21、22);语气副词"其"(句23—26)、"尚"(句27)、"职"(句28)、"翼"(句29、30)、"庶"(句31、32)表揣度、推测语气。

根据《尚书新笺与上古文明》,"其"在上述诸例句中均为语气副词,用于陈述句,表肯定语气,可译为"会、应当、必定"等。我们认为,肯定陈述句一般没有标记,这里"其"的运用应该有其语用价值,对所述命题有很高的确定性,语气较一般无标记陈述句强烈。译文中没有设置情态空间,命题确信度为百分之百,然而,原文中"其"的标志性作用似乎表现得不够充分,如果能加上 surely、definitely 等副词应该更好。见下两例。

身其康强,子孙其逢。　　　　　　(《周书·洪范》)

麦译:In such cases, your person will be secure, and your descendants will be happy.

理译:And the result will be the welfare of your person, and good fortune to your descendants.

高译:Your person will be prosperous and strong, your sons and grandsons will be great.

罗译:In this way you yourself will be strong and healthy, your posterities, will be always prosperous.

杜译:Which means that you will enjoy good health and

your descendants will have good fortune.

抚于五辰,庶绩其凝。 (《周书·皋陶谟》)

麦译:Each one according with the five terms, so that every one's merit would be completed.

理译:—And thus their various duties will be fully accomplished.

高译:All the achievements are (consolidated=) firmly established.

罗译:All the officers will emulate one another, and they all have an idea to do their political affairs well and follow the emperor to accomplish every duty, in this way, every kind of governmental affair will be done well.

杜译:Great achievements will be made when the sovereign...

"不可不"/"罔不"等双重否定所表达的也是正极,但是语气更加强烈,表现了说话人对所述命题毋庸置疑的坚定态度,以及对听话人执行命令的强烈要求。汉语中双重否定的表达形式并不能在英语中找到完全对等的语言形式。纵观各位译家,他们对此类语言形式的翻译手段有以下几种:

(1) 固定搭配:cannot but/ may not but/ cannot help doing。如高译:

Do not be (toiled=) distressed by the anxieties, you cannot but achieve your serene (dead=) father's planned work.

无丞于恤,不可不成乃宁考图功。

理译:He may not but maintain the virtue of reverence.

不可不敬德。

罗译:We cannot help noticing the psychology of the people.

(2) 英语的双重否定句：否定词+表示否定意义的动词或形容词等。如：

无毖于恤，不可不成乃宁考图功。

罗译：Do not be terribly frightened with sorrow, we cannot refuse to accomplish the great business left by King Wen of Zhou.

虽尔身在外，乃心罔不在王室。

罗译：Though you are outside the court, yet your minds should not be without it.

(3) 恢复成英语中的肯定句，但用一些词汇保留原文的强烈的语气。如：

不可不成乃宁考图功。

杜译：You have the duty to carry on the glory of King Wen, your father.

罔不中听狱之两辞。

杜译：To maintain law and order, it is imperative to hear both sides of a lawsuit and make impartial decisions.

双重否定句的英译如果直接去双否形式处理，翻译效果将大打折扣。如：

我惟大降尔命，尔罔不知。

杜译：Listen to me and make sure that you understand me.

这种翻译语例甚少，可见并不受译家青睐。

情态系统是实现人际意义的重要手段，这种人类社会日常交际中的表达需要使得在遥远的上古时代业已出现了情态系统的言语资源。"今殷其沦丧""翼不可征,王害不违卜""庶有事""庶有格命""邦之荣怀,亦尚一人之庆"中的"其、翼、庶、尚"皆为语气副词,表示揣度之意,译为"大概、或许、恐怕"。这些情态资源的使用能够帮助说话者表达对命题没有十足把握的人际意义,降低其对所陈述内容承担的责任,增加交流中的协商空间,如《虞夏书·皋陶谟》中臣禹与帝舜讨论对待三苗的态度时说道:"苗顽弗即工,帝其念哉!"鉴于话语双方的人际关系和对话发生语境,将"其"识解为具有商度意义的"恐怕"要比将其解读为表命令意义的"要、应该"更为合理。与"You, the emperor, should consider such thing." "Think of this, O emperor." "Bear in mind the rebelliousness of the Miao tribes, your majesty."相比,英译文"May the emperor ponder it!"更准确地描述出说话人说话时的姿态、情感。这个例子再一次说明上古汉语一词兼数职的特点给我们的解读带来很多困扰,但是在特定语境中理应表达的人际意义能够给我们提供启示和依据。总的看来,在"其、翼、庶、尚"中,译者对"庶"的情态意义识别度最高,对"其、翼"的识别度最低。如"庶有事"的几种译文: "Perhaps there will be some occasion for your services." "Probably there will be business to be done." "May you (have performances=) partake in the sacrifices." "You may go and hold the offering sacrifices."和"庶有格命"的译文: "It may be, you will receive a most important charge." "May it occur that you (all) attain to charges." "Perhaps you have a happy fate."。

这两句的几种译文中,低值情态动词 may 和概率副词 perhaps、probably 表达"庶"所体现的情态空间。

陈述语气的语例最多,以上只是选取了特点明显的例子。语言意义与形式等符号系统间的互动,在语内、语际翻译过程中都有着重要的意义。人际意义更是如此,不仅解读、表达文本内部文字意义,更是社会空间里意义建构的过程和结果。

小　结

语言不是孤立存在的,它存在于社会符号系统之中。话语中对于语言资源的选择背后有着强大的社会交际动因,语言的社会交际功能也在语言形式结构的各个层面留下了痕迹,这不仅体现在各个类别的语言中,还体现在各个历史时期的语言中,是语言的共性。《尚书》"典、谟、训、诰、誓、命"是具有一些共同特征的事件的集合,交际情景的类似促使各体在叙事和话语上形成了自己的特点,进而形成《尚书》"六体"。在各类事件中面对不同的人物关系,说话人选择语言资源表达人际意义,同时也实现了语言的人际功能。因此,我们应该将古老的语言符号置于人类交际活动之中,揭示上古汉语的人际意义。

　　称呼语系统、语气(情态)系统等词汇语法资源是实现人际功能的手段,人际意义由其表达,并定型于语言及文本中,使得由语言人际意义建构的社会体系随着文本的保存和流传而得以维系和发展。因此,在《尚书》传译过程中,不能仅停留于字面翻译,而要在人际意义维度下进行思考,否则不能达到典籍传译的目的。汉英语在人际意义实现方式方面有类型上的一致性,在翻译过程中关注并实现人际意义的传译,不仅可能而且必要。人际意义的准确把握不仅使译文等值度更高,而且还能将中国文化密码通过语言传播出去,在更大语境下建立中国话语体系。

第五章 《尚书》语篇意义的理解与传译

概念意义表达人们对主客观世界的经验认识,人际意义表达人们在社会交际活动中的角色关系、情感态度,而概念意义、人际意义皆组织于语篇之中,借助语篇才能完成表达任务,这就是语言的语篇功能,表达语言的语篇意义。通过语言的语篇功能,我们可以有效组织语篇,能够选用各种语篇组织形式完成信息的组织传递,在此过程中实现自己的语用目的和表达意图,并表现语篇创作的文学特点和审美情趣。

语篇意义与概念意义、人际意义一样在形式层由一套词汇语法资源实现:主位结构(主位和述位)、信息结构(已知信息和新信息)、衔接和连贯(照应、省略、替代、连接)。它们的组合能构成"语篇性"成分,是让话语片段具有"语篇组织"的资源,没有这些资源,就不会有话语。我们根据自己的表达需要,调用这些资源,按自己的意图和方式表达概念意义和人际意义。

我们用母语构建语篇、表达各种意义时往往不会明确意识到自己的构建过程,处于一种无意识状态。但是,当我们面对译文语篇时,因为需要解码,我们对其意义的构建就进入了意识状态。因此,翻译过程中,要想了解原文的语篇意义,并在译文中重构,必须对原文语篇进行解构,逐一破解其组织类型及其表达的语篇意义。语篇意义的组织资源丰富,下面从衔接和连贯两个方面进行分析。

第一节 《尚书》语篇衔接的理解及传译

《尚书》产生于德国哲学家雅斯贝尔斯所称的人类文明的"轴心时代"

之前,是人类历史上最古老的政史文献之一,是中华民族的源头要籍。《尚书》反映了殷周时代的语言特点,历来被称"佶屈聱牙",子贡赞叹《书》"昭昭若日月之明,离离如星辰之行",刘勰亦称《书》"览文如诡,而寻理即畅"。这说明"文辞艰涩"只是《尚书》语言的表面特征,仔细剖析之后,《尚书》文本可谓事理分明、文理流畅,有着丰富的语义脉络和衔接形式。

衔接是一个语义概念——存在于语篇中并使之成为语篇的各种语义关系。(Halliday,1976:76)语篇衔接性,作为重要的组篇机制,共存于汉英语篇,汉语传统的文章学提出的"文脉、意脉",即指词句的关联和语义的贯通,与功能语法的衔接机制如出一辙,西方语篇分析所提出的衔接框架也适用于汉语语篇。衔接可视为语言类型学意义上的一种共性,在语际转换中具有较高的可译性。然而,汉英毕竟分属于汉藏语系和印欧语系,相同的语义关系底层可能生成不同的形式表层,不同的形式表层反映着不同文化中不同的审美情趣、思维模式和哲学观。在翻译的语码转换中,译者先作为原文读者从原文表层入手,解构其衔接机制,走入语义底层,重现语义关联,与原文作者的视域充分融合,再作为译文作者从底层走出,一方面,要用符合译语规则、习惯的语言表层重构语篇衔接;另一方面,也要注意原文的结构特点、修辞特色,在译文中尽量保持其文学价值。

一、语音层面的衔接与传译:汉英差异大,翻译多用补偿策略以形统神

声音是语言的物质外壳,是人类交际活动的必要条件,也是提高表达效果的重要手段。中国古代文献很重视文本中语句的语音协调,形成一整套的语音协调机制,利用相同或相近的声音有规则地回环往复(王希杰,2012:181),将形式上较为涣散的意义单位联系起来,形成一个完整的意义群落。朱光潜(2009:75)在《诗论》中说:"韵的最大功用在于把涣散的声音联络贯串起来,成为一个完整的曲调。"这种语音衔接手段广泛存在于《诗经》《楚辞》等上古韵文中,散文中亦多有使用,《尚书》语篇中就普遍使用了这种语音衔接手段。

《尚书》语篇在语音层面实现衔接连贯的地方很多,是其语篇衔接机制的重要特色之一,这是由上古文本口耳相传的传播特点决定的。如鱼阳、歌元、脂真、侯东、微文、支耕、之蒸等七组韵目通过阴阳对转实现通

韵、歌月、鱼铎、之职、幽觉、脂质、宵药、微物等七组韵目通过阴入对转实现通韵(朱岩，2008a)，这些通韵韵目在语篇中发挥语音对应的功能，它们使本来相对松散的语句在和谐统一的节奏中形成前后呼应的语篇，读起来朗朗上口，语义连贯，便于传播。英文中也存在押韵的语音模式，在语篇，特别是在诗歌、散文等体裁的语篇中发挥衔接作用。《尚书》中语音衔接例多，《商书》(2见)，《周书》(10见)。下文仅以《尚书》中的一个例句来考察英语译文对于原文语音衔接的表现情况，见表5-1：

(1) 无偏无陂，遵王之义；
    无有作好，遵王之道；
    无有作恶，遵王之路；
    无偏无党，王道荡荡；
    无党无偏，王道平平；
    无反无侧，王道正直。(《周书·洪范》)

表5-1 例句(1)及三家译文①

《尚书》例(1)	麦氏译文	理氏译文	高氏译文
无偏无陂，	In order to prevent partiality and injustice,	Without deflection, without unevenness,	Have nothing onesided, nothing oblique
遵王之义；	let (the people) follow the royal rectitude;	pursue the Royal righteousness;	and follow the king's righteousness;
无有作好，	in order to avoid excessive attachment,	Without any selfish likings,	have no predilections
遵王之道；	let them obey the royal way.	pursue the Royal way;	and follow the king's way;
无有作恶，	in order to exclude extreme antipathies,	Without any selfish dislikings,	have no aversions

---

① 文本以表格形式呈现是为了方便读者，实际上麦氏和高氏译文以句群的形式出现在段落中，只有理氏译文以每小句单独成行的形式独立出现。

《尚书》例(1)	麦氏译文	理氏译文	高氏译文
遵王之路；	let them pursue the royal way.	Pursue the Royal path;	and follow the king's road;
无偏无党，	When they are without partialities and cabals,	Without deflection, without partiality,	have nothing onesided, nothing partial,
王道荡荡；	the royal doctrines will be enlarged and extended;	Broad and long is the Royal path.	the king's way is smooth and easy;
无党无偏，	when party spirit and prejudices cease,	Without partiality, without deflection,	have nothing partial, nothing onesided,
王道平平；	the royal way will be easy and unobstructed;	The Royal path is level and easy;	the king's way is well-arranged;
无反无侧，	when there are no rebellions nor corruptions,	Without perversity, without one-sidedness,	have nothing deflected, nothing perverse,
王道正直。	the royal course will be straight and even;	The royal path is right and straight.	the king's way is straight.

《尚书》例(1)	罗氏译文	杜氏译文
无偏无陂，	Do not walk the way that is wrong, Do not walk the way that is not right,	Avoid bias,
遵王之义；	Royal laws should be observed;	maintain royal principles,
无有作好，	Do not have selfish likings, though so light,	discard selfish preferences,
遵王之道；	You should follow the way of the king.	sustain the royal way,

续　表

《尚书》例(1)	罗氏译文	杜氏译文
无有作恶，	Never do vicious things	commit no evils,
遵王之路；	And follow the way that is right,	observe the royal conduct,
无偏无党，	Do not set up a clique To further your private interests,	practise no favouritism and form no cliques,
王道荡荡；	The royal path will be broad and bright.	the royal path will extend far and wide.
无党无偏，	Do not further your private interests, Do not set up your clique,	Form no cliques and practise no favouritism,
王道平平；	The royal path will be level with light.	the royal path will run smooth and even;
无反无侧，	Do not go against it, Never be one-sided,	pursue no deviation and violation,
王道正直。	The royal path will be straight and right.	the royal path will stretch straight and direct.

《尚书》例(1)选自《周书·洪范》，阐述治理国家的第五条大法——建立皇极，此句是关于王道的精彩论述，皆以韵文及四字格出之，唱叹而出，结构整齐，节奏明快，铿锵有力，尽显诗歌特色。

原文中"陂"与"义"，"好"与"道"，"恶"与"路"，"党"与"荡"，"侧"与"直"为同声叠韵，"偏"与"平"为同声邻韵，整段话以韵文出之，反复咏叹，语感极强。对于原文语音韵律的衔接特点，理氏和罗氏的译文体现了较好的关注。理氏译文中 unevenness – righteousness、likings – dislikings、path – path 的句末尾韵在一定程度上表现了原文语音协韵的特点，然而并不充分。罗氏译文中 right – light – bright、king – things 尾韵的反复使用较好地再现了原文的语音衔接。几家译文总体表现平平，我们认为，这一点在情理之中：其一，语音系统跨越了 2000 多年，系统内部发生了巨大而复杂的演变，上古语音的具体音值已有很大变化，即便对本民族而言，认识上古音韵衔接也是一个逐步的过程，遑论初涉中国经典的西方学者；其二，即便西方译者有所领悟，汉英间音韵系统存在的巨大区别也让他们难以准确反映出语音间的衔接关系；英语是元辅音系统，而汉语是调韵声系统，其韵律及用韵形式不尽相同；其三，汉语训诂之声训揭示了汉语的一个特点，即当词语声音相同或相近时，其义往往相通，因此在同一个韵部下存在若干近义词，在构建语篇时能够比较容易地利用义近音近词展现语篇的语音回环之美，而英语并不具备这一物质基础。因此，语际转换时，尽管英文诗歌也讲究韵律，追求声音上的和谐美，但很难再现上古汉语语篇音韵衔接。

当然，几段译文仍保持着文脉畅通、语义连贯的整体态势，译家们的翻译补偿策略功不可没。汉语受音节和节奏规律支配，音节的调配使用和节奏的控制是构词造语作文的重要手段。因此，在语音衔接难以完全实现等值时，三位译家均采用语法层面的补偿手段使译文保持与原文相当的结构和节奏感：麦氏以3个"in order to... let..."和3个"when... the royal..."结构在一定程度上再现了原文形式特点。理氏选用10个without重现原文用10个"无"字所警诫的不可犯的错误，以"Without... Pursue....""Without... The royal path...."平行句式表现，此外，原文14个小句，每一小句均为整齐的四字格，译文亦14个小句，大多数小句亦四字格，且每一小句独立分行，更凸显了原文的诗歌特点和文学特色，节奏整齐明快、富有音乐感，让译文读者在阅读过程中产生与原文读者相同的感受，堪称佳作。高氏则通篇选用having nothing/no...来表示原文语码"无"，采用"having nothing/ no..., and follow the king's...."和"have nothing... the king's way is...."平行句式再现原文结构。

由于中国文献作品，特别是散文类中的语音衔接手段并不是通过文字形体表现的，与其他衔接手段相比，语音衔接处于"隐性"状态，因此要达成译文"信达雅"的标准，实为难事。译家译文皆以信为本，其中理氏对于这段诗歌的出色传译告诉我们：翻译时要观察译文的特质，找到衔接点，在不失原义的前提下尽量做到形式对等；然而，由于汉英语言系统的差别，也要运用一些补偿手段进行"动态模仿"，适度"异化"，使译文在功能上高度等值，做到"无韵而自铿锵"。

二、词汇层面的衔接与传译：汉英形似度高，翻译准确取义使形神皆似

词汇层面的衔接机制主要靠相关词语之间的语义关联构建语篇网络，词汇意义关系丰富，主要包括重复、同义关系、反义关系、上下义关系等范畴。《尚书》中词汇衔接手段运用得相当普遍，尤其体现在骈偶、排比、反复等具有修辞特色的句型结构中。如"俾暴虐于百姓，以奸宄于商邑"中的"俾、以"，"称尔戈，比尔干，立尔矛"中的"称、比、立"和"戈、干、矛"，这些骈偶、排比中同义、反义关系的运用使语篇文字生动又富于变化，连贯性和文学性也由此加强。

词汇衔接在英语语篇中同样是非常重要的组篇机制，被用来创建词汇层面衔接的各种词汇语义关系，与汉语并无二致。这种衔接的理想翻译是形式对应，只要目标语具有相同的词汇资源，最佳的选择自然是以目标语词汇等量转换原语词汇，这样既可以保留原文的衔接功能，也不会损害其修辞价值（王东风，2009：179），完成等值量高的译文。《尚书》中词汇衔接是高频的衔接方式，下面仅就反义关系和同义关系衔接为例进行说明：

（2）上刑适轻，下服；下刑适重，上服。（《周书·吕刑》）

麦译：If the superior kind of punishment has to be mitigated, employ the next inferior; and if a lower kind of punishment has to be rendered more severe, employ that next above it.

理译：Where the crime should incur one of the higher punishments, but there are mitigating circumstances, apply to it the next lower. Where it should incur one of the lower punishments, but there are aggravating circumstances, apply to it the next higher.

高译：In regard to a higher punishment, when (the crime) tends towards the lighter side, it should be downwards applied; in regard to a lower punishment, when (the crime) tends towards the heavier side, it should be upwards applied.

罗译：When the crime is higher, but there is reducing circumstance, apply to it the next lower; when the crime is lower, but there is aggravating circumstance apply to it the next higher.

杜译：Downgrade a punishment when necessary and upgrade a punishment when necessary.

例(2)阐明了审理案件中定罪量刑的方法和原则："上刑宜于减轻,就用下刑处治,下刑宜于加重,就用上刑处治",正反对立,是非分明,感情强烈。其中"上"与"下"、"轻"与"重"词性相同,反义对用,在对偶句中形成鲜明对比,具有整齐和谐的形式美,产生很好的修辞效果。麦氏的译文虽基本达意,但几乎没有反映原文通过词汇衔接形成的语言表现力。理氏、麦氏和高氏在"显化"原文逻辑关系的基础上,用 higher/ lower 及 upwards /downwards 表示"上/下",用 mitigating/ aggravating、reducing/ aggravating 及 lighter/ heavier 表示"轻/重",并将其嵌于平行句式中,使原句的衔接模式和修辞效果展现无遗。相比之下,杜氏译文处理草率。

(3) 肆类于上帝,禋于六宗,望于山川,遍于群神。(《虞夏书·尧典》)[1]

麦译：Shun then offered a sacrifice of the same class (with the border sacrifice) to the Supreme Ruler, he presented a pure offering to the six objects of veneration, he looked with devotion towards the hills and rivers, and glanced around at the host of spirits.

理译：Thereafter, he sacrificed specially, but with the ordinary forms, to God; sacrificed purely to the six Honoured ones; offered their appropriate sacrifices to the hills and rivers; and extended his worship to the host of spirits.

高译：And then he made lei-sacrifice (the "Good sacrifice")

---

[1] 本书《尚书》原文例句中的着重号、下画线和表示零式体现的符号 Ø 及译文中的粗体均为笔者所加。

to God on High, he made yin-sacrifice to the six venerable ones (sc. celestial divinities). He made wang-sacrifice to mountains and rivers, he made (all round=) comprehensive sacrifices to all the Spirits.

罗译：Then he reported to heaven about his accession to the imperial throne; and then he offered a sacrifice to heaven, earth, and four seasons, then he also offered to mountains and rivers and all four seasons, then he also offered to mountains and rivers and all gods.

杜译：He then held a grand ceremony in honour of Heaven and reported to him his ascendance to the throne. After that he reverently offered sacrifices to Heaven, earth and the four seasons, to the mountains and rivers as well as to all the celestial beings.

例句(3)描写的是舜在太庙接受尧禅让的帝位后,进行大规模祭祀活动。"肆"是表示承接关系的连词,意为"遂,于是"。其后跟随四个以"类、禋、望、遍"为谓语动词的四字格排比结构,且"类、禋、望"皆为祭名,构成同义关系的词汇衔接,形成强大的词汇语义磁场,在这个磁场中,语义相互支援形成连贯之势。

麦氏的译文出现偏差,将"望、遍"分别译为 look forwards 和 glanced around,未能识别"类、禋、望、遍"的底层语义关系。《尚书》语篇中词汇"兼职"多,一词多义现象普遍,古今义差别大。对衔接机制的识别在语内阐释和语际转换中有重大意义,如词汇衔接中词汇意义关系所构成的语义场就能提供一定的线索,消除词汇消极歧义,确立正确的语义指向或者在众多注疏中选择最合理的解读。理氏给出了"望、遍"在该句中的正确解读,疏通了意义,但原文同义词汇衔接及四字格平行结构所营造的那种动作的紧凑性、节奏感及原文的文学特色在译文中打了折扣。杜氏译文基本不顾原文的语言组织特点,只勉强传译原文概念意义,使原文语篇意义的再现大打折扣。高氏的译文则相当精妙,"类、禋、望"三种祭名分别用音译 lei、yin、wang 加上共同的类属名 sacrifice,之后的"遍"用 comprehensive sacrifices 继续复现 sacrifice,这样的安排既反映了

"类、禋、望、遍"的内涵意义,又将原文衔接形式原汁原味地再现出来,行文流畅,原文排比格的修辞价值保留无遗。

我们可以看出,《尚书》成书于上古,其今译文、英译文成文于现代,其间语言的历时演变使得词汇意义发生巨大变化,然而,文本的衔接特征能够帮助我们识解词汇的语义取向,为文本的忠实传播奠定基础。翻译中最大限度等值的"重构",首先取决于词汇义的精确呈现和歧义消解,科学把握住"归化"与"异化"的尺度,能够在时代差异与语言差异间找到最佳平衡点。在这个基础之上,才能体现乃至复原原文中词汇层面的衔接关系。

三、语法层面的衔接与传译:汉英共性多,翻译符合译语句法使形似神合

现代西方语言学自布拉格学派提出"句子功能观"后将目光投向大于句级单位的语篇分析。对语篇衔接机制的理论建构肇始于韩礼德和哈桑夫妇,两位学者合著的 *Cohesion in English* 堪称经典,为衔接的系统研究提供了方法论。

韩礼德和哈桑提出的指称、替代、省略、连接、信息结构、主述位结构等衔接手段虽然是针对英语语篇而言,却同样适用于汉语语篇。这些衔接手段可视为语言类型学上的一种共性,可译性较高,所不同的可能是每种手段的使用频率以及具体表现形式因受各自语法规则制约而不尽相同。因此,重构原语语法衔接机制要以译语的"合语法性"为前提,以功能对等为主。

(一)指称

《尚书》代词系统已经相当完备,人称代词中自称代词"我、予、朕、卬、台、吾",对称代词"女/汝、尔、乃、而"和他称代词"厥、其、之"及指示代词"兹、时、是、若、此、厥、其"(钱宗武,2004)与英语中人称指称、指示指称系统基本对应,然而汉、英语毕竟是不同类型的语言,上古汉语尤有特点,在语码转换中要按译语语法规则建构意义。

根据韩礼德和哈桑(Halliday & Hasan, 1976:48-51),语篇中第一、二人称在话语角色中外指"说话者"和"听话者",被预设项在语篇外部,没有显著的衔接作用。第三人称代词是除说者、听者之外的"其他角

色",它内指向语篇(或前指或后指),具有衔接力。《尚书》中他称代词只有"厥、其、之"3个,不仅数量少,词频也低,这说明汉语代词用法的一个突出特点:他称多用名词,或省略不用,他称代词也很少做主语。汉语重意合,行文避实就虚;英语重形合,行文避虚就实。例如:

(4) 今商王惟妇言是用,Ø 昏弃厥祀弗答,Ø 昏弃厥遗王父母弟不迪。(《周书·牧誓》)

例句(4)中第二、三小句的主语均为"商王",以零形式体现,此句的主要指称衔接链为:商王—Ø—厥—Ø—厥。《尚书》中类似的句子比比皆是,只要主语不变,首句主语(通常为名词)出现后,后面小句主语均可省略,即零式指称。然而,英语则需要每个句子有主语,当首句主语出现后,后面小句承接首句主语,往往需用代词指代。因此句(4)译成英语时,汉语中省略了的主语在英译文中均以代词显现,几位译者的译文如下:

麦译:Now **Shów, the king of Shang**, listens only to the advice of women; **he** improperly disregards the arrangement of sacrifices, without recompensing (**his** ancestors;) **he** wrongfully discards the offspring of **his** royal father, and **his** younger brother by the same mother, not treating with them according to the right way ...

(Shów, the king of Shang—he—his—he—his—his)

理译:Now **Show, the king of Shang**, follows only the words of **his** wife. **He** has blindly thrown away the sacrifices which **he** should present, and makes no response for the favours which **he** has received; **he** has blindly thrown away **his** paternal and maternal relatives, not treating them properly ...

(Show, the king of Shang—his—He—he—he—he—his)

高译:Now **Shou, the king of Shang**, (uses=) follows only the words of a woman. **He** destroys and rejects **his** set-forth sacrifices, and does not (respond=) show any gratitude.

He destroys and rejects (left over=) still living uncles and uterine brothers and does not (cause them to advance=) promote them ...

(Shou, the king of Shang—He—his—He)

罗译：Now **King Zhóu of Shang** follows only what the woman said, leaves the offerings to **his** ancestors aside, slights and abandons **his** cousins and the posterity of **his** former king, whom **he** does not assign to the proper posts.

(King Zhóu of Shang—his—his—he)

杜译：Now **King Zhou of Shang** listens only to woman, and scorns and disregards offering sacrifices to the ancestors. **He** has appointed to official positions no elders and brothers from the clan but fugitives from the four corners of the country.

(King Zhou of Shang—He)

汉语句段以板块结构流散铺排，以话题为意念主轴，以"神"驭"形"。译家们深谙此道，用英语指称代词填补意念"空位"，适度显化，在译语中再现原文指称衔接链，实现动态对等。相比较而言，高氏译文不仅在功能上，而且在形式上做到了基本对应（商王—∅—厥—∅—厥→Shou, the king of Shang—He—his—He），具有与原文相当的节奏感，显示排比的气韵，可谓是形神兼备。

今文《尚书》中指示代词比较丰富，衔接功能比较发达，与英语指示代词系统基本对应。翻译时，重拾衔接纽带，建立预设项与被预设项之间的关系，可以选择适当的译语语码重构预设关系。以"兹"为例：

(5) 天其永我命于兹新邑。(《商书·盘庚上》)

(6) 既爰宅于兹。(同上)

(7) 兹犹不常宁。(同上)

例句(5)中"兹"做介词"于"的宾语中心语"邑"的一个修饰语，麦氏、理氏、高氏将"于兹新邑"皆译为 in this new city。例句(6)中"兹"做介词

"于"的宾语,是中心词,麦氏译为 hither(viz. to Kǎng),理氏译为 on this settlement,高氏译为 here(sc. in the old capital)。可见,译家们或用级阶转移("于兹"→here、hither),或添加词汇手段补充说明(如理氏译文中的 settlement 及麦氏、高氏译文中括号内的阐释),重现了原文的衔接脉络。例句(7)中"兹"的被预设项则是前文的一个句子"先王有服,恪谨天命",麦氏、理氏、高氏的译文分别是 in this、in a case like this、in doing so,其中麦氏、理氏保留了指示代词衔接手段,显化原文"兹"的意义载荷,表达出其丰富的语义内涵,高氏译文中采用了动词性替代 do、小句性替代 so 构建了同等功能的衔接机制。

(二) 省略

《尚书》中省略现象俯拾即是,只有当省略的项目预设其他的语项时,才建立起照应和衔接关系。《尚书》中的主语省略、宾语省略属本文讨论的范畴。古代文献中的省略方式一般分为承前省和蒙后省。承前省即省略前文出现过的语法成分,是系统功能语言学所称的回指或前指关系,这种省略方式在《尚书》中已相当普遍。蒙后省的被预设项在下文,体现下指或后指关系,它在《尚书》中的用例不少,但不如承前省普遍。

(8) 今<u>商王</u>为妇言是用,$\emptyset_1$ 昏弃<u>厥祀</u>弗答 $\emptyset_2$,$\emptyset_1$ 昏弃<u>厥遗王父母弟</u>不迪 $\emptyset_3$,乃惟<u>四方之多罪逋逃</u>,$\emptyset_1$ 是崇是长,$\emptyset_1$ 是信是使,$\emptyset_1$ 是以为大夫卿士。$\emptyset_1$ 俾 $\emptyset_4$ 暴虐于百姓,$\emptyset_1$ 以 $\emptyset_4$ 奸宄于商邑。(《周书·牧誓》)

句(8)中 $\emptyset_1$ 皆承前省略主语"商王",$\emptyset_2$ 承前省宾语"厥祀",$\emptyset_3$ 承前省宾语"厥遗王父母弟",$\emptyset_4$ 承前省宾语"四方之多罪逋逃"。诸多省略体现了汉语重"意合"的特点,这与英语重"形合"的特点不同,面对原文包含高频省略的小句的铺陈排列,各家译文运用各种手段对衔接进行功能性重构,现对此总结如下:(1)用指称代词填补空位,构建指称衔接链,如 $\emptyset_1$ 几乎皆用 he 增补;(2)增加词汇补充说明,如 $\emptyset_2$ 在麦氏译文中用 his ancestors 填补;(3)添加连词连接小句,如高氏"俾暴虐于百姓,以奸宄于商邑"句译文"**and** causes them to oppress the people **and** so commit villainy and treachery in the city of Shang";(4)级阶转移,如麦氏将

193

"Ø₁俾 Ø₄暴虐于百姓"译为"**allowing** them to oppress and tyrannize over the people",理氏将"……弗答 Ø₂"译为"…**which** he should present"。上述的"添补"式的翻译,是译者从本族语言常用的衔接手段出发,对译文的再创造,是实现译文衔接通畅必须实行的"添补"。

(三) 连接

连接是通过连接成分表达的含义预设语篇中其他成分的存在,在前言与后语之间建立系统联系,从而产生衔接力。韩礼德和哈桑(Halliday & Hasan, 1976)区分了四种连接关系表达上下文的逻辑意义:附加、转折、因果、时间关系。这样的逻辑关系也存在于汉语,今文《尚书》中9类42个连词不仅数量相当可观,还具备各种语法功能,能体现不同的逻辑关系,构成了传世典籍最早的连词系统,为上古语篇提供了衔接手段。英汉语连接手段存在一定的对应关系,因此,翻译时形式对应的概率较高,如例句(3)中"肆"为承接连词,意为"遂,于是",三位译家分别译为英语中表时间关系的 then、thereafter 和 then。

然而,值得注意的是,与印欧语形成形态主轴的"焦点透视"不同,汉语句段缺乏形式约束,呈竹式结构以零聚整(潘文国,2013:197),流散铺排,以话题为意念主轴,语法范畴的可辨识性非常脆弱(陆振慧,2013:152)。洪堡特认为,由于汉语将所有语法形式的功能赋予了"意念运作"(the work of mind),也就是思维,只剩下为数不多的虚词或小品词(a few particles)和语序(position)来联结意义(connect the sense),这就使汉语不同于其他一切语言(Humbolt, 1989:231)。今文《尚书》连词系统虽具规模,但众多小句间的逻辑关系仍靠意会,译家要破解此类"隐性"衔接,在译文中添加适当的连词以"显化"原文衔接机制。余光中(2002:76)曾说:"中国古典英译之难,往往不在有形的词句,而在无形的文法:省去的部分,译者必须善加揣摩,才能妥为填补。"

(9) 左不攻于左,汝不恭命。(《虞夏书·甘誓》)

麦译:If on the left you do not attend to the business of the left, then you do not regard the decree.

理译:If you, left-side men, do not do your work on the left, it will be a disregard of my orders.

高译:If those on the left do not do their duty on the left, you do not (furnish=) execute my orders.

罗译:Left-side soldiers, if you do not shoot the enemy, it is you that do not obey what I order you.

杜译:Shoot the enemy with your arrows, warriors on my left, or you will be disobeying my orders.

原句是假设关系复句,假设连词隐去,译家补充 if/or 显化连接关系,在功能上重构了原文衔接机制。此种"添补"亦属翻译中必须遵行的策略。

(四) 平行结构

平行结构的衔接作用建立在人类认知模式基础上,通过语法结构相同或相似的词组或句成串排列实现语义衔接,是结构性衔接,类似于汉语排比修辞格,这种结构衔接几乎遍及《尚书》每一篇,对文章气势的加强和感情的升华起到推波助澜的作用。

(10) 宽而栗,柔而立,愿而恭,乱而敬,扰而毅,直而温,简而廉,刚而塞,强而义。(《虞夏书·皋陶谟》)

例句(10)中9个"而"连接9对单音节形容词,平行排列,结构一致,音律铿锵,节奏感强,句中标记——连词"而"的重复使用在另一层面发挥作用,更增加了平行结构的衔接力。"平行结构"在许多语言中都具有衔接的功能,因此译者很容易在译文中使用"平行结构"与原文呼应,以使等值效果最大化。带有标记(如"而")的平行结构较易识别,译文中,麦氏、理氏、高氏分别用 yet、and yet、combined with 连接前后9组语言单位(如"宽而栗"分别译为 liberal yet rigid、large-mind and yet apprehensive、affability combined with dignity,以此类推),虽然 yet、and yet 与 combined with 孤立来看意思并不相同,但在句内语境中,"而"字意为"不但……而且……"/"却又",如"宽而栗"指为人不仅要"宽",还要补之以"栗",因此,麦理二氏与高氏的译法有异曲同工之妙,皆较好地再现了原文的组篇机制。

（五）语序

语言是线性排列的字符串,语言单位的排列顺序,即语序,受语法规则制约。在合语法性的基础上,言语的语序具有一定的灵活性,汉语尤甚。从功能上讲,小句的语序是一种合目的的、经过选择的结果,这一过程称作主位化。主位化进程生成"言有序"的言语序列,在语篇中可称之为主位推进模式。从这一意义上讲,语序不仅反映小句内部语言单位之间的相互关系,也反映小句间的主位化照应关系,体现语篇的衔接意义。

(11) 克明俊德,以亲九族。九族既睦,平章百姓。百姓昭明,协和万邦。(《虞夏书·尧典》)

例句(11)中延续性主位推进模式使主、述位头尾蝉联,上递下接,连锁相扣,旧、新信息推延展开,条理清楚,逻辑性强,形成衔接紧密的语义群落,属于修辞格中的顶真,表现出较强的节奏感和连环复沓的旋律美。

麦译:He was able to display his superior virtue, in order to bind closer the nine degrees of kindred; the nine kindreds being rendered harmonious, he equalized and illumined the people of the Imperial domain; his own people having become intelligent, he harmonized the various states of the Empire.

理译:He was able to make the able and virtuous distinguished, and thence proceeded to the love of the nine classes of his kindred, who all became harmonious. He also regulated and polished the people of his domain, who all became brightly intelligent. Finally he united and harmonized the myriad States of the empire.

高译:He was able to make bright his lofty (great) virtue, and so he made affectionate the nine branches of the family. When the nine branches of the family had become harmonious, he distinguished and (gave marks of distinction to =) honoured the hundred clans (the gentry). When the hundred clans had become (bright=) illustrious, he harmonized the myriad states.

罗译:He was able to make both clans and families live in harmony by using his own personality and morality; after that he distinguished the governmental affairs of other clans. At last he brought all the states of the empire into line. Therefore the people under heaven were gradually changed to live peacefully and friendly.

杜译:Promoting the wise and virtuous, he brought about harmony and love to the nine classes of his kindred. With the unity of his clans people, he proceeded to inspect the officials he had appointed and rewarded those with distinguished service. And with the supervision of the officials, he made efforts to unite the various states of the empire, achieving great harmony for the people throughout the nation.

麦氏、理氏、高氏分别用非完全小句、关系短语、从句显化了原文的句际逻辑关系,理译中两个关系词 who 分别前指 the nine classes of his kindred 和 the people of his domain,虽有指称衔接的功能,然而短语级阶无法再现小句级阶的主位推进模式,因意而害形。麦译和高译保留了原句主位推进模式,麦氏对两个"九族"、两个"百姓"翻译表述不一,在一定程度上影响了行文的语势和节奏感;高氏基本完整保留了原文形态,主、述位头尾蝉联,形意皆得,也基本再现了原文的顶真辞格,符合中华民族的审美情趣。

综上所述,《尚书》语篇脉络贯通,在语言各层面有着丰富多样的衔接机制。表层的衔接形式生成于底层的语义关系,翻译中语篇衔接机制的建构,归根到底,就是处理形式和意义的关系。本章着重从语音、词汇和语法三个层面讨论了《尚书》的衔接机制以及几位译家对这三个层面衔接机制的传译处理。研究发现:在语音层面,《尚书》通过上古汉语的独特用韵构建了语篇的衔接机制,但由于汉英语音系统的差别较大,难以甚至无法同样以音韵手段再现语篇的衔接,往往需要通过其他补偿策略,尽力做到"无韵而自铿锵";在词汇层面,汉英语篇衔接机制相似度高,传译应准确提取词汇意义,忠实重构衔接形式;在语法层面,汉英语篇衔接具有类型学上的共性特征,传译应适合各自句法特点,做到功能对应。《尚书》语篇衔接机制反映了上古汉语的语言、修辞和美学特点,在生成、构建译语语篇的衔接形式时,要特别注意形意关系,在达意的过程中,功能性对应是不可避免的,而形式对应、形意兼得更是译家们追求的目标。比较麦氏、理氏、高氏三家译文,在基本达意的基础上,理氏、高氏的精彩译例反映出对原文衔接形式较高的识别度与还原度,完成了等值量高的语际阐释,译文神形兼似,原文美学价值得以更好地保留。

第二节 《尚书》语篇连贯的理解及传译

自布拉格学派开创功能句子观以来,语篇分析成为语言学研究的重要分支。语篇是具有有效交际功能的意义单位,语篇表层之下潜藏着底层语义网络,它表现为语篇的连贯。连贯性是语篇与非语篇之间的区别性特征。美国研究者哈里斯(Zellig Harris,1952:109)曾说过:"语言不是在散漫无序的词或句子中发生的,而是在连贯的话语中。"语篇"言内""言外"的各要素间相互照应、语义连贯,传递一段完整的信息,完成一定的功能。实际上,对于"连贯"的认识和关注在中国古代早已存在并发展。在中国传统语言学研究中占主体地位的虽然是"小学"研究,围绕着"字"的音、形、义展开,但对于"字"以上语言单位的探索却从未停止过。刘勰《文心雕龙·附会》:"何谓附会?谓总文理,统首尾,定与夺,合涯际,弥纶一篇,使杂而不越者也。"刘说体现了古人对写作中主题集中、首尾呼应、章节连贯的关注和要求。古人业已认识到连贯的重要性,没有连贯就不成语篇。可见,连贯是任何一个语篇都具有的重要特性,是语篇分析的关键概念。西方系统功能语言学语篇连贯概念提供了可操作的研究框架,使今文《尚书》语篇连贯性的理性分析成为可能,帮助译者进一步了解上古语篇的语言质态,更好地在译语中再现原文的语篇特点,实现其语篇功能。

第五章 《尚书》语篇意义的理解与传译

根据学者们的研究①,连贯是一个立体网络结构,它的实现是多层次、多方位的,因此,要研究连贯的实现策略就要考察不同层次符号系统对语义网络系统的影响。具体地讲,连贯是语篇的语言形式与语境相互作用产生的总体效应:由语境决定(言外要素),由语言形式体现(言内要素)(张德禄,2000:108)。从语境角度看,语境可分为文化语境和情景语境:如果语篇宏观结构符合文化语境所规约的体裁,实现其功能,那它就是连贯的;如果语篇符合情景语境所构建的情景框架——语域,行使适当的功能,那它就是连贯的。这意味着语篇与语境的语义关系已经建立。从语篇本身的语言表层形式看,它通过词汇、语法、语音等语言资源构建关系网络,使语篇无论是线性的还是层级性的语义关系都连接完好,此时,语篇各部分在整个语篇中各司其职,形成一个语义整体,便产生了连贯性。综上,内部衔接一致的语篇符合当时的交际环境需要,与情景语境融为一体,并符合所属文化语境的语类结构潜势的要求,完成交际功能,那么就实现了连贯。今文《尚书》虽成书于上古,但既为语篇便呈现连贯属性。传译中,应将原文的多层次的立体语义网络保留于译文中,使其言内言外呈现与原文一致的连贯态势。

一、《尚书》言外连贯表现及传译

(一)文化语境要素

语境是语篇发生的社会符号层,语言活动都在一定的环境中发生。英国人类学家马林洛夫斯基提出"文化语境":在同一语言文化环境里的

---

① 连贯性研究是语篇分析的重要组成部分。学者们对语篇连贯的研究不断深入,形成了许多理论体系。韩礼德和哈桑在语域衔接理论中指出语域是与情景语境相联系的意义构型,作为意义特征,它处于形式和情景之间,能够激活形式标记的衔接功能,使其与情景语境联系起来,成为连贯的索引特征。范戴克受乔姆斯基转换生成语法的影响,在其生成篇章语法研究中提出了宏观结构理论,认为语篇连贯不仅取决于表层句子之间线性的微观结构,还在于决定语篇整体连贯的底层语义宏观结构。戴恩(Danes)和弗里斯(Fries)在主位推进理论中以语篇内部连接性来讨论连贯概念,从超句角度利用不同的主位组织结构模式体现语篇整体结构的统一性、连贯性。布朗和尤尔(Yule)提出心理框架理论,聚焦于语篇外部,认为决定语篇连贯的条件在语篇外,强调讲话者的背景知识对语篇连贯的解释性。在国内,胡壮麟、张德禄、王东风等结合汉语实际,加入了语音语调、及物性、语气结构、心理认知结构、文化语境等考量维度,对语篇连贯理论进行拓展和创新。可见,连贯是一个语义概念,表现为语篇整体在语义上的联系和一致性,而这种联系和一致性不是孤立的语篇所能完成的,需将其置于整个符号系统中。

人们对用语言进行交际实现不同的目标有一套本文化环境大家都认可、共享的相应不同的步骤、结构。(司显柱,2007:74)《尚书》是中国的源头典籍,生成于远古的华夏文明,华夏子孙在相同的文化背景中,共享着思维模式和行为习惯,有较为固定的"行为潜势",在语言符号中体现为一套约定俗成的说话、作文的规则和原则,这种固定的交际模式或语义结构称为"语类"或"体裁",在结构上,不同体裁有不同的纲要式结构。因此,语篇与语境之间语义连贯的实现策略是,语篇宏观结构要与文化语境所规约的体裁相一致,符合所属语类结构潜势,实现其功能。

今存《尚书》共五十八篇,今文《尚书》二十八篇,由于研究主题需要和篇幅所限,本文选取其中一篇完整语篇——《周书·牧誓》作析。现摘录如下:

> 时甲子昧爽,王朝至于商郊牧野,乃誓。王左杖黄钺,右秉白旄以麾,曰:"逖矣,西土之人!"王曰"嗟!我友邦冢君御事,司徒、司马、司空,亚旅、师氏,千夫长、百夫长,及庸、蜀、羌、髳、微、卢、彭、濮人。称尔戈,比尔干,立尔矛,予其誓。"
>
> 王曰:"古人有言云:'牝鸡无晨;牝鸡之晨,惟家之索。'今商王惟妇言是用,昏弃厥祀弗答,昏弃厥遗王父母弟不迪,乃惟四方之多罪逋逃,是崇是长,是信是使,是以为大夫卿士。俾暴虐于百姓,以奸宄于商邑。"
>
> "今予发惟恭行天之罚。今日之事,不愆于六步、七步,乃止齐焉。夫子勖哉!不愆于四伐、五伐、六伐、七伐,乃止齐焉。勖哉夫子!尚桓桓,如虎如貔,如熊如罴,于商郊。弗迓克奔以役西土,勖哉夫子!尔所弗勖,其于尔躬有戮!"

"誓"是《尚书》中六种体式之一,主要是君王诸侯的誓众词。《尚书》中的六誓多数为约束军队之用,一般用作与敌人军队决战前的誓师词,其目的是克敌制胜。作战前的政治动员、战前部署、形势分析、战场纪律、战术运用以及兵役制度等是达到这一目的的相应步骤和过程,是作"誓"的纲要性结构。从《甘誓》(原始社会末期)到《秦誓》(封建社会初期),千百年的时间跨度中,"誓"体的篇章几乎沿袭了一致的纲要性结构,形成该文体共同的语篇结构。《牧誓》一文首先展现了誓师前的部署:周武王募集西方诸侯国和部落联盟,发起牧野之战,要求军队布列齐整,场面气势恢宏;第二小节说明发动战争的原因,声讨商王罪行,声明自己"恭行天之罚",皆为最有力的政治动员,能激发将士的斗志,取得人民支持,保证战争胜利;最后,宣布战场纪律和赏罚,清楚明确,也是夺取战争胜利的必要一环。该语篇的宏观结构组织体现"誓"体结构潜势,与人们的认知结构和心理预期连贯一致,达到了"誓"的交际目的。

上古语篇《周书·牧誓》原文的书面呈现形式与现代文不一样,没有句读,没有段落,它的组织结构没有形式标记。来到20世纪,它的今译和英译按现代语篇书面形式呈现,可以显化其语篇组织结构。上面给出的《牧誓》原文已经过句读和段落处理,能够体现其纲要性结构的形式和意义。

从各家译文看,高氏译文完全没有分段,麦氏、罗氏、杜氏的分段较为随意,没有真正深入原文进行解读,对于"誓"体结构表现不足,效果不佳。只有理氏译文按"誓"体的结构逻辑进行段落安排,不仅使译文逻辑性更强,而且具有"誓"体语篇的纲要性结构,语篇内外连贯一体。现将理氏译文摘录如下以供参考:

> The time was the grey dawn of the day kea-tsze. On that morning the king came to the open country of Muh in borders of Shang, and addressed his army. In his left hand he carried a battle-axe, yellow with gold, and in his right he held a white ensign, which he brandished, saying, "Far are ye cone, yemen of the western regions!" He added, "Ah! ye hereditary rulers of my friendly States; ye managers of affairs, the ministers of instruction, of war, and of public works; the many officers subordinate to them; the master of my body-guards; the captains of thousands and captains of hundreds; and ye, O men of Yung, Shuh, Keang, Maou, Wei, Loo, P'ang, and Po;—lift up your lance, join your shields, raise your spears:—I have a speech to make."
>
> The king said, "The ancients have said, 'The hen does not announce the morning. The crowing of a hen in the morn-

ing *indicates* the subversion of the family.' Now Show, the king of Shang, follows only the words of his wife. He has blindly thrown away the sacrifices which he should present, and makes no response for the favours which he has received; he has blindly thrown away his paternal and maternal relatives, not treating them properly. They are only the vagabonds of the empire, loaded with crimes, whom he honours and exalts, whom he employs and trusts, making them great officers and nobles, so that they can tyrannize over the people, exercising their villainies in the city of Shang.

"Now I, Fa, am simply executing respectfully the punishment appointed by Heaven. In today's business do not advance more than six or seven steps and then stop and adjust your ranks:—my brave men, be energetic! Do not exceed four blows, five blows six blows, or seven blows; and then stop and adjust your ranks:—my brave men, be energetic! Display a martial rearing. Be like tigers and panthers, like bears, and grisly bears;—here in the border of Shang. Do not rush on those who fly to us in submission, but receive them to serve our western land:—my brave men, be energetic! If you are not thus energetic, you will bring destruction on yourselves."

(二) 情景语境策略

人们带着社会所赋予的文化背景和心理模式，参与的每一个言语事件都有其发生的即时语境——情景语境，这是现实化的文化语境。上古语篇基本是情境依赖型语篇，上古语篇《尚书》所记的言与事根据其发生的情境构型生成大量的隐形衔接。因此，当时语通句畅的语篇，如今看来却是佶屈聱牙，可见，上古语篇实现语义连贯的另一个重要策略是语域与语篇的一致。语域由语场、语旨、语式三个变量组成，体现语篇的概念意义、人际意义、语篇意义，是具体语言交际事件中能支配语义选择的因素，它将直接或间接地影响或支配语篇意义的选择及语言形式的取舍。(张德禄，1999：25)如果语篇语义选择和形式取舍皆生成于情境构型，其连贯性便得以实现。

《牧誓》的情景语境——语域构成：

语场(概念意义)：周武王在牧野与商纣王的军队决战前的誓师词。

语旨(人际意义)：将领(说话者)与士兵(受话者)，上级与下级；社会距离：大。

语式(语篇意义)：独白；口头媒介；声音渠道；语言为建构性作用。

首先，情景语境所提供的外界环境对语言选择进行限定，如哪些是在现场情景中和在上下文中明确了的，不必用形式手段表达出来；哪些是对现在的交流十分重要的，必须要表达出来；哪些是从形式上进行预设的。如《牧誓》中，据当时的情景语境，"王"必为"周武王"；"妇人"也一定指商纣王的宠妃妲己，而非他人；"尔"在文中必指在场的将士，别无他人。这一衔接纽带一头在文中，另一头在情景语境中，非了解当时情景之人而不能识。因此，语篇产生时，这些都是已知信息，在当时的情景语境中皆可识解，无须指明。当文本经过辽阔的时间空间，面对巨大的语义断层，在译文中构建起语篇内外的连贯就很重要。但在译文中指明"王"即"周武王"的只有罗氏(King Wu of Zhou)，麦氏、高氏、罗氏、杜氏将"妇人"解读为"女人"，仅译为 women、a woman、woman，指向不明，不甚准确。理氏用 his wife(商纣王之妻)，语义指向更加明确，翻译更加合理。遇到这样的连贯中断，应该补充相应的情境信息，建立语篇内外的连贯机制。

此外，情景语境中语场、语旨、语式三个变量可以由语言形式中及物性系统、语气系统和主位、信息结构等体现。这些都涉及语篇内部的语言形式，我们将在下一部分加以论述。

二、《尚书》言内连贯表现及传译

语义的相关性在语篇内部形式上，主要由衔接机制体现。衔接机制是从形式特征来研究语篇连贯的重要途径，它的范围应该扩大到所有语义联系机制，由多个层面和多种形式表现出来，如词汇语法层上及物性、语气、主位等结构性衔接和指代、替代、省略、连接等非结构性衔接，语音层上的声韵、句调等音系模式。语篇成分之间、成分与部分之间、部分与部分之间形成线性、层级性的语义衔接网络,前后一致,相互呼应,并与外部语境融为一体,形成一个意义整体,就实现了语篇连贯。上古汉语语篇也是如此。在上一节中对衔接机制已有阐述,此处我们更侧重于衔接机制与语境的配合,在其作用下达成语义的连贯。

（一）及物性结构

及物性是我们对客观世界经验的反映。韩礼德指出,语言能使人类建构关于现实世界的心理图景,并理解周围环境和内心世界所发生的一切。这是人类认知的普遍特征,在远古也是如此。语篇中实现这一表征功能的语法系统就是"及物性",反映语篇的语场。胡壮麟(1996:4)认为,及物性在语篇衔接中的作用应当肯定,其论点是:对某一过程选用的相对频率可体现一个语篇的某些特征。也就是说,及物性所体现的过程与语篇总体主题意义相一致,那么语篇就具有连贯性。

《牧誓》的语场,即经验意义,是周武王在牧野与商纣王的军队决战前以上告下的誓师词,作战之前的政治动员、战前部署、形势分析、战场纪律、战术运用以及兵役制度等是其主要内容。《牧誓》的及物性结构:除了第一句外,其余皆是由"曰"为主动词的言语过程,符合语篇主题;"曰"后面所接的直接引语是语篇的主体内容,在所有小句中物质过程占了89%。《牧誓》语篇小句基本由"动作者＋动作(物质过程)＋目标"组成,符合其语场特征:誓师中,作战前的政治动员、战前部署、形势分析、战场纪律、战术运用以及兵役制度等一定会用到大量的动词结构。可见,《牧誓》语篇中及物性所体现的过程与语篇总体主题意义和内容相一致,符合当时的情景构型,能够完成一定的功能,语篇具有连贯性。译文中言语过程几乎都用 say 表达,其余也基本用动态动词表达物质过程,与原文语场一致。

（二）语气结构

同及物性结构一样,语篇的语气结构也具有衔接功能。古汉语中体现语气类型的元素主要有语气词、叹词、语调模式等。今文《尚书》中语气词有"哉、若、矣、焉、乎、其"等,它们大多身兼数职,同一语气词具有不同的语用特征,表达不同的人际意义,即语旨。此外,"嗟、呜呼、俞"等叹词中也渗透着强烈的情感。如果语气结构符合语篇中交际双方的关系模式,使交际顺利进行,达到交际目标,那么语篇连贯就实现了。此外,语篇中某一类语气结构的高频出现可以体现语篇体裁。

《牧誓》属于六体中的"誓"体,为以上告下的誓词,发生在将领(说话者)与士兵(受话者)之间,需要表现出上级对下级发号施令时的强大的号召力。相应地,语篇中有大量的感叹句:"逖矣,西土之人!"其中"矣"是语末助词,助词成句,表感叹。"夫子勖哉""勖哉夫子!"不同语序同义表述,"哉"表感叹,号召力极强。"嗟!"独词成句,这一叹词表示对千军万马的大声呼告,除《吕刑》外,皆用于誓词中。(钱宗武,2004:314)"尔所弗勖,其于尔躬有戮!"语气斩钉截铁,字字句句敲击在心。此外,语篇中也不乏表指令和命令的祈使句,完全符合"誓"的体裁要求:"称尔戈,立尔矛,予其誓。""不愆于六步、七步,乃止齐焉。""不愆于四伐、五伐、六伐、七伐,乃止。""尚桓桓,如虎如貔,如熊如罴,于商郊。""弗迓克奔以役西土。"整篇慷慨激昂、气势磅礴。综上,《牧誓》篇中,说话人通过感叹语气和祈使语气的大量运用符合"誓"体语旨要求,实现连贯。

叹词和句末语气词能够作为汉语感叹语气的标记词,但是英语中却没有足够的词汇与之对应。叹词"嗟",译文中用 oh、ah 对译,在一定程度上表现了原文的语气,只有杜氏译文中没有用任何词汇翻译这一叹词,使原文感叹语气所表达的情感态度有所亏损。对于句末语气词"矣""哉",英语中没有词汇资源与之对应,麦氏将"逖矣,西土之人!"译为"It is a long journey, oh you men of the west!"增补了叹词 oh,理氏译为"Far are ye come, ye men of the western regions!",用倒装句式突出 far 以及句末感叹号来表达原文强烈的感情色彩。而罗氏译文"I deeply appreciate your kindness to come from a distant place, you the men from the west!"和杜氏译文"Welcome. It has been a long Journey eastward for you."随意增补信息,且未能表现原文语气,与"誓"体要求不符。表指令和命令的祈使语气在英语中有相应的语法资源表达,译文中皆用英文祈使句表达,或用情态动词 should,基本能传译原文"誓"体中强烈的命令意义,与其语境连贯一致。

(三) **主位结构**

主位推进模式也是实现语篇衔接和连贯的重要手段。它以线性、层级性将语篇话题连接起来,使语篇脉络清晰,新、旧信息有序展开,呈现语篇的衔接和连贯。以《牧誓》中第二小节为例,其中"牝鸡无晨;牝鸡之晨，惟家之索"运用了延续型主位结构，即第一小句的述位做第二小句的主位（见图5-1）；"今商王受惟妇言是用，（商王）昏弃厥肆祀弗答，（商王）昏弃厥遗王父母弟不迪，乃惟四方之多罪逋逃，（商王）是崇是长，（商王）是信是使，（商王）是以为大夫卿士。（商王）俾暴虐于百姓，（商王）以奸宄于商邑（括号中是省略的主语）"采用了连续型推进模式，即一组小句的主位相同，而述位变化（见图5-2）。例中新旧信息或交替出现，或线状延续，完成语篇意义群落的构建。

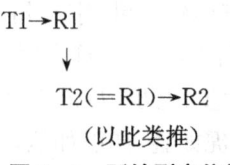

图5-1　延续型主位结构

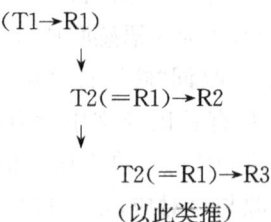

图5-2　连续型主位推进结构

语码转译时层次较少的主位推进结构容易在翻译中表现，甚至只要按原文顺序翻译就可以了。如：

牝鸡无晨；牝鸡之晨，惟家之索。

麦译：The hen does not (usually announce) the morning; but when a hen crows at dawn, it is portentous for the family. Now Shòu, the king of Shang, listens only to the advice of women...

理译：The hen does not announce the morning. The crowing of a hen in the morning *indicates* the subversion of the family.

高译：The hen should not call the morning. If the hen

calls the morning, (there is the ransacking of the house＝) the house should be ransacked for baleful influence. Now Shou, the king of Shang, (uses＝) follows only the words of a woman.

罗译：There is no hen that crows in the very morning. If a hen of some family crows at dawn, it will bring this family to lose its fortune. Now King Zhóu of Shang follows only what the woman said...

杜译：Hens do not crow in the morning. When they do, bad luck befalls the family. Now King Zhou of Shang listens only to woman...

除杜译之外，其他几位译家构建了原文的延续型主位结构，相比之下，理译更佳，"牝鸡之晨"名词短语，以英语名词短语 the crowing of a hen 对译，形式、意义与原文一致，更好地构建了主位构型。

（四）小句间逻辑连接

连接，是小句之间逻辑意义上的联系，其手段不限于传统语法中的连词，也可以通过副词、介词短语，甚至以零形式体现。《牧誓》中有表示承接关系的连词"乃、其"，以及表假设的连词"所"等。"今予发惟恭行天之罚"中副词"今"表示时间顺序上的承接，通过上下文它还暗含着一种因果逻辑语义关系。此外，还有逻辑意义以零形式体现，是隐性的，需要通过上下文补充，这在言约义丰的上古语篇中更为明显。如《牧誓》中"（行军时，）不愆于六步、七步，乃止齐焉。……（刺击时，）不愆于四伐、五伐、六伐、七伐，乃止。""（不但）昏弃厥肆祀（并且）弗答，（而且）昏弃厥遗王父母弟（并且）不迪……"（括号中为笔者添加的显化的逻辑意义）。

语际转译时，原文中有逻辑连接词的用英语中相应意思的词汇翻译，没有逻辑标记的，即以零形式体现的逻辑关系，在转译时则需要显化补充信息和逻辑连接词。如：

（行军时，）不愆于六步、七步，乃止齐焉。……（刺击时，）不愆于四伐、五伐、六伐、七伐，乃止。

罗译:Today our troops, while marching, must stop every six or seven steps and adjust. …Our troops, while fight, must stop to adjust not more than four, five, six, or seven blows.

罗译文不仅补充了缺省的信息,而且增译的连词显化逻辑联系,构建语篇连贯。再如:

(不但)昏弃厥肆祀(并且)弗答,(而且)昏弃厥遗王父母弟(并且)不迪……

高译:He destroys and rejects his set-forth sacrifices, and does not (respond =) show any gratitude. He destroys and rejects his (left over =) still living uncles and uterine brothers and does not (cause them to advance =) promote them.

理译:He has blindly thrown away the sacrifices which he should present, and makes no response for the favours which he has received; he has blindly thrown away his paternal and maternal relatives, not treating them properly.

高译颇佳,平行句式和并列连词 and 的运用使小句间的依赖关系和语义关系表现出来。理译用连词 and、分词短语表达出小句的逻辑关系,但是对原文小句平行并列结构的表现略有不足。

(五) 词汇衔接

词汇衔接,是通过词汇意义的连续性来达到衔接的效果。词汇意义关系丰富,主要包括重复、同义关系、反义关系、上下义关系等范畴。《牧誓》中名词"牝鸡、步、伐、夫子",动词词组"昏弃、不愆于、勖",代词宾语"是",虚词"乃、如、于"等的重复使用,增强了语篇节奏感,而虚词的重复也能使句子具有同构关系,使语篇更显连贯。如"王左杖黄钺,右秉白旄以麾"中"左、右"为反义关系,"杖、秉"为同义关系;"昏弃厥祀弗答,昏弃厥遗王父母弟不迪"中"弗、不"为同义关系;"俾暴虐于百姓,以奸宄于商邑"中"俾、以"为同义关系;"是崇是长"中"崇、长"为同义关系。这些同义、反义关系的运用使语篇文字生动又富于变化,连贯性和文学性也由此加强。

衔接连贯中的词汇手段在英译中重构方法较为简单,只需用相应的英文单词翻译即可。如:

夫子勖哉! 勖哉夫子!

麦译:Oh my warriors, be energetic! Exert yourselves, Oh my brave fellows!

理译:—My brave men, be energetic! —My brave men, be energetic!

高译:(Masters=)officers, exert yourselves! Exert yourselves officers!

罗译:Generals and soldiers, do it earnestly! My generals and soldiers!

杜译:Exert yourselves, my valiant warriors. Fight fearlessly, my valiant warriors.

译文使用词汇复现和词汇同现表现原文的衔接机制,反映誓师时的强烈情感,构建语篇连贯。

语篇连贯是语义概念,由(语言)形式体现。言内,各成分、部分间有机衔接;言外,使语篇与语境融为一体,实现功能,它们相互依赖,平衡地共存于符号系统中。语篇本身语音层、词汇语法层、辞格层等各层次的语言衔接形式对各语言单位进行组织、编排,使其连接成篇,语义联结,贯串一致,构建语篇语式,完成语篇意义;语篇语言形式中的语气结构特点和及物性结构系统具有衔接功能,并使其与语篇所体现的人际关系及主题内容相一致,实现人际意义(语旨)和经验意义(语场)。此时,语言形式与语篇的意义构型一致,符合其语域特点,符合当时的情景语境,语篇是连贯的。最后,成品语篇的宏观结构符合一定文化语境中人们的交际模式,适应其"行为潜势",交际成功。因此,语篇整体意义得以完成,连贯机制得以实现。

小　结

　　上古汉语虽然表面上"佶屈聱牙",但就其语篇意义的实现策略看,已经相当丰富,建构了衔接连贯的语义脉络,文本可谓事理分明、文理流畅。这些策略虽然还很不成熟,但从本质上讲,与现代汉语语篇的策略并无二致。也正是这种策略,使汉语从深层语义结构看,从古到今,其发展无论如何复杂,都有着严密的逻辑性与显明的理据性,实现了语言的语篇功能。

　　译文重构语篇衔接连贯机制,以原文准确的语内解构为基础,用与原文一致的及物过程、语气类型、组织结构和逻辑关系表达相应的概念意义、人际意义、语篇意义,进而建构语场、语旨、语式等语域要素,与语篇生成的情景语境、文化语境相适应,打造整个语篇的连贯态势,使其"总文理,统首尾,定与夺,合涯际,弥纶一篇,杂而不越"。

结 论

中华文化从上古以降就逐渐演变成一个"文本帝国",而《尚书》则是文本帝国的一块奠基石,一直是历代阐释的重要对象,成了不断诠释的元文本。自近代以来,《尚书》诠释走出了东亚,走向了世界。虽然《尚书》佶屈聱牙,深奥难懂,但仍然是西方汉学家最早关注并翻译的中国经典之一,在传播中华文明核心思想方面发挥了重要的作用。思想的传播离不开其载体——语言文字,语言文字形成语篇固定于书面文本之中流传至今。

我们打开《尚书》,看到的不仅仅是孤立的字音、字形和字义,更是语篇整体所描绘的中国上古的社会结构制度、所传达的中华民族的文化血脉和精神图景,感受到我们现代文明的生长因子来源并传承于那远古社会的帝王言行、君臣诰语和交际事件。这是《尚书》这部传世文献给我们的宝贵财富,而不断去发掘开采这笔财富的历代学者对《尚书》的阐释,从传统的小学范式到西方语言学框架下的现代诠释,渐渐抹去这一历史宝藏上的尘土,使其绽放耀眼的光芒。西方系统功能语言学也是一把开启宝藏的钥匙,它突破传统研究范式,注重语言交际功能及与社会符号系统的互生互摄的关系,用字、词、句的概念意义、人际意义和语篇意义呈现中华传统思想的轴心话语、影响千年的社会关系结构和中华民族的思维方式及审美习惯。

在经验层面,《尚书》中提出的一些重要概念成为中华文化的关键词,是中华文化生长之根。这些关键词命名了"存在",也就成了哲学的认识论和观念,形成了人们意识形态中的关键生长因子。进而,我们可以了解:《禹贡》如何构建天下九州"大一统"的政治观;《洪范》如何以"皇极"为中心,以五行、五事、八政、五纪、三德、稽疑、庶征、五福六极为内容阐释天人关系，建构民族的宇宙观和人生观；周朝"天命论"如何建立新的意识形态，为王朝统治的合理性、权威性辩护。在交际层面，交际者根据不同的"人、时、事"等语境参数遣词造句以构建不同的人际意义，达到交际目的。《尚书》所涉无非是君、臣、民之间的关系，人际关系的行为准则等涉及政治统治和道德教化的方方面面。由此，我们可以了解"周诰殷盘"在不同交际语境下的话语选择体现的人际关系和社会结构，明确宗族等级之序，在此基础上建立中国宗法制度和伦理系统。在语篇层面，话语的形式表层不仅反映着文化中的审美情趣、思维模式和哲学观，还影响着接受者的接受状态和效果。三种意义体现在语言资源上的不同选择形成语言变体，将其类别化后就成为不同的文体，如《尚书》"典、谟、训、诰、誓、命"六体。这六体通过不同的话语构型将语言形式规范化，使得统治阶级的思想、意志、道德、信念、价值以及范导君臣关系的行为准则成为国家机器的一部分。

《尚书》的经典性质和地位决定它成为东西方学者传译的对象。系统功能语言学所提供的方法论给《尚书》翻译带来了诸多启示。语言系统存在于整个社会的多符号系统中，《尚书》成书于远古社会，对当时的社会历史有所了解才能更好地解构语篇。语言是多层次符号，对言内言外语境的分析有助于判断字词的语义指向，准确译出概念意义。人际意义是语言表达的重要功能，应当是译者的关注点，译语也应该重现原文本构建的人物关系，才能将中国远古社会的制度结构保留在译本中。语篇意义的构建最能反映人们的思维模式和审美情趣，译文应尽量在不违背译语语法刚性原则的基础上，保留原文的行文方式和语篇结构，使译文形义兼备。历代注疏阐释成为准确传神译文的保障，较为成功的翻译实例往往是在中国传统小学基础之上有良好英语能力的学者转译的结果，合格的译者不仅要有良好的外文水平，而且要有较好的小学知识。古代典籍的传播和翻译需要考虑中西文化背景的差异，在转译时不能望文生义、生搬硬套西方的概念。译文对比研究的结果表明，译者翻译时认真的态度和严谨的作风是成功翻译的根本保障，否则一切皆为空谈。

与翻译现代书籍相比，中国上古典籍的翻译工作要困难得多，尤其对于一些文化关键词，只有厘清其源流，并参照各家注疏，才能正确地识解字义。同时，我们不得不承认，对于文字的理解，中国的注疏家有时也莫衷一是，不能达成共识，更不用说翻译成英语。《尚书》中的词汇等语言资源从一开始就带有不确定性和开放性,从而为"译无定译"留下了巨大诠释空间。这是因为现代诠释学将充分的阐释视为读者与文本之间进行的对话性互动而产生的"视域融合",根据此理论,像《尚书》这样的上古经典,其成书的历史性和现代阐释者的历史性具有截然不同的视域,虽然通过足够的诠释,两种不同的历史性可以达成视域的融合,但由于不同阐释者和传译者带有各自的意向性,原文、译者视域融合的过程中一定会有消解和建构,这既是阐释的开放性,也是翻译的历史局限性。我们翻译古籍的目的是传播中国文化,文化概念诉诸文字,是语言文字的基本功能,通过合理的诠释,将中华思想观念表达出来,传译出去,便达到了典籍现代诠释和传译的目的,同时也促成了典籍的现代化。

主要参考文献

BAKER M. In Other Words: A Coursebook on Translation[M]. London: Routledge, 1992.
BAKER M. Routledge Encyclopaedia of Translation Studies[M]. London: Routledge, 1998.
BASSNET S, ANDRE L. A Preface to Contemporary Translation Studies[M]. London: Routledge, 1998.
BELL R T. Translation and Translating: Theory and Practice[M]. London: Longman, 1991.
BENJAMIN A. Translation and the Nature of Philosophy: A New Theory of Words[M]. London: Routledge, 1989.
BROWN G, YULE G. Discourse Analysis[M]. Cambridge: Cambridge University Press, 1983.
BUHLER K. Theory of Language: the Representational Function of Language[M]. Trans. Donald Fraser Goodman. Amsterdam: Benjamins, 1990.
CATFORD C J. A Linguistic Theory of Translation[M]. London: Oxford University Press, 1965.
DE BEAUGRANDE R, DRESSLER W. Introduction to Text Linguistics[M]. London: Longman, 1981.
DU Ponceau P. A Dissertation on the Nature and Character of the Chinese System of Writing: In a Letter to John Vaughan[M]. Philadelphia: American Philosophical Society, 1838.
EGGINS S. An Introduction to Systemic Systemic functional linguistics

[M]. London: Continuum, 1994.

ERNEST F. The Chinese Written Character as a Medium for Poetry [M]. edited by Ezra Pound. San Francisco: City Lights Books, 1968.

FIRTH J R. Papers in Linguistics 1934 – 1951[M]. Oxford: Oxford University Press, 1959.

FENOLLOSA E. The Chinese Written Character as a Medium for Poetry[M]. edited by Ezra Pound. San Francisco: City Lights Books, 1968.

GENTZLER E. Contemporary Translation Theories [M]. London: Routledge, 1993.

HALLIDAY M A K. Language Structure and Language Function [M]// LYONS J. New Horizons in Linguistics. Harmondsworth: Penguin, 1970.

HALLIDAY M A K. Language as Social Semiotic: The Social Interpretation of Language and Meaning[M]. London: Arnold, 1978.

HALLIDAY M A K. An Introduction to Functional Grammar[M]. 2nd edition. London: Arnold, 1994/2000.

HALLIDAY M A K, HASAN R. Cohesion in English[M]. London: Longman, 1976.

HALLIDAY M A K, HASAN R. Language, Context and Text: Aspects of Language in a Social-Semiotic Perspective[M]. Geelong, Vic.: Deakin University Press, 1985.

HALLIDAY M A K, MATTHIESSEN C. An Introduction to Functional Grammar[M]. London: Arnold, 2004.

HARRIS Z S. Discourse Analysis[J]. Language, 1952(1):1 – 30.

HATIM B. Communication Across Culture Translation Theory and Contrastive Text Linguistics [M]. Xeter: University of Exeter Press, 1998.

HATIM B. Teaching and Researching Translation[M]. London: Longman, 2001.

HATIM B, MASON I. Discourse and the Translator[M]. London:

Longman, 1990.

HATIM B, MASON I. The Translator as Communicator[M]. London: Routledge,1997.

HOUSE J. Translation Quality Assessment: A Model Revisited[M]. Tubingen: Gunter Narr Verlag, 1997.

HUMBOLT W. On Language[M]. Trans. HEATH P. Cambridge: Cambridge University Press, 1989.

JOOS M. The Five Clocks [M]. New York: Harcourt Brace Jovanovich, 1962.

KARLGREN B. The Book of Documents [M]. Stockholm: The Museum of Far Eastern Antiquities, 1950.

LAMB S. Outline of Stratificational Grammar[M]. Washington D.C.: Georgetown University Press, 1966.

LANGENDOEN D T. The London School of Linguistics: A Study of the Linguistic Theories of B. Malinowski and J. R. Firth[M]. Cambridge, Mass: MIT Press, 1968.

LEGGE J. The Chinese Classics. Vol. III, The Shoo King, or The Book of Historical Documents[M]. Shanghai: East China Normal University Press, 2011.

LOUIS A. Ideology and Ideological State Apparatus[M]. London: New Left Books, 1971.

MALINOWSKI B. Coral Gardens and Their Magic[M].London: Routledge, 1935.

MARTIN J R. Language, Register and Genre[M]// CHRISTIE F. Children Writing: Reader. Geelong Vic: Deakin University Press, 1984.

MARTIN J R, ROSE D. Working with Discourse: Meaning beyond the Clause[M]. London: Continuum, 2003.

MATTHESSIAN C. The Environment of Translation[M]// STEINER E, YALLOP C. Exploring Translation and Multilingual Text Production: Beyond Content. Berlin: Mouton de Gruyter, 2001.

MAYOR M. Longman Dictionary of Contemporary English[M]. 5th

ed. Harlow: Pearson Education Ltd.

MEDHURST W H. The Shoo King, or The Historical Classic: Being the Most Ancient Record of the Annals of the Chinese Empire [M]. Shanghai: Printed at the Mission Press, 1846.

MUNDAY J. Introducing Translation Studies [M]. London: Routledge, 2001.

NEUBERT A, SHREVE G M. Translation as Text[M]. Kent: The Kent State University Press, 1992.

NEWMARK P. Approaches to Translation[M]. Oxford: Pergamon Press, 1981.

NEWMARK P. A Textbook of Translation[M]. New York: Prentice Hall International Ltd, 1988.

NORD C. Text Analysis in Translation[M]. Amsterdam & Atlanta: Rodopi, 1991.

NORD C. Translating as a Purposeful Activity[M]. Manchester: St. Jerome Publishing, 1997.

RAYMOND W. Keywords: A Vocabulary of Culture and Society[M]. Oxford: Oxford University Press, 1983.

REISS K. Translation Criticism, the Potentials & Limitations[M]. Manchester: St. Jerome Publishing, 2000.

SAUSSURE F. Course in General Linguistics [M]. trans. BASKIN W. London/ New York: McGraw-Hill, 1966.

SCHAEFFINER C. Translation and Quality[M]. London: Multilingual Matters Ltd, 1998.

SNELL H M. Translation Studies: An Integrated Approach[M]. Amsterdam: Benjamins, 1994.

TAVERNIERS M. The Syntax-Semantics Interface in Systemic Functional Grammar: Halliday's Interpretation of the Hjelmslevian Model of Stratification[J]. Journal of Pragmatics, 2011(43): 1100 - 1126.

VENUTI L. Rethinking Translation: Discourse, Subjectivity, Ideology [M]. London: Routledge, 1992.

VENUTI L. The Translator's Invisibility：A History of Translation[M]. London：Routledge，1995.

WILLIAM J，CHESTMAN A. The Map：A beginner's Guide to Doing Research in Translation Studies[M]. Manchester：St. Jerome Publishing，2002.

WITTGENSTEIN L. Philosophical Investigations［M］. trans. ANSCOME G E M. Oxford：Basil Blackwell，1953.

蔡沈. 书经集传[M]. 上海：上海古籍出版社，1987.

蔡沈. 书集传[M]. 钱宗武，钱忠弼整理. 南京：凤凰出版社，2010.

常玉芝. 商代宗教祭祀[M]. 北京：中国社会科学出版社，2010.

晁福林. 先秦时期"德"观念的起源及其发展[J]. 中国社会科学，2005(4)：192—204，209.

晁福林. 说商代的"天"和"帝"[J]. 史学集刊，2016(3)：130—146.

陈丹丹. 尚书译本中的语篇衔接重构[J]. 扬州大学学报(社科版)，2015(4)：59—67.

陈福康. 中国译学理论史稿[M]. 上海：上海外语教育出版社，2000.

陈嘉映. 语言哲学[M]. 北京：北京大学出版社，2003.

陈来. 古代宗教与伦理[M]. 北京：生活·读书·新知三联书店，1996.

陈澧. 东塾读书记[M]. 上海：上海古籍出版社，2012.

陈明瑶. 论语篇连贯与话语标记语的汉译[J]. 上海翻译，2005(4)：20—23.

陈梦家. 尚书通论[M]. 北京：商务印书馆，1957.

陈松岑. 礼貌语言[M]. 北京：商务印书馆，2001.

陈柱. 中国散文史[M].北京：东方出版社，1996.

程湘清. 汉语史专书复音词研究[M]. 北京：商务印书馆，2003.

褚斌杰，谭家健.先秦文学史[M].北京：人民文学出版社，1998.

邓炎昌，刘润清. 语言与文化[M]. 北京：外语教学与研究出版社，1989.

董小英. 再登巴比伦塔[M]. 北京：生活·读书·新知三联书店，1994.

董治国. 古代汉语句型大全[M]. 天津：天津古籍出版社，1988.

杜瑞清英译，王世舜今译. 尚书(儒学经典译丛)[M]. 济南：山东友谊出版社，1993.

段连城. 对外传播学初探[M]. 北京：中国建设出版社，1988.
段玉裁. 说文解字注[M]. 上海：上海古籍出版社，1981.
冯达文，郭齐勇. 新编中国哲学史（上册）[M]. 北京：人民出版社，2004.
傅雷. 傅雷谈翻译[M]. 北京：当代世界出版社，2006.
傅永聚. 知人与官人——尚书用人之要管窥[J]. 齐鲁学刊，2014（1）：14—20.
葛传椝，陆谷孙等主编. 新英汉词典[M]. 上海：上海译文出版社，1984.
顾颉刚. 尚书通检[M]. 北京：书目文献出版社，1982.
顾颉刚，刘起釪. 尚书校释译论[M]. 北京：中华书局，2005.
顾明栋. 原创的焦虑——语言、文学、文化研究的多元途径[M]. 南京：南京大学出版社，2009.
顾明栋. 文化无意识：跨文化的深层意识形态机制[J]. 厦门大学学报，2013（4）：1—10.
顾明栋. 中国诠释学与文本阐释理论———跨文化视野下的现代构建[J]. 南京大学学报（社会科学版），2017（3）：60—78，159.
关世杰. 跨文化交流学[M]. 北京：北京大学出版社，1995.
管燮初. 西周金文语法研究[M]. 北京：商务印书馆，1981.
郭建中. 当代美国翻译理论[M]. 武汉：湖北教育出版社，2000.
韩礼德. 功能语法导论[M]. 彭宣维，等，译. 北京：外语教学与研究出版社，2010.
韩礼德，哈桑. 语言、语境和语篇：社会符号学视角下的语言面面观[M]. 北京：世界图书出版公司，2012.
何九盈. 中国古代语言学史[M]. 北京：商务印书馆，2013.
何新. 大政宪典·《尚书》新考[M]. 北京：中国民主法制出版社，2008.
何自然. 语用学与英语学习[M]. 上海：上海外语教育出版社，1997.
侯玉臣. 论夏商周三代的天命理论[J]. 甘肃社会科学，2005（4）：196—199.
胡明扬. 语气助词的语气意义[J]. 汉语学习，1988（6）：4—7.
胡曙中. 语篇语言学导论[M]. 上海：上海外语教育出版社，2012.
胡文仲. 文化与交际[M]. 北京：外语教学与研究出版社，1997.
胡文仲. 跨文化交际学概论[M]. 北京：外语教学与研究出版社，1999.
胡壮麟. 语篇的衔接与连贯[M]. 上海：上海外语教育出版社，1994.

胡壮麟.有关语篇衔接理论多层次模式的思考[J].外国语,1996(1):1—8.

胡壮麟.功能主义纵横谈[M].北京:外语教学与研究出版社,2000.

胡壮麟.语言系统与功能[M].北京:北京大学出版社,2008.

胡壮麟,朱永生,张德禄.系统功能语法概论[M].长沙:湖南教育出版社,1989.

胡壮麟,朱永生,张德禄,李战子.系统功能语言学概论(修订版)[M].北京:北京大学出版社,2012.

黄国文.语篇分析概要[M].长沙:湖南教育出版社,1988.

黄国文.语篇分析的理论与实践——广告语篇研究[M].上海:上海外语教育出版社,2001.

黄国文.翻译研究的功能语言学途径[J].中国翻译,2004(5):15—19.

黄国文.翻译研究的语言学探索——古诗词英译本的语言学分析[M].上海:上海外语教育出版社,2007.

黄国文.语篇分析与系统功能语言学理论的建构[J].外语与外语教学,2010(5):1—4.

贾玉新.跨文化交际学[M].上海:上海外语教育出版社,1997.

江灏,钱宗武.今古文尚书全译[M].贵阳:贵州人民出版社,1990.

姜建设.政事纲纪——《尚书》与中国文化[M].郑州:河南大学出版社,2005.

姜望琪.语篇语义学与评价系统[J].外语教学,2009(2):1—5,11.

姜望琪.语篇语言学研究[M].北京:北京大学出版社,2011.

蒋善国.尚书综述[M].上海:上海古籍出版社,1988.

金隄.等效翻译探索(增订版)[M].北京:中国对外翻译出版公司,2000.

金隄,奈达.论翻译[M].北京:中国对外翻译出版公司,1984.

孔广森.礼学卮言·论郊[M]//阮元编,清经解(第四册).上海:上海书店出版社,1988.

孔颖达.尚书正义(标点本)[M].北京:北京大学出版社,2000.

李发根.及物性过程理论与英汉语义功能等效翻译[J].西安外国语学院学报,2004(2):26—30.

李方桂.上古音研究[M].北京:商务印书馆,1998.

黎锦熙. 新著国语文法[M]. 北京：商务印书馆，1992.
李民. 尚书与古史研究 [M]. 二版.郑州：河南人民出版社，1983.
李民，王健.《尚书》译注[M]. 上海：上海古籍出版社，2016.
李玉良，孙立新. 高本汉《诗经》翻译研究[J]. 山东外语教学，2011（6）：93—98，104.
李瑞华. 英汉语言文化对比研究[M]. 上海：上海外语教育出版社，1999.
李运兴. 语篇翻译导论[M]. 北京：中国对外翻译出版公司，2001.
李运兴. 英汉语篇翻译[M]. 北京：清华大学出版社，2011.
梁艳华. 政治语篇中的权力不对称性：关于伊拉克战争演讲的批评性分析[D]. 吉林大学，2004.
林大津. 跨文化交际研究[M]. 福州：福建人民出版社，1996.
柳宏，宋展云. 从文化诘难到制度反思———清代《论语》诠释发展进程论[J]. 南京师大学报（社会科学版），2014（3）：126—141.
刘宓庆. 文化翻译论纲[M]. 武汉：湖北教育出版社，1999a.
刘宓庆. 当代翻译理论[M]. 北京：中国对外翻译出版公司，1999b.
刘宓庆. 翻译与语言哲学[M]. 北京：中国对外翻译出版公司，2001.
刘起釪. 尚书学史[M]. 北京：中华书局，1989.
刘起釪. 尚书源流及传本考[M]. 沈阳：辽宁大学出版社，1997.
刘润清. 西方语言学流派 [M]. 10 版.北京：外语教学与研究出版社，2011.
刘世明. 尚书生命意识阐微[J]. 河北大学学报（哲社版），2015（6）：71—74.
刘新生. 尚书思想与中华民族共有精神家园建设[J]. 齐鲁学刊，2010（1）：5—12.
刘知几. 史通笺注[M]. 张振珮，笺. 贵阳：贵州人民出版社，1985.
吕叔湘. 中国文法要略[M]. 北京：商务印书馆，1982.
鲁迅. 鲁迅全集（第 9 卷）[M]. 北京：人民文学出版社，1991.
陆谷孙. 英汉大词典[M]. 二版. 上海：上海译文出版社，2007.
陆振慧. 跨文化语境下理雅各尚书译本研究[D]. 扬州大学，2005.
陆振慧. 论理雅各《尚书》译本文学风格的再现[J]. 中国矿业大学学报（社科版），2008（2）：137—140.

陆振慧. 跨文化传播语境下的理雅各尚书译本研究[M]. 南京：江苏人民出版社，2013.

陆振慧. 能以"three virtues"译"乂用三德"之"三德"吗？[J]. 翻译论坛，2016(4)：72—75.

罗新慧. 周代天命观念的发展与嬗变[J]. 历史研究，2012(5)：4—18，189.

罗志野英译，周秉钧今译. 尚书[M]. 长沙：湖南出版社，1997.

马建忠. 马氏文通[M]. 北京：商务印书馆，1983.

马士远. 尚书·虞书"克谐"思想摭谈[J]. 社会科学家，2005(4)：48—51，54.

马士远. 尚书中的"德"及其"德治"命题摭谈[J]. 道德与文明，2008(5)：74—77.

马雍. 尚书史话[M]. 北京：中华书局，1982.

苗兴伟. 人际意义与语篇的建构[J]. 山东外语教学，2004(1)：5—11.

孟华. 符号表达原理[M]. 青岛：中国海洋大学出版社，1999。

潘文国. 汉英语对比纲要[M]. 北京：北京语言大学出版社，1997.

庞继贤，陈明瑶. 英语研究论文的及物性结构与论文交际目标的实现[J]. 外国语，2007(5)：16—22.

彭宣维. 语言与语言学概论——汉语系统功能语法[M]. 北京：北京大学出版社，2011.

皮锡瑞. 今文尚书考证[M]. 北京：中华书局，1989.

齐沪扬. 论现代汉语语气系统的建立[J]. 汉语学习，2002(2)：1—12.

钱晶晶，史安斌. 危机传播研究的本土化初探：以《尚书·大诰》为例[J]. 扬州大学学报(社科版)，2014(2)：67—73.

钱宗武. 尚书词典[M]. 贵阳：贵州人民出版社，1991.

钱宗武. 今文尚书语言研究[M]. 长沙：岳麓书社，1996.

钱宗武. 今文尚书语法研究[M]. 北京：商务印书馆，2004.

钱宗武，杜纯梓. 尚书新笺与上古文明[M]. 北京：北京大学出版社，2005.

钱宗武. 经典回归的永恒生命张力——《尚书》学文献整理研究及其当代价值[J]. 扬州大学学报(社科版)，2013(4)：42—53.

钱宗武.《书》学大道 兴我华夏[N]. 光明日报，2016—05—23,16 版.

钱宗武. 尚书诠释研究[M]. 北京：社会科学文献出版社，2017.

屈万里. 尚书今注今译[M]. 台湾：台湾商务印书馆，1969.

屈万里. 尚书释义[M]. 台北：中国文化大学出版部，1984.

单周尧. 高本汉修订本《汉文典》管窥[J]. 古汉语研究，2003（3）：18—24.

沈家煊. 想起了高本汉[J]. 中国外语，2009(1)：2，112.

孙熙国，肖雁. "德"的本义及其伦理和哲学意蕴的确立[J]. 理论学刊，2012(8)：61—67，127—128.

孙星衍. 尚书今古文注疏[M]. 北京：中华书局，1986.

孙英春. 跨文化传播学导论[M]. 北京：北京大学出版社，2008.

孙致礼. 翻译：理论与实践探索[M]. 南京：译林出版社，1999.

孙志祥. 文本意识形态批评分析及其翻译研究[M]. 北京：中国社会科学出版社，2009.

思果. 译道探微[M]. 北京：中国对外翻译出版公司，2002.

司显柱. 系统功能语言学与翻译研究——翻译质量评估模式建构[M]. 北京：北京大学出版社，2007.

谭家健，郑君华. 先秦散文纲要[M]. 太原：山西人民出版社，1987.

汤富华. 从功能语言学视角谈翻译对意识形态的塑造力——以汉唐佛经翻译为例[J]. 外语学刊，2008(6)：121—124.

唐兰. 中国文字学[M]. 上海：上海古籍出版社，2001.

滕延江. 称呼语的人际功能及其语用翻译等值[J]. 西安外国语学院学报，2006(3)：32—35.

王灿. 尚书中的天人关系新探[J]. 青海师范大学学报（哲学社会科学版），2009(6)：32—36.

王灿. 尚书民族思想初探[J]. 西北民族大学学报（哲社版），2011(1)：62—68.

王大年. 语法训诂论稿[M]. 长沙：岳麓书社，2015.

王东风. 连贯与翻译[M]. 上海：上海外语教育出版社，2009.

王飞华. 汉英语气系统对比研究[D]. 华东师范大学，2005.

王夫之. 尚书引义[M]. 北京：中华书局，2009.

王宏印. 跨文化传通[M]. 北京：北京语言学院出版社，1996.

王克仲. 助语辞集注[M]，北京：中华书局，1988.

王力. 汉语史稿[M]. 北京：中华书局，1980.

王力. 汉语语音史[M]. 北京：中国社会科学出版社，1985.

王力. 中国现代语法[M]. 北京：商务印书馆，1985.

王力. 中国语言学史[M]. 上海：复旦大学出版社，2007.

王念孙. 读书杂志[M]. 南京：江苏古籍出版社，1985.

王世舜. 尚书译注[M]. 成都：四川人民出版社，1981.

王希杰. 汉语修辞学(修订本)[M]. 北京：商务印书馆，2012.

王引之. 经传释词[M]. 北京：中华书局，1956.

王引之. 经义述闻[M]. 南京：江苏古籍出版社，1985.

王友富. 尚书民本思想解析[J]. 青海社会科学，2009(5)：81—85.

王振华. 评价系统及其运作 ——系统系统功能语言学的新发展[J]. 外国语，2001(6)：13—20.

王志章. 对外文化传播学引论[M]. 武汉：武汉测绘科技大学出版社，1991.

魏在江. 英汉语气隐喻对比研究[J]. 外国语，2003(4)：46—53.

武莉娜. 儒林外史称呼语研究[D]. 西南大学，2013.

吴讷. 文章辨体序说[M]. 北京：人民文学出版社，1962.

夏先培. 左传交际称谓研究[M]. 长沙：湖南师范大学出版社，1999.

向熹. 诗经语言研究[M]. 成都：四川人民出版社，1987.

向熹. 简明汉语史[M]. 北京：商务印书馆，2010.

谢天振. 翻译的理论建构与文化透视[M]. 上海：上海外语教育出版社，2006.

徐晶凝. 汉语语气表达方式及语气系统的归纳[J]. 北京大学学报(哲学社会科学版)，2000(3)：136—141.

徐赳赳. 现代汉语篇章语言学[M]. 北京：商务印书馆，2010.

许钧. 翻译论[M]. 武汉：湖北教育出版社，2003.

许慎. 说文解字[M]. 段玉裁，注. 北京：中华书局，1963.

徐朝华. 尔雅今注[M]. 天津：南开大学出版社，1987.

徐中舒. 甲骨文字典[M]. 成都：四川辞书出版社，1988.

阎若璩. 尚书古文疏证[M]. 上海：上海古籍出版社，1987.

杨才英.论汉语语气词的人际意义[J].外国语文,2009(6):26—32.
杨树达.词诠[M].北京:商务印书馆,1928.
杨筠如.尚书覈诂[M].西安:陕西人民出版社,1959.
杨晓荣.翻译批评导论[M].北京:中国对外翻译出版公司,2005.
易孟醇.先秦语法[M].长沙:湖南教育出版社,1989.
游唤民.尚书思想研究[M].长沙:湖南教育出版社,2001.
游国恩.中国文学史[M].北京:人民文学出版社,1963.
余德泉.古汉语同义虚词类释[M].湖南:湖南教育出版社,1993.
余光中.余光中谈翻译[M].北京:中国对外翻译出版公司,2002.
臧克和,等编.金文引得·殷商西周卷[M].南宁:广西教育出版社,2001.
曾江霞,王寒冰,邹涛.英语称呼语翻译及其人际功能等值[J].西南交通大学学报(社会科学版),2001(1):108—113.
曾宪年.尚书行政思想的现代简析[J].湖南社会科学,2007(2):46—48.
曾运乾.尚书正读[M].北京:中华书局,1964.
张岱年,方克立.中国文化概论(修订版)[M].北京:北京师范大学出版社,2004.
张德禄.功能文体学[M].济南:山东教育出版社,1998.
张德禄.语篇连贯研究纵横谈[J].外国语,1999(6):24—31,80.
张德禄.论语篇连贯[J].外语教学与研究,2000(2):103—109.
张德禄.语篇连贯与衔接理论的发展及应用[M].上海:上海外语教育出版社,2003.
张法.《尚书》《诗经》的美学语汇及中国美学在上古演进之特色[J].中山大学学报,2014(4):1—9.
张西堂.尚书引论[M].西安:陕西人民出版社,1958.
张西平,管永前.中国文化"走出去"研究总论[M].北京:北京大学出版社,2013.
张西平.儒学西传欧洲研究导论[M].北京:北京大学出版社,2016.
章行.尚书:原始的史册[M].上海:上海古籍出版社,1997.
张玉金.甲骨文语法学[M].上海:学林出版社,2001.

张寿康. 文章学导论[M]. 武汉：湖北教育出版社，1985.

张自烈. 正字通[Z]. 上海：上海古籍出版社，2013.

赵德全. 概念功能的传译——从功能语言学的角度看翻译[J]. 河北大学学报（哲学社会科学版），2006(5)：132—137.

郑丽钦. 与古典的邂逅：解读理雅各的《尚书》译本[D]. 福建师范大学，2006.

郑元会. 翻译中人际意义的跨文化建构[D]. 山东大学，2006.

中国社会科学院语言研究所词典编辑室. 现代汉语词典[M]. 6版. 北京：商务印书馆，2012.

周大璞，等编. 训诂学初稿[M]. 武汉：武汉大学出版社，2012.

周法高. 中国古代语法·造句编[M]. 台北：台北历史研究所专刊复印本，1960.

周法高. 金文诂林[M]. 香港：香港中文大学出版社，1974.

周法高. 论中国语言学[M]. 香港：香港中文大学出版社，1980.

朱光潜. 诗论[M]. 武汉：武汉大学出版社，2009.

周民. 尚书词典[M]. 成都：四川人民出版社，1993.

周秉钧. 尚书易解[M]. 长沙：岳麓书社，1984.

周秉钧. 白话尚书[M]. 长沙：岳麓书社，1990.

周秉钧. 尚书易解[M]. 上海：华东师范大学出版社，2010，

周振甫. 文心雕龙今译[M]. 北京：中华书局，2013.

朱岩，上古语篇衔接机制的分析策略[J]. 扬州大学学报（人文社会科学版），2008a(12)：73—77.

朱岩. 尚书文体研究[D]. 扬州大学，2008b.

朱岩. 从《尚书》《论语》看上古语篇对应性衔接机制的发展[J]. 盐城师范学院学报（人文社科版），2010(6)：57—59.

朱永生，严世清. 系统系统功能语言学多维思考[M]. 上海：上海教育出版社，2001.

朱永生，严世清. 系统系统功能语言学再思考[M]. 上海：复旦大学出版社，2011.

朱增朴. 文化传播论[M]. 北京：中国广播电视出版社，1993.

附 录

1. 第二章第一节讨论轴心词"德",以下是今文《尚书》中含有"德"的所有语例及其释义,补充说明"德"字在《尚书》中的分布及其语义发展态势。

语例	释义
虞夏书	
《尧典》	
1. 克明俊**德**	美德,大德
2. 否**德**,忝帝位。	鄙德,无德
3. 舜让于**德**,弗嗣。	有德的人
4. 柔远能迩,敦**德**允元,而难任人,蛮夷率服。	有德的人
《皋陶谟》	
1. 皋陶曰:"允迪**厥德**,谟明弼谐。"	尧的圣德
2. 亦行有**九德**。	九种德行,九种美德
3. 亦言,其人有**德**,乃言曰:载采采。	德行,美德
4. 日宣**三德**,夙夜浚明有家。	三种德行,美德
5. 日严祗敬**六德**,亮采有邦。	六种德行,美德
6. 翕受敷施,**九德**咸事。	具备九德的人
7. 天命**有德**,五服五章哉!	有德的人
8. 迪**朕德**,时乃功,惟叙。	我们的德教

229

续 表

	语 例	释义
9.	祖考来格,虞宾在位,群后**德**让。	升也。登上
	《禹贡》	
1.	中邦锡土、姓,祗台**德**先,不距朕行。	我倡导的德教
	商 书	
	《汤誓》	
1.	夏**德**若兹,今朕必往。	夏王的(恶/凶)德
	《盘庚上》	
1.	非予自荒兹**德**。	美德
2.	惟汝含**德**,不惕予一人。	德政,美德
3.	汝克黜乃心,施实**德**于民。	好处,德政
4.	至于婚友,丕乃敢大言汝有积**德**。	德善
5.	作福作灾,予亦不敢动用非**德**。	不恰当的赏赐(和惩罚)
6.	用罪伐厥死,用**德**彰厥善。	赏赐
	《盘庚中》	
1.	故有爽**德**,自上其罚汝,汝罔能迪。	差错之行/道德行为
	《盘庚下》	
1.	用降我凶,**德**嘉绩于朕邦。	升
2.	肆上帝将复我**高祖之德**,乱越我家。	德政
3.	式敷民**德**,永肩一心!	恩惠,德政
	《高宗肜日》	
1.	民有不若**德**,不听罪。	品德
2.	天既孚命正厥**德**,乃曰:"其如台?"	品德
	《微子》	
1.	我祖底遂陈于上,我用沈酗于酒,用乱败厥**德**于下。	美德,德政

续　表

	语例	释义
	周书	
	《洪范》	
1.	次六曰乂用三**德**。	德行
2.	人无有**比德**,惟皇作极。	(勾结的)行为
3.	予攸好**德**。	美德,准则
4.	于其无好**德**,汝虽锡之福,其作汝用咎。	德行,准则
5.	**德**:一曰正直,二曰刚克,三曰柔克。	德性,秉性
6.	五福:一曰寿,二曰富,三曰康宁,四曰攸好**德**,五曰考终命。	美德
	《金縢》	
1.	今天动威以彰周公之**德**。	德行,功德
	《康诰》	
1.	惟乃丕显考文王,克明**德**慎罚。	德教
2.	今民将在祇遹乃文考,绍闻衣**德**言。	德教
3.	宏于天,若**德**裕乃身,不废在王命!	美德,德政
4.	朕心朕**德**,惟乃知。	心意
5.	惟威惟虐,大放王命,乃非**德**用乂。	德政
6.	爽惟民迪吉康,我时其惟殷先哲王**德**,用康乂民作求。	德政
7.	予惟不可不监,告汝**德**之说于罚之行。	德政
8.	丕则敏**德**。	德政
9.	用康乃心,顾乃**德**,远乃猷,裕乃以。	善德,德行
	《酒诰》	
1.	天降威,我民用大乱丧**德**,亦罔非酒惟行。	德行
2.	越庶国,饮惟祀,**德**将无醉。	酒德
3.	聪听祖考之彝训,越小大**德**。	美德

231

续 表

	语例	释义
4.	丕惟曰尔克永观省,作稽中**德**,尔尚克羞馈祀。	美德
5.	兹亦惟天若元**德**,永不忘在王家。	美德
6.	在昔殷先哲王迪畏天显小民,经**德**秉哲。	德政
7.	不惟不敢,亦不暇,惟助成王**德**显越,尹人祗辟。	美德,德政
8.	不惟**德**馨香祀,登闻于天;	德政
《梓材》		
1.	今王惟曰:先王既勤用明**德**,怀为夹,庶邦享作,兄弟方来。	德政
2.	亦既用明**德**,后式典集,庶邦丕享。	德政
3.	肆王惟**德**用,和怿先后迷民,用怿先王受命。	德政
《召诰》		
1.	王其疾敬**德**!	德政
2.	曰其稽我古人之**德**,矧曰其有能稽谋自天!	德政
3.	王敬作所,不可不敬**德**。	德行
4.	惟不敬厥**德**,乃早坠厥命。	德行
5.	肆惟王其疾敬**德**!	德政
6.	王其**德**之用,祈天永命。	美德,德政
7.	其惟王位在**德**元,小民乃惟刑用于天下,越王显。	德行
8.	予小臣敢以王之雠民百君子越友民,保受王威命明**德**。	德政
《洛诰》		
1.	公称丕显**德**,以予小子扬文武烈,奉答天命,和恒四方民,居师。	功德
2.	惟公**德**明光于上下,勤施于四方。	功德
3.	考朕昭子刑,乃单文祖**德**。	美德
4.	惠笃叙,无有遘自疾,万年厌于乃**德**,殷乃引考。	德泽

续 表

	语例	释义
5.	王伻殷乃承叙万年,其永观朕子怀**德**。	德惠,大德
	《**多士**》	
1.	自成汤至于帝乙,罔不明**德**恤祀。	德政
2.	惟天不畀不明厥**德**,凡四方小大邦丧,罔非有辞于罚。	施行德政的人
3.	予惟时其迁居西尔,非我一人奉**德**不康宁,时惟天命。	秉性
4.	予一人惟听用**德**。	有德的人
	《**无逸**》	
1.	无若殷王受之迷乱,酗于酒**德**哉!	(把酗酒作为)酒德
2.	则皇自敬**德**。	德行
	《**君奭**》	
1.	嗣前人,恭明**德**,在今。	德政
2.	惟宁王**德**延,天不庸释于文王受命。	美德
3.	天惟纯佑命,则商实百姓王人,罔不秉**德**明恤,小臣屏侯甸,矧咸奔走。	美德
4.	惟兹惟**德**称,用乂厥辟。	美德,德行
5.	在昔上帝割申劝宁王之**德**,其集大命于厥躬?	美德,品德
6.	无能往来,兹迪彝教,文王蔑**德**降于国人。	美德
7.	亦惟纯佑秉**德**,迪知天威,	美德
8.	惟兹四人昭武王惟冒,丕单称**德**。	美德
9.	耇造**德**不降我则,鸣鸟不闻,矧曰其有能格?	美德(德高望重的人)
10.	'汝明勖偶王,在亶乘兹大命,惟文王**德**丕承,无疆之恤!'	美德
11.	其汝克敬**德**,明我俊民,在让后人于丕时。	贤德
12.	君,惟乃知民**德**亦罔不能厥初,惟其终。	行德

续 表

语例	释义
《多方》	
1. 以至于帝乙,罔不明**德**慎罚,亦克用劝。	德教
2. 惟我周王灵承于旅,克堪用**德**,惟典神天。	德教
3. 非我有周秉**德**不康宁,乃惟尔自速辜!	德教
4. 尔惟克勤乃事,尔尚不忌于凶**德**,亦则以穆穆在乃位,克阅于乃邑谋介。	德行
《立政》	
1. 吁俊尊上帝,迪知忱恂于九**德**之行。	德行,美德
2. 谋面,用丕训**德**,则乃宅人,兹乃三宅无义民。	德行
3. 桀**德**,惟乃弗作往任。	升也。(即帝位)
4. 是惟暴**德**。罔后。	行为(暴行)
5. 其在四方,用丕式见**德**。	圣德
6. 其在受**德**。	升也。(即帝位)
7. 惟羞刑暴**德**之人,同于厥邦。	品德,品性
8. 乃惟庶习逸**德**之人,同于厥政。	品德,美德
9. 以克俊有**德**。	功
10. 亦越武王,率惟敉功,不敢替厥义**德**。	美德
11. 率惟谋从容**德**,以并受此丕丕基。	美德
12. 我则末惟成**德**之彦,以乂我受民。	美德
13. 立政用忄佥人,不训于**德**,是罔显在厥世。	美德(有德的人)
《顾命》	
1. 王义嗣,**德**答拜。	升也。
《吕刑》	
1. 上帝监民,罔有馨香**德**,刑发闻惟腥。	德政
2.3. **德**威惟畏,**德**明惟明。	美德(有德的人)

续　表

	语例	释义
4.	士制百姓于刑之中,以教祗**德**。	德行
5.	穆穆在上,明明在下,灼于四方,罔不惟**德**之勤,故乃明于刑之中,率乂于民棐彝。	美德
6.	惟克天**德**,自作元命,配享在下。	美德
7.	惟敬五刑,以成三**德**。	德行
8.	朕敬于刑,有**德**惟刑。	德惠,德政
9.	今往何监？非**德**？	美德
	《文侯之命》	
1.	克慎明**德**,昭升于上,敷闻在下。	德行
2.	无荒宁,简恤尔都,用成尔显**德**。	德行,美德

2. 第一章第一节讨论轴心词"天",以下是今文《尚书》中含有"天"的所有语例和释义。

	语例	释义
	虞夏书	
	《尧典》	
1.	乃命羲和,钦若昊**天**,历象日月星辰,敬授人时。	广大无际的天,天数
2.	帝曰："吁！静言庸违,象恭滔**天**。"	上天,老天
3.	汤汤洪水方割,荡荡怀山襄陵,浩浩滔**天**。	上天,老天
4.	四罪而**天**下咸服。	天下的人
5.	汝二十有二人,钦哉！惟时亮**天**功。	上天的旨意,天下大事
	《皋陶谟》	
1.	无旷庶官,**天**工,人其代之。	上帝的事,老天命定的工作。
2.	**天**叙有典,敕我五典五惇哉！	上帝,老天。
3.	**天**秩有礼,自我五有庸哉！	上帝,老天。

续　表

语例	释义
4. 天命有德,五服五章哉!	上帝,老天。
5. 天讨有罪,五刑五用哉!	上帝,老天。
6. 天聪明,自我民聪明。	上天,老天。
7. 天明畏,自我民明畏。	上天,老天。
8. 洪水滔天,	天空。
9. 徯志以昭受上帝。	上帝(的旨意)。
10. 天其申命用休。	老天(的命令)。
11. 帝光天之下,至于海隅苍生,万邦黎献,共惟帝臣。	上天,天空。
12. 敕天之命,惟时惟几。	天命。
《甘誓》	
1. 天用剿绝其命。	上帝,老天。
2. 今予惟恭行天之罚。	上帝,老天。
商书	
《汤誓》	
1. 有夏多罪,天命极之。	上帝,天帝。
2. 尔尚辅予一人,致天之罚,予其大赉汝!	上帝,天帝。
《盘庚上》	
1. 先王有服,恪谨天命,兹犹不常宁?	天命,大命。
2. 今不承于古,罔知天之断命,矧曰其克从先王之烈?	天命,老天。
3. 若颠木之有由蘖,天其永我命于兹新邑。	上帝,老天。
《盘庚中》	
1. 后胥慼鲜,以不浮于天时。	老天。
2. 予迓续乃命于天。	老天。
《高宗肜日》	
1. 惟天监下民,典厥义。	上天,上帝,老天。
2. 天既孚命正厥德,乃曰:"其如台?"	上帝,老天。

续　表

	语例	释义
3.	降年有永有不永,非天夭民,民中绝命。	上帝,老天。
4.	王司敬民,罔非天胤,典祀无丰于昵!	上帝,老天。
	《西伯戡黎》	
1.	**天**子!	天子
2.	**天**既讫我殷命。	上帝,天意。
3.	故**天**弃我,不有康食。	上帝,天意。
4.	不虞**天**性,不迪率典。	上帝,天性。
5.	**天**曷不降威?	上帝,老天。
6.	我生不有命在**天**?	天命,上帝。
7.	乃罪多,参在上,乃能责命于**天**?	上帝,老天。
	《微子》	
1.	**天**毒降灾荒殷邦。	上帝,老天。
	周书	
	《牧誓》	
1.	今予发惟恭行**天**之罚。	上帝,老天。
	《洪范》	
1.	箕子,惟 **天** 阴骘下民,相协厥居,我不知其彝伦攸叙。	上帝。
2.	**天**乃锡禹洪范九畴,彝伦攸叙。	上帝,天帝。
3.	凡厥庶民,极之敷言,是训是行,以近**天子**之光。	天子。
4.	**天子**作民父母。	天子。
5.	以为**天下**王。	天下(的君王)。
	《金縢》	
1.	若尔三王是有丕子之责于**天**,以旦代某之身。	天上,祖先居住的地方。
2.	无坠**天**之降宝命,我先王亦永有依归。	上帝。

续 表

	语例	释义
3.	**天**大雷电以风,禾尽偃,大木斯拔,邦人大恐。	天上,天空。
4.	今**天**动威以彰周公之德。	上帝,上天。
5.	王出郊,**天**乃雨,反风,禾则尽起。	天,天空。
《大诰》		
1.	**天**降割于我家,不少延。	上天,上帝。
2.	弗造哲,迪民康,矧曰其有能格知**天命**?	天命。
3.	予不敢闭于**天**降威。	上帝,上帝的命令。
4.	用宁王遗我大宝龟,绍**天明**。	天命。
5.	**天**降威,知我国有疵,民不康。	上帝。
6.	予造**天**役,遗大投艰于朕身。	上帝。
7.	**天**休于宁王,兴我小邦周。	上天,上帝。
8.	今**天**其相民,矧亦惟卜用?	上天,上帝。
9.	**天明**畏,弼我丕丕基。	天命。
10.	**天**闷毖我成功所,予不敢不极卒宁王图事。	上天。
11.	**天**棐忱辞,其考我民,予曷其不于前宁人图功攸终?	上天。
12.	**天**亦惟用勤毖我民,	上天。
13.	爽邦由哲,亦惟十人迪知**上帝**命。	上天,上帝。
14.	矧今**天**降戾于周邦。	上天。
15.	尔亦不知**天命**不易!	天命。
16.	**天**惟丧殷,若穑夫,予曷敢不终朕亩?	上天。
17.	**天**亦惟休于前宁人,予曷其极卜敢弗于从?	上天。
18.	**天命**不僭,卜陈惟若兹!	天命。
《康诰》		
1.	惟时怙冒,闻于上**帝**,	上天。
2.	帝休,**天**乃大命文王。	上天。
3.	宏于**天**,若德裕乃身,不废在王命!	上天。

续 表

	语例	释义
4.	**天**畏棐忱,民情大可见,小人难保。	上天。
5.	亦惟助王宅**天命**,作新民。	天命。
6.	于弟弗念**天显**,乃弗克恭厥兄。	天命,天伦。
7.	惟吊兹,不于我政人得罪,**天**惟与我民彝大泯乱。	上天。
8.	爽惟**天**其罚殛我,我其不怨。	上天。
9.	惟厥罪无在大,亦无在多,矧曰其尚显闻于**天**?	上天。
	《酒诰》	
1.	**天**降威,我民用大乱丧德,亦罔非酒惟行。	上天。
2.	惟**天**降命,肇我民,惟元祀。	上天。
3.	兹亦惟**天**若元德,永不忘在王家。	上天。
4.	在昔殷先哲王迪畏**天**显小民,经德秉哲。	上天。
5.	故**天**降丧于殷,罔爱于殷,惟逸。	上天。
6.	不惟德馨香祀,登闻于**天**。	上天。
7.	**天**非虐,惟民自速辜。	上天。
	《梓材》	
1.	**皇天**既付中国民越厥疆土于先王。	上天。
	《召诰》	
1.	**皇天上帝**改厥元子,兹大国殷之命。	上天,上帝。
2.	曰其稽我古人之德,矧曰其有能稽谋自**天**!	上天。
3.	**天**既遐终大邦殷之命。	上天。
4.	兹殷多先哲王在**天**。	天上,处所。
5.	夫知保抱携持厥妇子,以哀吁**天**,徂厥亡,出执。	上天。
6.	**天**亦哀于四方民,其眷命用懋。	上天。
7.	相古先民有夏,**天**迪从子保。	上天。
8.	面稽**天**若,今时既坠厥命。	上天的旨意,天意。
9.	今相有殷,**天**迪格保。	上天。

续 表

	语例	释义
10.	曰其稽我古人之德,矧曰其有能稽谋自**天**!	上天的旨意,天意。
11.	其作大邑,其自时配**皇天**,毖祀于上下,其自时中乂。	上天。
12.	有夏服**天**命,惟有历年。	上天。
13.	有殷受**天**命,惟有历年。	上天。
14.	今**天**其命哲,命吉凶,命历年。	上天。
15.	王其德之用,祈**天**永命。	上天。
16.	其惟王位在德元,小民乃惟刑用于**天**下,越王显。	上天,天空。
17.	其曰我受**天**命,丕若有夏历年,	上天。
18.	式勿替有殷历年,欲王以小民受**天**永命。	上天。
19.	我非敢勤,惟恭奉币,用供王能祈**天**永命。	上天。
	《洛诰》	
1.	王如不敢及**天**基命定命,	上天。
2.	公不敢不敬**天**之休。	上天。
3.	公其以予万亿年敬**天**之休!	上天。
4.	奉答**天**命,和恒四方民,居师。	上天。
	《多士》	
1.	弗吊旻**天**大降丧于殷。	上天。
2.	惟**天**不畀允罔固乱,弼我,我其敢求位?	上天,老天。
3.	惟帝不畀,惟我下民秉为,惟**天**明畏。	上天,老天。
4.	惟时**天**罔念闻,厥惟废元命,降致罚。	上天,老天。
5.	亦惟**天**丕建保乂有殷。	上天,老天。
6.	殷王亦罔敢失帝,罔不配**天**其泽。	上天,老天。
7.	在今后嗣王,诞罔显于**天**。	上天,老天
8.	诞淫厥泆,罔顾于**天**显民祗。	上天,老天。
9.	惟**天**不畀不明厥德。	上天,老天。

续 表

	语例	释义
10.	予亦念**天**,即于殷大戾,肆不正。	上天,老天。
11.	非我一人奉德不康宁,时惟**天**命。	上天,老天。
12.	肆予敢求尔于**天**邑商。	大。
13.	非予罪,时惟**天**命。	上天,老天。
14.	我乃明致**天**罚。	上天,老天。
15.	尔克敬,**天**惟畀矜尔。	上天,老天。
16.	予亦致**天**之罚于尔躬!	上天,老天。
	《无逸》	
1.	**天**命自度,治民祗惧,不敢荒宁。	上天,老天。
2.	乃非民攸训,非**天**攸若,时人丕则有愆。	上天,老天。
	《君奭》	
1.	弗吊**天**降丧于殷,殷既坠厥命,我有周既受。	上天,老天。
2.	若**天**棐忱,我亦不敢知曰:其终出于不祥。	上天,老天。
3.	我亦不敢宁于上帝命,弗永远念**天**威越我民。	上天,老天。
4.	**天**不可信。	上天,老天。
5.	惟宁王德延,**天**不庸释于文王受命。	上天,老天。
6.	我闻在昔成汤既受命,时则有若伊尹,格于皇**天**。	上天,老天。
7.	故殷礼陟配**天**,多历年所。	上天,老天。
8.	**天**惟纯佑命,则商实百姓王人。	上天,老天。
9.	**天**寿平格,保乂有殷,	上天,老天。
10.	有殷嗣,**天**灭威。	上天,老天。
11.	亦有纯佑秉德,迪知**天**威。	上天,老天。
12.	后暨武王诞将**天**威,咸刘厥敌。	上天,老天。
13.	其汝克敬以予监于殷丧大否,肆念我**天**威。	上天,老天。
14.	**天**休兹至,惟时二人弗戡。	上天,老天。
15.	予不惠若兹多诰,予惟用闵于**天**越民。	上天,老天。

续 表

	语例	释义
	《多方》	
1.	洪惟图**天**之命。	上天,老天。
2.	**天**惟时求民主。	上天,老天。
3.	惟**天**不畀纯。	上天,老天。
4.	今至于尔辟,弗克以尔多方享**天**之命。	上天,老天。
5.	非**天**庸释有夏。	上天,老天。
6.	非**天**庸释有殷。	上天,老天。
7.	乃惟尔辟以尔多方大淫,图**天**之命、屑有辞。	上天,老天。
8.	**天**降时丧,有邦间之。	上天,老天。
9.	**天**惟五年须暇之子孙,诞作民主,罔可念听。	上天,老天。
10.	**天**惟求尔多方。	上天,老天。
11.	大动以威,开厥顾**天**。	上天,老天。
12.	惟我周王灵承于旅,克堪用德,惟典神**天**。	上天,老天。
13.	**天**惟式教我用休,简畀殷命,尹尔多方。	上天,老天。
14.	尔曷不夹介乂我周王享**天**之命?	上天,老天。
15.	尔曷不惠王熙**天**之命?	上天,老天。
16.	乃不大宅**天**命。	上天,老天。
17.	尔乃屑播**天**命。	上天,老天。
18.	**天**惟畀矜尔。	上天,老天。
19.	尔乃惟逸惟颇,大远王命,则惟尔多方探**天**之威。	上天,老天。
20.	我则致**天**之罚,离逖尔土。	上天,老天。
	《立政》	
1.	告嗣**天子**王矣。	天子。
2.	方行**天**下,至于海表,罔有不服。	上天,天空。

续 表

语例		释义
《顾命》		
1.	敬迓**天**威。	上天,老天。
2.	今**天**降疾,殆不兴不悟。	上天,老天。
3.	大玉、夷玉、**天**球、河图,在东序。	上天,天空。
4.	率循大卞,燮和**天**下,用答扬文、武之光训。	上天,天空。
5.	眇眇予末小子,其能而乱四方以敬忌**天**威!	上天,老天。
6.	敢敬告**天**子。	上天,老天。
7.	**皇天**改大邦殷之命。	上天,老天。
8.	用昭明于**天**下。	上天,天空。
9.	**皇天**用训厥道,付畀四方。	上天,天空。
《吕刑》		
1.	乃命重黎,绝地**天**通,罔有降格。	上天,老天。
2.	惟克**天**德,自作元命,配享在下。	上天,老天。
3.	四方司政典狱,非尔惟作**天**牧?	上天,老天。
4.	**天**齐于民,俾我一日,非终惟终,在人。	上天,老天。
5.	尔尚敬逆**天**命,以奉我一人。	上天,老天。
6.	无简不听,具严**天**威。	上天,老天。
7.	今**天**相民,作配在下。	上天,老天。
8.	永畏惟罚,非**天**不中,惟人在命。	上天,老天。
9.	**天**罚不极,	上天,老天。
10.	庶民罔有令政在于**天**下。	上天,天空。
《文侯之命》		
1.	闵予小子嗣,造**天**丕愆。	上天,老天。

3. 第一章第一节讨论"天"与"帝"的意义和翻译,以下是今文《尚书》中含有"帝"的语例和释义,以示其使用语境和整体含义。

	《尧典》	
1.	帝尧曰放勋。	君王,帝王。
2.	帝曰(32例)	君王,帝王。
3.	否德,忝帝位。	君王,帝王。
4.	汝陟帝位。	君王。
5.	肆类于上帝。	天帝,上帝。
6.	帝乃殂落。	君王,尧帝。
7.	有能奋庸,熙帝之载。	君王,帝王。
	《皋陶谟》	
1.	咸若时,惟帝其难之。	君王,帝王。
2.	帝曰(6例)	君王,帝王。
3.	帝,予何言?	君王,帝王。
4.	都!帝。慎乃在位。	君王,帝王。
5.	儆志以昭受上帝。	上天,天帝。
6.	俞哉!帝。	君王,帝王。
7.	共惟帝臣。	君王,帝王。
8.	惟帝时举。	君王,帝王。
9.	帝不时敷,同,日奏,罔功。	君王,帝王。
10.	苗顽弗即工,帝其念哉!	君王,帝王。
11.	帝庸作歌。	君王,帝王。
	《汤誓》	
1.	予畏上帝,不敢不正。	上天,天帝。
	《盘庚下》	
1.	肆上帝将复我高祖之德,乱越我家。	上天,天帝。
	《洪范》	

续　表

1.	帝乃震怒,不畀洪范九畴,彝伦攸斁。	上天,天帝。
2.	是彝是训,于帝其训。	上天,天帝。
	《金縢》	
1.	乃命于帝庭,敷佑四方。	上天,天帝。
	《大诰》	
1.	予惟小子,不敢替上帝命。	上天,天帝
2.	亦惟十人迪知上帝命越天棐忱。	上天,天帝
	《康诰》	
1.	惟时怙冒,闻于上帝。	上天,天帝。
2.	帝休,天乃大命文王。	上天,天帝。
	《酒诰》	
1.	自成汤咸至于帝乙。	君王,帝王。
	《召诰》	
1.	皇天上帝改厥元子。	上天,天帝。
2.	王来绍上帝,自服于土中。	上天,天帝。
	《多士》	
1.	殷命终于帝。	上天,天帝。
2.	惟帝不畀。	上天,天帝。
3.	我闻曰:"上帝引逸。"	上天,天帝。
4.	有夏不适逸,则惟帝降格,向于时夏。	上天,天帝。
5.	弗克庸帝,大淫泆有辞。	上天,天帝。
6.	自成汤至于帝乙,罔不明德恤祀。	君王,帝王。
7.	殷王亦罔敢失帝,罔不配天其泽。	上天,天帝。
8.	惟时上帝不保,降若兹大丧。	上天,天帝。
9.	尔殷多士,今惟我周王丕灵承帝事。	上天,天帝。
10.	割殷,告敕于帝。	上天,天帝。

续 表

	《君奭》	
1.	我亦不敢宁于上**帝**命。	上天,天帝。
2.	时则有若伊陟、臣扈,格于上**帝**。	上天,天帝。
3.	在昔上**帝**割申劝宁王之德。	上天,天帝。
4.	闻于上**帝**,惟时受有殷命哉!	上天,天帝。
	《多方》	
1.	惟**帝**降格于夏。	上天,天帝。
2.	不克终日劝于**帝**之迪,乃尔攸闻。	上天,天帝。
3.	厥图**帝**之命。	上天,天帝。
4.	以至于**帝**乙。	君王,帝王。
	《立政》	
1.	吁俊尊上**帝**,迪知忱恂于九德之行。	上天,天帝。
2.	亦越成汤陟,丕釐上**帝**之耿命。	上天,天帝。
3.	**帝**钦罚之。	上天,天帝。
4.	以敬事上**帝**,立民长伯。	上天,天帝。
	《顾命》	
1.	保乂王家,用端命于上**帝**。	上天,天帝。
	《吕刑》	
1.	上**帝**监民。	上天,天帝。
2.	皇**帝**哀矜庶戮之不辜。	君王,帝王。
3.	皇**帝**清问下民鳏寡有辞于苗。	君王,帝王。
4.	上**帝**不蠲,降咎于苗。	上天,天帝。
	《文侯之命》	
1.	惟时上**帝**集厥命于文王。	上天,天帝。

后　记

　　《尚书》作为中华文化乃至东方文化的源头典籍,反映的是雅思贝尔斯所谓的"轴心时代"以前的原始文化形态,可以说是中国乃至世界最早的经典之一,记载了唐虞三代这一跨越千年的历史长河中的重要历史人物、历史事件、历史经验和历史智慧,追溯到华夏文明的源头,洞察了华夏先贤的深邃思想和无穷智慧,不论是尧舜禹上古德政、鼎定九州,还是夏商周民望兴替、礼德治邦,都在讲述着中华文化的核心理念,构建古老文明的知识体系。

　　世界文明古国都曾有灿烂的文化,而不绝如缕,薪火相传的,唯有中华文明。来自中国远古的《尚书》流传了两千多年,不仅为中国历朝历代提供了基本思想支持,也为世界发展提供了中国智慧。在追求中华文明复兴、中国文化"走出去"的当代,解读先秦典籍里的概念和思想能够解开中华思想体系的原始密码,让经典在不断诠释中显示巨大张力,让这部延绵两千多年的古典著作焕发勃勃生机;探索其在当代的传承能够在西方霸权时代唤起中华民族的核心价值观和精神信念的集体认知,重塑文化自信;考察其在世界范围内的传译能够得到一些有助于传播中华传统思想的启示,促进中西方文化交流融合及互学互鉴,让中华文明发扬光大。正是带着这样的初心,我走入了"佶屈聱牙"的《尚书》以及它的译语世界。

　　本书是在我的博士论文基础上修改完成的,其中不免有肤浅和不足之处,但是本书为我以后对中华思想体系的进一步思考、中国文化在世界文化版图上的发展及其对西方思想影响的研究奠定了基础,让我叩开了广阔研究的大门。回顾自己的所学、所得,我的成绩完全得益于师友亲人,心中的谢意绝非只言片语能够表达。谨以简短之辞,聊表万千谢忱。

　　首先,将最诚挚的感谢献给我的导师钱宗武先生。先生的学识修养令人敬佩，是我学术事业的领路人，也是我永远感恩的人生导师。自入先生门下研读《尚书》，先生对于我这样一个在古代汉语方面基础薄弱的跨专业学生，付出了更多的时间和精力。正因为先生的悉心指导和关怀鼓励，我的内心一直是温暖而坚定的。我的每一点进步、每一份收获都是先生的心血，对此我将心怀感激，永远铭记！

同时，我要特别感谢美国德州大学的顾明栋教授。顾先生的无私教诲给我带来了学术上的突破。美国访学期间，在顾先生的课堂上，我接触到了新颖的理论，拓宽了我的学术视野，课后顾先生耐心地与我讨论，为我的书注入新鲜血液，提高了本书的学术高度，指引我学术的发展方向。在此，谨向他表达至诚的感谢！

衷心感谢柳宏教授、朱岩教授、陆振慧教授。各位师者皆为我所仰慕的学界翘楚，给予了我莫大的帮助，常常为我答疑解惑、指点迷津，让我理清头绪，明确方向。没有他们的赐教、关心与鼓励，我是断然无法完成自己学业的。

衷心感谢我的家人为我安心完成学业而付出的辛劳与支持。读博期间，母亲重病，却尽可能地自己承受，不愿给我增添麻烦。父亲承担起更多的照顾母亲的工作，让我有更多的时间进行写作。我的爱人，在繁重的工作压力下，还要忙碌于家务，无怨无悔，默默奉献。我的女儿对母亲无暇陪伴表现了极大的理解和支持。在此，谨向他们表达深切的歉意与真挚的感谢。

衷心感谢一直关心我的各位同窗好友。感谢他们给予的手足般的情谊，没有他们的关心与帮助，我的学业将无法顺利完成。

在本书写作过程中，参阅了一些专家、学者的论著，在此向他们表示感谢！

感谢所有关心我的学院领导、同事！对所有现在和将来对本书提出批评及修改意见的所有师长、同行和朋友们表示诚挚的谢意！

陈丹丹
2022 年 3 月 24 日